走高质量育人之路
高职高专思政课实践教学探索研究

李红英　杨菊芬　陈一飞　编著

天津社会科学院出版社

图书在版编目（CIP）数据

走高质量育人之路 ：高职高专思政课实践教学探索研究 / 李红英，杨菊芬，陈一飞著. -- 天津 ： 天津社会科学院出版社，2024. 8. -- ISBN 978-7-5563-1002-9

Ⅰ. G711

中国国家版本馆 CIP 数据核字第 2024TC2410 号

走高质量育人之路 ： 高职高专思政课实践教学探索研究
ZOU GAOZHILIANG YUREN ZHI LU:GAOZHI GAOZHUAN SIZHENGKE SHIJIAN JIAOXUE TANSUO YANJIU

选题策划：柳　晖
责任编辑：柳　晖
责任校对：付聿炜
装帧设计：高馨月
出版发行：天津社会科学院出版社
地　　址：天津市南开区迎水道 7 号
邮　　编：300191
电　　话：（022）23360165
印　　刷：高教社（天津）印务有限公司
开　　本：787×1092　　1/16
印　　张：18.75
字　　数：280 千字
版　　次：2024 年 8 月第 1 版　　2024 年 8 月第 1 次印刷
定　　价：88.00 元

前　言

在边疆沃土上厚植爱国情怀

　　2019 年 3 月,习近平总书记在学校思想政治理论课教师座谈会上指出:"办好思政课,就是要开展马克思主义理论教育,用新时代中国特色社会主义思想铸魂育人,引导学生增强中国特色社会主义道路自信、理论自信、制度自信、文化自信,厚植爱国主义情怀,把爱国情、强国志、报国行自觉融入坚持和发展中国特色社会主义、建设社会主义现代化强国、实现中华民族伟大复兴的奋斗之中。"

　　思想政治理论课是落实立德树人根本任务的关键课程,在解决"为谁培养人、培养什么人、怎样培养人"教育根本问题方面具有不可替代的作用。高职高专院校思政课是学生的必修课,是进行大学生思政教育的主渠道和主阵地。因此,高职高专院校要实现全员全过程全方位育人,必须以构建"大思政"育人体系为依托,多方主体联动,整合育人要素,将高职高专院校的思政工作贯通融入人才培养的各环节、各方面。

　　在"大思政"的时代背景下,德宏职业学院立足边疆沃土、厚植爱国情怀,守正创新,坚持教学策略与教学战略相结合,打造凸显类型教育特色、学生切实喜爱受益的高职高专思政课,多年来为地方经济建设发展培养了大批德技并修的红色工匠人才,是国防教育特色学校、云南省民族团结进步示范单位、铸牢中华民族共同体意识教育示范学校、铸牢中华民族共同体意识研究基地、云南省社科普及基地。自建校以来，学校始终秉承"德技并修、学以致用"的校训，弘扬"向上、向善、阳光、正气"的校园文化精神，坚持立德树人根本任务，以党建引领提升办学治校水平，不断提升人才培养质量，立足边疆民族地区和沿边开放前沿，主动服务区域跨越发展，突出学校区域性、民族性、国际化特点，积极打造国门大学，"十四五"期间以全国"双高"学校建设和升格本科层次职业学校为目标，力争建成沿边高水平示范职业大学。

本书是德宏职业学院2019年度教育部高校示范马克思主义学院和优秀教学科研团队建设项目"民族地区高职高专院校思想政治理论课实践育人模式研究"成果之一。研究团队立足西部民族地区高职高专思想政治理论课建设实际，在构建高职高专思想政治理论课实践育人模式方面进行了探索，总结具体教学经验，汇集学院教师们的优秀教研成果，共分为七个章节。第一章，调查研究现实问题，透过纷繁复杂的现象找到思政课教学实践的真问题，寻求真原因，找到真答案。第二章，从理念探析入手，包括教师对新时代思政课实践教学、FAHP教学法、"四史"教育、协同育人等新理论和新方法的研究，并结合当地民族文化融入思政课实践教学的实际，进行了理论研究。第三章，聚焦思政课程教学实践，汇集学校在中华民族共同体意识培育、思政课教师队伍建设、"大思政"课程构建等方面的实践经验，为理论研究提供了具体的实践支撑。第四章，立足学校在平台、资源、模式等方面的创新成果，通过对融合式教学模式、"易班"平台、校地协同模式等的探讨，为思政课程的创新建设提供思路。第五章，基于学校的地域特色，发掘云南边疆民族地区的文化特色，如民族历史、节庆活动、爱国主义教育等，彰显学校在育人和科研方面的独特价值。第六章，通过回望历史，特别是云南边疆地区的历史文化，如英雄事迹、抗战历史、怒江生态等，为新时代思政教育发展贡献独特而珍贵的文献资源。第七章，通过对西部各高校思政课实践育人的特色案例进行提炼总结，为民族地区高职高专院校构建思政课实践育人模式提供借鉴。

总之，全面推进"大思政课"建设是时代呼唤、大势所趋，同时也是思想政治教育发展的必然要求。高职高专院校肩负着培养输出大批高素质技术技能人才的使命任务,其高质量发展离不开思政教育引领方向、提质增效,在善用"大思政课"做好思政教育的新形势下,高职高专院校应结合自身实际,坚持正确导向、完善教育体系、优化评价标准,努力培养更多担当民族复兴大任的能工巧匠、大国工匠。

编　者

2024 年 3 月

目　录

第一章

调研探真：教学实践见成效

习近平总书记指出,思想政治理论课是落实立德树人根本任务的关键课程。高职高专开设四门思想政治理论课（以下称"思政课"）是落实高职高专人才培养的关键课程。《新时代学校思想政治理论课改革创新实施方案》指出,大学阶段要"培养运用马克思主义立场观点方法分析和解决问题的能力"[1]。《高等学校思想政治理论课建设标准（2021年本）》明确要求:"实践教学纳入教学计划,统筹思想政治理论课各门课的实践教学,落实学分（本科2学分,专科1学分）、教学内容、指导教师和专项经费。实践教学覆盖全体学生,建立相对稳定的校外实践教学基地"[2]。习近平总书记强调,"深化思想政治理论课改革创新,坚持政治性和学理性相统一、价值性和知识性相统一、建设性和批判性相统一、理论性和实践性相统一、统一性和多样性相统一、主导性和主体性相统一、灌输性和启发性相统一、显性教育和隐性教育相统一"[3]。要不断增强思政课的思想性、理论性和亲和力、针对性,不仅需要积极探索思政课教学方法改革、优化教学手段,还需要推动思政小课堂与社会大课堂相结合,"坚持开门办思政课,强化问题意识、突出实践导向,充分调动全社会力量和资源,建设'大课堂'、搭建'大平台'、建好'大师资'"[4]。

---

① 《新时代学校思想政治理论课改革创新实施方案》,中华人民共和国教育部公报,2020年12月22日。

② 《高等学校思想政治理论课建设标准》（2021年本）,中华人民共和国教育部（教社科〔2021〕2号）。

③ 习近平:《习近平谈治国理政》（第3卷）外文出版社2020年版,第330-331页。

④ 教育等十部门:《全面推进"大思政课"建设的工作方案的通知》,中华人民共和国教育部（教社科〔2022〕3号）。

截至 2023 年 6 月 15 日，全国高职（专科）院校 1545 所（未包含港澳台地区高等学校）[①]，高职高专院校在我国高等教育中占据半壁江山，对我国全面进行中国特色社会主义现代化建设具有重要战略意义。为全面了解西部地区高职高专院校思政课实践教学情况，研究团队对西部地区部分高职高专院校进行了访谈调研，对西部十二省区高职高专思政课教师开展实践教学情况问卷调查，对西部十二省区高职高专学生发放思政课实践教学满意度问卷进行调查，并对访谈调研和问卷调查结果进行了分析。

---

① 数据来源：中华人民共和国教育部官网。

第一节

高职高专思政课实践教学访谈

一、访谈学校概况

研究团队采用实地调研访谈和网络访谈的方式，于 2020 年对云南 8 所、西藏 1 所、青海 1 所、甘肃 4 所、四川 1 所、贵州 1 所，共 16 所高职高专院校进行了调研访谈。访谈形式分为线下线上两种方式，访谈提纲中主要涉及 17 个方面的问题。2022 年，以网络形式回访以上院校，并将访谈院校范围较 2020 年扩大了 7 所，一共为 23 所，其中云南 12 所、西藏 1 所、青海 1 所、甘肃 4 所、四川 2 所、宁夏 1 所、内蒙古 1 所、贵州 1 所。出于对比研究的需要，访谈提纲仍然与 2020 年保持一致。根据两次调研访谈情况进行对比分析，以此作为判断西部民族地区高职高专院校思政课建设发展情况的依据。

2020 年 16 所受访学校基本情况如表 1-1 所示：

表 1-1　2020 年 16 所受访学校基本情况（单位：所）

	学生数 1 万以下	学生数 1—1.5 万	学生数 1.5—2 万
公办	12	2	0
民办	0	0	2

2022 年 23 所受访学校基本情况如表 1-2 所示：

表 1-2　2022 年 23 所受访学校基本情况（单位：所）

	学生数 1 万以下	学生数 1—1.5 万	学生数 1.5—2 万	学生数 2 万以上
公办	9	11	1	1
民办	0	0	0	1

二、访谈结果分析

在两次访谈中,研究团队依据同一份访谈提纲开展访谈,在十七个方面开展访谈调研,访谈结果分析讨论如下。

一是学校对思政课实践教学是否有具体的指导意见和支持措施?如党委会专题讨论、学校出台具体文件或通知、分管领导具体指导。访谈结果如表1-3所示:

表1-3　学校对思政课实践教学的指导和支持情况

	2020 年 16 所	2022 年 23 所
有	31.25%	68.75
无	69.57%	30.43%

分析讨论:在2020年的访谈中,近七成的学校对思政课实践教学没有具体的指导意见和支持措施,而据2022年的访谈分析,情况发生了反转,约七成的学校已经对思政课实践教学制定了具体的指导意见和支持措施。从思政课建设来说,这是一个可喜的现象,说明在2019年3月18日学校思想政治理论课教师座谈会召开之后,各高职高专院校认真学习贯彻习近平总书记重要讲话精神,加强了对思政课的重视,思政课实践教学也随之有了更加坚强有力的制度保障。访谈中也有少数学校(7所,占访谈学校的30.43%)对思政课实践教学仍没有具体的指导意见和支持措施,对于这些学校来说,需要加强对习近平总书记关于思政课的重要论述的学习,加强对思政课建设标准的研究,制定思政课建设方案,完善思政课实践教学的相关制度,加快推进思政课建设进度。

二是实践教学是否纳入教学计划,是否设置学时和学分?访谈结果如表1-4所示:

表1-4　实践教学纳入各门思政课教学计划,设置学时和学分情况

	2020 年 16 所	2022 年 23 所
纳入计划并设置学时学分	37.5%	78.26%
纳入计划但未明确学时学分	25%	13.04%
未纳入计划	37.5%	8.7%

分析讨论：在 2020 年的访谈调研中，有 37.5% 的学校将思政课实践教学纳入各门思政课教学计划并设置了学分和学时，25% 的学校纳入教学计划但未明确学分和学时。高达 37.5% 的学校未将实践教学纳入教学计划，也未设置学时学分。由此可见，当时对于实践教学是否纳入思政课教学计划以及是否设置学分和学时，各校做法不一。至 2022 年的访谈时，已经有近八成的学校将思政课实践教学纳入教学计划，并且设置学时和学分。13.04% 的学校已经将思政课实践教学纳入教学计划，但并没有明确的学时学分。有少数学校（2 所，占 8.7%）没有将思政课实践教学纳入教学计划。两年来，各校在思政课改革方面发生非常大的变化。

三是实践教学是否提出明确的教学目标，是否有规范的教学内容？是否有实践教学的具体方案或教学设计（教案）?

在 2020 年的访谈调研中，在实践教学的教学目标与内容方面，50% 的学校的思政课实践教学有明确的教学目标和规范的教学内容，在实践教学这方面是有所规划和组织的。在更进一步的具体访谈中，有具体方案或教学设计的受访者，半数是完整包括了教学目标、教学内容和具体方案，而另一半则只有教学目标和教学内容，没有具体的实践教学方案或设计。在实践教学是否开展方面，有 37.5% 的学校表示实践教学基本未开展，这可能意味着实践教学的实施在某些地方或情况下存在问题或困难。从访谈的整体情况上看，思政课实践教学在目标、内容和方案的设计上存在多样性，有的学校认为实践教学得到了很好规划和实施，但也有学校认为实践教学在这方面存在不足或缺乏明确的方向。这反映了实践教学在实际操作中可能存在差异和挑战。

在 2022 年的访谈调研中，有 8 所学校（34.78%）认为本校思政课实践教学提出了明确的教学目标，有规范的教学内容，并且有实践教学的具体方案或教学设计（教案）；有 12 所学校（52.17%）表示本校实践教学有教学目标和教学内容，但没有具体的实践教学方案或教学设计；有 3 所学校（13.04%）表示实践教学没有统一明确的目标和内容，由教师根据情况安排；所有访谈学校均开展了思政课实践教学。

至 2022 年，大部分受访学校在思政课实践教学的目标、内容和方案上都有一定程度的规范和明确,已经没有从未开展思政课实践教学的情况。但仍有一部分学校在思政课实践教学的目标和内容上有待改进。

四是实践教学是否按计划开展?课后是否有教学反思及整改措施?

2020年的访谈显示,按计划开展实践教学的学校为9所,占56.25%。在2022年访谈的23所学校中,按实践教学计划开展的学校为14所,占比为60.87%,有按计划开展实践教学的学校占多数,开展实践教学后没有教学反思及整改措施的学校为9所,占比为39.13%。在此访谈问题上,2020年与2022年相对比而言变化并不大。没有教学反思及整改措施的占少数。研究团队认为,各校在实践教学的规范性上有待加强。

五是学校宣传部、教务处、学工部、团委是否参与思政课实践教学工作并提出规范性意见?访谈结果如表1-5所示:

表1-5 学校宣传部、教务处、学工部、团委参与思政课实践教学工作情况

	2020年16所	2022年23所
参与	50%	43.48%
未参与	50%	56.52%

2020年的访谈显示,在受访的16所院校中,学校宣传部、教务处、学工部、团委参与思政课实践教学工作的学校为8所,占50%。在2022年访谈的23所学校中,宣传部、教务处、学工部、团委参与思政课实践教学工作的学校为10所,占43.48%。2022年与2020年相对比宣传部、教务处、学工部、团委参与思政课实践教学的学校数量比例下降,与2022年访谈学校数量增多有关,同时也在一定程度上反映出各校的宣传部、教务处、学工部、团委与思政课教学部门的配合度低,思政课教学部门应加强与学校相关部门的横向联系,加强与上述各部门的合作。

六是否有实践教学的作品或报告，形成实践教学成果？访谈结果见表1-6：

表1-6　思政课形成实践教学成果情况

	2020年16所		2022年23所	
	数量（所）	比重	数量（所）	比重
有	13	81.25%	20	86.96%
没有	3	18.75	3	13.04%

从两次访谈结果看，大部分学校在开展思政课实践教学时都有实践教学作品或报告，形成了实践教学成果。虽然仍有少数学校没有形成实践教学成果，但两年来形成实践教学成果的学校比例是上升的，总体趋势是向好的。

七是思政课实践教学的成果形式分别是什么？

在2020年访谈的16所学校中，14所学校（占比87.5%）的成果形式以报告、简讯、心得体会、PPT等文稿为主，其他形式的比例较低。这与第6题的访谈结果稍有出入，经研究团队与访谈对象沟通后，发现问题主要出在对实践教学成果的认识上有差异，个别学校认为、简讯、心得体会、PPT等文稿不属于实践教学成果。在2022年的访谈中发现各校开展实践教学中报告、简讯、心得体会、PPT等文稿是最常见的成果形式，占据了绝大部分的选择比例。其次，动画、音频、视频等成果形式也比较多。歌曲、舞蹈等文艺作品等成果形式比例相对较低。

八是思政课实践教学是否与校外其他单位合作，与哪些单位合作？

2020年访谈的16所学校中，在思政课实践教学的合作单位方面，与当地博物馆、文化场馆、非遗传承馆等合作的比例最高，达到了31.25%；与当地宣传文化部门合作的比例次之，为25%；这表明受访的16所学校在思政课实践教学活动中，与当地博物馆、非遗传承馆等文化机构的合作是比较常见的。而与当地社区、村寨和当地企业的合作均为0%，表明所有受访学校中在这两个方面的合作相对较少或几乎没有。有一半的受访者（50%）选择了"没有"合作单位，这可能是这些学校的思政课实践教学主要以校内为主，或者合作单位不在选项中列出。

在2022年访谈的23所学校中，与当地博物馆、非遗传承馆等合作是最常见的合作方式,占比为60.87%。其次是与当地社区、村寨合作,占比为52.17%。与当地宣传文化部门合作和与当地企业合作的比例相对较低,均为39.13%。

从上述访谈情况来看,学校思政课实践教学的合作单位,无论是博物馆、文化场馆、非遗传承馆,还是当地宣传文化部门、社区、村寨、企业,都有扩大合作范围、加深合作程度的趋势,可见各校加强思政课建设的举措得到落实,收到成效,为思政课实践教学提供了基础条件。

九是建立了哪些多层次、多类型、相对稳定的校外思政课实践教学基地?

本访谈题目共有6个方面内容,涉及爱国主义实践教育基地、民族团结进步教育实践教学基地、生态文明教育实践教学基地、乡村振兴实践教学基地、红色革命传统教育实践教学基地和中华优秀传统文化实践教学基地。

2020年对16所学校的访谈发现,8所学校没有建立多层次、多类型、相对稳定的校外思政课实践教学基地,占受访学校的50%,显示很多学校在思政课校外实践基地建设工作上相对滞后。在建立了思政课实践教学基地的学校中,最多类型的基地是"爱国主义实践教学基地"(31.25%)和"中华优秀传统文化实践教学基地"(25%),民族团结进步教育基地和红色革命传统教育基地这两个类型的校外基地比例为12.5%,显示在以上四种类型的校外实践教学基地建立较为普遍和受到各校更多的重视。其他类型的校外实践教学基地,如生态文明教育基地、乡村振兴实践教育基地的建立比例为0%,说明在这两个类型的实践教学基地建立相对较少或未受到重视。从2020年的访谈调研结果看,建立了校外实践教学基地的学校在"爱国主义实践教学基地""中华优秀传统文化实践教学基地""民族团结进步教育基地""红色革命传统教育基地"这四个类型的实践教学基地方面有一定的基础,但也能看出基地类型存在不均衡的发展情况。

2022年对23所学校的访谈结果,建立爱国主义实践教学基地有19所(82.61%),建立红色革命传统教育实践教学基地学校有18所(78.26%),建立乡村振兴实践教学基地有12所(52.17%),建立民族团结进步教育实践教学基地有8所(34.78%),建立生态文明教育实践教学基地和中华优秀传统文化实践教学基地的分别有7所(30.43%)。这一结果显示,在2022年,受访学校已经基本建立多层次、多类型、相对稳定的校外思政课实践教学基地。在已有的实践教学基地中，爱国主义实践教学基地和中华优秀传统文化实践教学基地较为普遍，而生态文明教育实践教学基地和乡村振兴实践教学基地相对较少。

是否建立多种类型的校内思政课实践教学基地？访谈结果见表1-7：

表1-7　建立多种类型的校内思政课实践教学基地情况

是否建立校内思政课实践教学基地	2020年（16所）		2022年（23所）	
	数量（所）	比重	数量（所）	比重
建立	7	44.75%	23	100%
没有建立	9	56.25%	0	0

2020年的16所受访学校中，建有校内思政课实践教学基地的只有7所，还未过半数。从类型来看，最多的为爱国主义实践教学基地，有5所学校建立此类基地，占16所受访学校的31.25%；其次有4所学校建有中华优秀传统文化实践教学基地，在16所受访学校中占25%；各有1所学校分别建有民族团结进步教育实践教学基地、党建和党史教育实践教学基地、工匠精神实践教学基地。这一情况显示了2020年各校的校内思政课实践教学基地，数量少且类型比较单一，在所有基地中，爱国主义类型的基地受到普遍重视。校内思政课实践教学基地的建设直接影响思政课实践教学的覆盖率，建有校内实践基地的学校，就具备了思政课实践教学的全覆盖的基础和条件，而只有校外思政课实践教学基地，是难以做到实践教学全覆盖的。由此可见，至2020年为止，西部民族地区各高职高专院校对思政课实践教学建设的力度是不够的，基地类型也是不丰富的。访谈中还发现，个别学校对已经建立的实践教学基地，持续关注和优化不足，如存在使用率低、后期维护投入不足等情况，不能确保其能够真正发挥实践教学的作用，提升思政课实践育人的效果。

在2022年的访谈中，对于是否建立多种类型的校内思政课实践教学基地，各校的情况发生了极大变化，如表1-7所示，所有受访学校都建立了校内实践教学基地。基地的类型也呈现多样化、多层次，其中爱国主义、党建、党史教育基地类型的基地占比最高,分别为 86.96% 和 65.22%;其次是中华优秀传统文化和民族团结进步教育类型,占比分别为 39.13% 和 30.43%;生态文明教育和工匠精神教育类型的占比分别为 26.09% 和 21.74%。从访谈结果所反馈的情况看,不仅各校重视和加强了校内思政课实践教学基地建设,数量增多,类型和层次多样化,并且使用率提高,有的学校表示已经做到了思政课校内实践教学全覆盖,这与 2020 年相比,是一个令人惊叹的变化。从基地类型的总体情况来看,虽然类型多样,但爱国主义和党建、党史教育类型的建立比例较高,这充分体现我国大学的社会主义性质。民族团结进步、生态文明和中华优秀传统文化类型基地的建立比例也较高,体现了这些学校的区位和地域特点,说明各学校在思政课实践教学基地建设方面注重结合民族地区人文特点、西部地区生态保护任务,这对本土资源的挖掘是比较好的。

十是每学期学生校内实践教学的次数、规模情况如何?访谈结果整理如表 1-8 所示:

表 1-8　每学期学生校内实践教学的次数、规模情况

每学期校内实践教学的次数和规模	2020 年（16 所）		2022 年（23 所）	
	数量（所）	比重	数量（所）	比重
全覆盖 2 次以上	1	6.25%	5	21.74%
全覆盖 1—2 次	5	31.25%	8	34.78%
80% 以上参与 1 次	3	18.75%	1	4.35%
50% 以上参与 1 次		0	4	17.39%
极少数参与 1 次	0	0	5	21.74%
0 次	7	43.75%	0	0

从两个年份的访谈情况看,2020 年建立校内思政课实践基地的学校数量不多,开展校内实践教学的条件不足,因此能做到校内实践教学全覆盖的学校数量也不多,累计共 6 所,还有 1 所学校虽然建有校内基地,但因为组织管理的原因,未能做到全覆盖;另有 2 所学校虽然没有建立校内基地,但仍想方设法、创造条件组织了覆盖 80% 学生的校内实践教学。

到 2022 年，23 所受访学校均建立校内思政课实践教学基地，其中 13 所达到了实践教学全覆盖；其他未能达到全覆盖的学校，主要原因存在以下三个方面：一是思政课实践教学制度不健全、管理不完善导致，实践教学主要由教师自行实施，没有对教师进行实践教学的考核评价机制，主要靠教师的主动创新和担当作为来完成实践教学；二是教师的素质能力欠缺，因一些教师缺乏组织思政课实践教学的经验和能力，难以完成实践教学任务，一部分教师习惯于在教室完成教学任务，职业惯性所致，这部分教师不愿意操心、找麻烦事，不想组织开展实践教学。尽管存在以上问题，所有参与访谈调查的学校还是都认为应该开展思政课实践教学，并且覆盖尽可能多的学生。只是不同学校对于每学期校内实践教学的次数和规模的观点存在差异。

每学期学生校外实践教学的次数、规模（学生参与比例或覆盖率、疫情期间除外）如何？访谈结果整理如表 1-9 所示：

表 1-9　每学期学生校外实践教学的次数、规模情况（单位：所）

校外实践教学的次数、规模	2020 年（16 所）		2022 年（23 所）	
	数量（所）	比重	数量（所）	比重
全覆盖 2 次及以上	4	25%	5	21.74%
全覆盖 1—2 次	1	6.25%	8	34.78%
80% 以上参与 1 次	1	6.25%	1	4.35%
50% 以上参与 1 次	0	0	4	17.39%
极少数参与 1 次	2	12.5%	5	21.74%
0 次	8	50%	0	

从上表可见，2020 年建有校外思政课实践教学基地的学校，每学期学生校外实践教学的次数、规模是可观的，校外实践教学基地的作用得到充分发挥；2022 年的访谈结果发现，所有受访学校都建立了校外实践教学基地，因此不再有从未组织开展校外实践教学的学校，但是组织的次数和规模还不理想，2022 年较 2020 年有所增加，但变化幅度不大，研究团队认为主要原因在于 2020 年至 2022 年疫情的

特殊原因，导致众多学校无法大规模地组织学生开展校外活动。在访谈中，各校反映校外实践教学的主要制约因素是交通、安全问题，经费短缺是影响交通问题解决的主要因素，而西部民族地区高职高专的经费是有限的，例如有 2 所受访学校的思政课实践教学专项经费常年保持在 3 至 5 万，这 2 所学校的学生人数为 7000 至 10000 人，这样的经费预算显然是无法支撑全覆盖的校外实践教学的；安全是所有学校都会面临的问题，受访学校都表示没有更好的解决办法。

是否使用思政课实践教学教材或手册，如果使用，是本校组织编写还是选用其他教材？访谈结果整理如表 1-10 所示：

表 1-10　使用思政课实践教学教材或手册情况

使用思政课实践教学教材或手册情况	2020 年 16 所		2022 年 23 所	
	数量（所）	比重	数量（所）	比重
使用本校编写教材或手册	6	37.5%	5	21.74%
使用其他教材或手册	1	6.25%	0	0
没有使用任何教材或手册	9	56.25%	18	78.26%

根据访谈结果来看，在 2020 年访谈的 16 所学校中，使用思政课实践教学教材或手册的学校占比较高，到了 2022 年这一比例有所下降，除了有部分学校使用本校编写的实践教学教材或手册外，没有任何一所学校使用其他教材或手册。这一情况反映出近年来思政课教材管理愈加严格，但大多数学校在开展思政课实践教学过程中不使用指导性、规范性的手册，对规范、有序地开展实践教学来说并不是一个好现象。

十一是是否对实践教学进行评价考核，并将其作为学生课业成绩的重要组成部分？

在 2020 年对 16 校的访谈中，4 所学校（25%）没有对实践教学进行评价考核。12 所学校（75%）对实践教学进行了评价考核，其中 8 所学校（50%）的实践教学评价考核占学生思政课成绩的 20%，个别学校占 10% 和 30%；4 所学校虽然对实践教学进行了评价考核，但并未设定实践教学成绩的占比。

2022年对23校的访谈显示，大部分学校对实践教学进行评价考核并将其在学生课业成绩的比重做了设定。具体来说，39.13%的学校将实践教学评价考核成绩占比设定为10%；21.74%的学校将成绩占比设定为30%；8.7%的学校将成绩占比设定为20%。另外，有7所（30.43%）学校没有对实践教学进行评价考核。

从两个年度的访谈情况看，对实践教学进行评价考核并将其作为学生课业成绩的重要组成部分的学校呈现上升趋势，这些学校中对实践教学考核成绩在思政课成绩中设定的占比差异比较大，仍有不少学校没有对实践教学进行评价考核。可见各校在对思政课建设标准的理解和执行上差异较大。

十二是实践教学考核的方式是什么？

针对实践教学考核的方式，2020年访谈的16校中有11所学校（68.75%）没有明确的思政课实践教学的考核方式，5所学校（31.25%）采取了"线上线下混合评分，教师评分、学生自评、生生互评相结合"的方式。在访谈中，大多数学校认为实践教学考核没有特定的方式，只有少部分学校表示支持线上线下混合评分的方式。

在2022年访谈的23校中，对思政课实践教学的考核主要以教师评分为主，这种方式在访谈学校中的比重较大，达到了15所（65.21%）。在对思政课实践教学的考核中，线下考核方式更为常见，完全的线上考核方式未被采用。6所（26.09%）学校采用了线上线下混合评分，其中包括教师评分、学生自评和生生互评相结合。有2所（8.7%）学校采用了由教师和学生共同评分的方式。

从两次访谈来看，教师评分是实践教学考核方式中最常见的方式，而线下考核方式也比线上更为常见。同时，线上线下混合评分也有一定的比例，由教师和学生共同评分的方式则较少被采用。

十三是迄今为止学校关于思政课实践教学研究的开展情况和成果如何？思政课实践教学研究开展情况的访谈结果整理如表1-11所示：

表 1-11　思政课实践教学研究的开展情况

思政课实践教学研究的开展情况	2020 年 16 所		2022 年 23 所	
	数量（所）	比重	数量（所）	比重
很好，师生反馈好	5	31.25%	12	52.17%
一般，师生参与度不高	3	18.75%	9	39.13%
基本没开展	8	50%	2	8.7%

总体而言，2020 年访谈学校的思政课实践教学研究较为薄弱，只有 5 所学校（31.25%）表示开展得较好，师生反馈也较好；有部分学校认为自己在思政课实践教学研究方面一般，师生参与度不高；8 所学校（50%）基本没开展实践教学研究。综上所述，各校对思政课实践教学研究的开展情况有待进一步加强，提高师生的教学科研参与度和提升研究效果。

从 2022 年访谈总体情况来看，大部分学校认为本校思政课实践教学研究的开展情况还算不错，但也有 9 所学校（39.13%）认为师生参与度不高。建议各校进一步提高思政课实践教学的参与度，扩大实践教学的覆盖面和提升教学效果，为实践教学研究提供基础条件，进一步推动思政课实践教学更好地发展。为此，各校应积极采取有力举措，鼓励教师开展实践教学研究，提供学生参与研究活动的条件。

关于思政课实践教学研究取得的成果，访谈结果整理如表 1-12 所示：

表 1-12　思政课实践教学研究取得的成果情况

思政课实践教学研究取得的成果情况	2020 年 16 所		2022 年 23 所	
	数量（所）	比重	数量（所）	比重
有校级项目	5	31.25%	13	56.52%
有省、厅项目	0	0	5	21.74%
有教育部或国家社科项目	0	0	1	4.35%
没有项目	11	68.75%	4	17.39%

从 2020 年的访谈得知，16 校思政课实践教学研究的开展情况均不理想，大部

分学校认为本校缺乏针对实践教学的科研项目。因此需要进一步加强实践教学研究的推进，提升思政课实践教学的质量和效果。至 2022 年，情况有极大改观，大部分学校认为本校在思政课实践教学研究方面有所进展，其中学校项目的比例最高，其次是省、厅项目，个别学校已有教育部或国家社科项目（此情况可能与 2022 年扩大了调研学校数量有关）。然而，仍有一部分学校没有针对实践教学的科研项目，因此在思政课实践教学研究方面还有待加强。

十四是思政专项经费每年是否足额列入预算，每年教师开展实践教学活动的规模如何，开展实践教学活动的地点是哪些如省内或省外、州内或州外、市内或市外，（疫情期间除外）。访谈中获取的思政课专项经费拨付情况整理如表 1–13 所示：

表 1–13　思政课专项经费拨付情况

思政课专项经费拨付情况	2020 年 16 所		2022 年 23 所	
	数量（所）	比重	数量（所）	比重
每年足额列入预算	8	50%	20	86.96%
有时列入有时未列入预算	7	43.75%	3	13.04%
从未列入预算	1	6.25%	0	

在 2020 年的访谈中，约一半的学校将思政课专项经费每年足额列入年度预算，有 7 所学校（43.75%）表示经费有时未列入年度预算，有 1 所学校从未列入过预算。这显示在思政课专项经费的预算方面存在一定的不稳定性和差异性。在教师开展实践教学活动的规模方面，有 50% 的学校表示每年教师开展省内外实践研修活动；37.5% 的学校表示教师没有开展省内外实践研修活动；有 12.5% 的学校表示除了参加教育部组织的实践研修外，从未开展过省内外实践教学活动。这表明教师实践教学活动的规模和频率在不同学校之间存在较大差异。在开展实践教学活动的地点方面，所有组织教师开展实践教学活动的学校均表示活动地点包括省内和省外，这显示了实践教学活动的地点相对广泛，涉及省内外的多个地区。综上，关于思政专项经费的预算、教师开展实践教学活动的规模以及实践教学活动

的地点,受访学校呈现显著的多样性和差异性。

在 2022 年的访谈中,大部分学校(86.96%)表示思政课专项经费每年足额列入预算,并且每年都组织教师开展省内外实践研修活动。这显示思政课专项经费得到充分保障,以及教师实践教学活动得到广泛开展。上述情况说明两年来西部民族地区各高职高专院校的思政课经费保障、教师实践研修有长足的进步。约有13.04% 的受访学校提到思政专项经费虽然有时未列入预算,但教师仍然会偶尔开展省内外实践研修活动,这表明尽管有时经费不足,但实践教学活动仍然得到一定的开展。另有 2 所学校(8.7%)表示,虽然思政课专项经费每年足额列入预算,但并没有落实到教师开展实践教学方面,除了参加教育部组织的实践研修外,本校从没有组织教师开展省内外实践研修活动,这意味着经费虽然到位,但并未被用于教师实践研修活动。没有一所学校存在"思政专项经费未列入年度预算,教师没有开展省内外实践研修活动"这一情况,说明在所有受访学校中,至少有一方面的活动(不论是经费列入预算还是教师实践研修活动)是存在的。综上,大部分受访学校思政课专项经费充足且教师实践研修活动得到广泛开展,但也有一部分学校反映存在经费不足或活动局限性等问题。

三、访谈结论探讨

根据 2020 年和 2022 年两次对西部民族地区部分高职高专院校思政课实践教学的课程开设、教学计划方案制定和落实、实践教学基地建设、实践教学的组织协调工作、实践教学的考核评价、实践教学的科研情况、经费保障和教师实践研修等方面的访谈调研结果来看,两年之间,各院校积极落实思政课建设标准,思政课建设有了显著进展,思政课实践教学得到稳步推进,实践教学研究成果愈发显著。当然,其中依然存在一些问题,掣肘了思政课实践教学的发展,存在问题主要表现在以下几个方面。

第一,部分学校对思政课建设的管理仍处于粗放型。体现在学校党委支持思政课建设,但对思政课尤其是实践教学没有具体的指导意见和支持措施,没有明确的建设指标,这类学校思政课建设和实践教学开设处在懵懂和摸索阶段,建设推进迟缓,实践教学成果不明显。

第二,思政课实践教学不规范。有的学校思政课实践教学还属于教师自发组织阶段,思政部(马院)对实践教学的要求不高、规定不明确,有无教学计划、教学方案都看教师自觉,对思政课实践教学的评价考核比较随意,没有统一的标准,没有将思政课实践教学的考核成绩纳入课业成绩。

第三,思政课实践教学研究能力弱。民族地区高职高专院校普遍处于偏远地区,经济文化发展相对滞后,人才引进和留用比较困难;偏远地方财政普遍困难,地方对学校的科研支持力度不足。如果是公办院校所属地市州管辖的话,所属地市州的财政情况对公办院校影响更大,因在人才引进和留用方面投入有限,导致高学历和高水平的研究人才缺乏,思政课教师的科研意识和科研能力相对发达地区院校偏弱。

第四,思政课专项经费的拨付和使用存在不足额拨付或不足额使用情况。相较于 2020 年的访谈调研,思政课专项经费足额列入年度预算的学校比例大大提高,但仍有少数学校存在未足额列入年度预算的情况,在每年将思政课专项经费足额列入年度预算的学校中,存在虽有预算但并未使用或未完全使用的情况,未使用的资金一般会被学校转到其他开支,即思政课专项经费的表面上足额列入预算,但实际并未足额使用。

以上是研究团队在 2020 年和 2022 年对西部省区部分高职高专院校两次访谈调研,发现访谈学校在思政课实践教学中取得的进展和存在的主要问题。如何解决这些问题,团队在实践中进行了研究和探索,后续章节将继续讨论。

第二节

西部十二省区高职高专思政课实践教学情况

为全面了解西部民族地区高职高专院校思政课实践教学开展情况及存在问题，课题组设计了本调查问卷，旨在从教师角度调查西部民族地区高职高专院校思政课实践教学开展情况。本问卷共31题，分别从教师对思政课实践教学的内涵、要求理解，对各门思政课实践教学学分、学时要求的了解，对本校开展思政课实践教学制度规定的认识，对本校思政课实践教学基地建设情况的掌握进行调查，从而全面调查教师对思政课实践教学开展的认可度和满意度、形式与效果、意见和建议。以下是对问卷调查结果的分析及讨论。

一、问卷发放及回收概况

（一）覆盖地区及院校

2023年5月至8月，研究团队面向十二个省区约30所高职高专院校教师发放《西部地区高职高专思政课实践教学调查问卷（教师卷）》，每个省区向1—5所院校发放调查问卷，共计回收有效问卷236份。由于研究团队所属院校为云南省高职院校，占据地利之便，调查样本中云南省内公办高职高专院校教师所占比例最大，为占总人数的50.85%，云南省内民办高职高专院校占总人数的7.63%，以上比例与云南省内公办和民办高职高专院校的比例相近；其他西部地区（重庆、四川、陕西、贵州、广西、甘肃、青海、宁夏、西藏、新疆、内蒙古等11个省区）的公办高职高专院校教师占比为32.2%，民办高职高专院校教师占总人数的8.47%。本问卷中有个别中东部地区高职高专院校的教师参加了调查，仅占总人数的0.85%，可忽略不计。

综上，参与调查的教师中，从地域分布看，云南高职高专院校占比为58.48%，其他11个西部省区高职高专院校占比为40.67%；从院校属性看，公办高职高专院校比例较高，为83.05%，民办高职高专院校的比例较低，为16.10%。总体来看，本调查覆盖地区和院校较为广泛，调查数据具有合理性，能从教师角度较为全面了解西部地区高职高专院校思政课实践教学的开展情况。详见表1-14：

表1-14 西部十二个省区参与调查教师数量及分布情况

选项	小计	比例
云南省内公办高职高专院校	120	50.85%
云南省内民办高职高专院校	18	7.63%
西部地区（重庆、四川、陕西、贵州、广西、甘肃、青海、宁夏、西藏、新疆、内蒙古等）公办高职高专院校	76	32.2%
西部地区（重庆、四川、陕西、贵州、广西、甘肃、青海、宁夏、西藏、新疆、内蒙古等）民办高职高专院校	20	8.47%
中东部地区高职高专院校	2	0.85%
合计人数	236	

（二）覆盖教师群体的任课情况

在236位受访者中，承担"思想道德与法治"课程教学的人数是最多的，共有179名教师，占比75.85%；其次是"毛泽东思想和中国特色社会主义理论体系概论"，有156名教师，占比为66.1%；居第三位是"习近平新时代中国特色社会主义思想概论"，有152人名教师，占比为64.41%；最后是"形势与政策"，有135人选择，占比为57.2%。从总体情况看，大多数教师承担多门课程教学。

二、调查结果分析与讨论

（一）受访教师所在学校开展思政课实践教学的情况

236位受访者中，38.14%的人经常参加思政课实践教学，50%的人开展过并参加过实践教学，8.47%的人开展过但没参加过实践教学，2.12%的人听说过实践教学，1.27%的人没听说过。详见表1-15：

表 1-15　受访者所在学校是否开展思政课实践教学

选项	小计	比例
没听说过	3	1.27%
听说过	5	2.12%
开展过,没参加过	20	8.47%
经常开展,并参加过	90	38.14%
开展过,参加过	118	50%
合计人数	236	

由上述调查数据可见,受访教师参加过实践教学的人数占比累计达到了88.14%,说明思政课实践教学在学校中得到了广泛的开展和参与。少数教师听说过实践教学但没参加过,个别教师没听说过,对思政课实践教学根本不了解,可能存在所在学校对《高等学校思想政治理论课建设标准(2021 年本)》中有关思政课实践教学的规定要求研究不够,思政课教学管理部门对思政课实践教学宣传、推广、实施力度不够,值得深入探究原因并采取措施提高西部民族地区高职高专院校思政课实践教学参与率、覆盖率。

(二)受访者对思政课实践教学的了解程度

1. 对思政课实践教学内涵的了解

41.53% 的受访者认为自己对思政课实践教学内涵了解很清楚;55.51% 的人认为自己了解一些;只有 2.97% 的人表示不了解。详见表 1-16:

表 1-16　受访教师对思政课实践教学内涵的了解程度

选项	小计	比例
了解,很清楚	98	41.52%
了解一些	131	55.51%
不了解	7	2.97%
合计人数	236	

可以看出，大部分受访教师对思政课实践教学的内涵有所了解，但了解程度有所差异。存在差异的原因主要在于学校的思政课教学管理部门对思政课实践教学的宣传、培训、推广不足，可通过教师培训、集体备课、示范教学、教学研究、教师考核等途径和方式，提高教师对思政课实践教学的认识和了解程度。

2. 对学校关于思政课实践教学的具体指导意见和支持措施的了解

关于思政课实践教学的具体指导意见和支持措施，如党委会专题讨论、学校出台具体文件或通知、分管领导具体指导，47.03%的受访教师表示所在学校对思政课实践教学有具体的指导意见和支持措施，说明相当一部分人对学校对思政课实践教学的具体指导意见和支持措施有清晰的了解，并且知道这些指导意见和支持措施是具体明确的；24.58%的受访教师表示有一些了解，知道学校对思政课实践教学有指导意见和支持措施，但是对这些指导意见和支持措施的内容了解并不具体，也没有明确清晰；21.61%的受访教师表示所在学校对思政课实践教学基本没有具体的指导意见和支持措施，这说明还有一部分学校对思政课实践教学缺乏具体的指导意见和支持措施；6.78%受访教师对学校关于思政课实践教学的具体指导意见和支持措施不了解，这部分教师占比虽低，但反映学校思政课教学部门对思政课实践教学的宣传和推广不够，以及对教师的培训存在不足。详见表1-17：

表1-17　受访教师对学校关于思政课实践教学的具体指导意见和支持措施的了解程度

选项	小计	比例
了解，有具体的指导意见和支持措施	111	47.03%
了解，基本没有具体的指导意见和支持措施	51	21.61%
了解一些，有指导意见和支持措施，但是不具体不明确	58	24.58%
不了解	16	6.78%
合计人数	236	

综上所述，学校对思政课实践教学的具体指导意见和支持措施，有相当一部分人了解并且认为指导意见和支持措施具体明确，但也有一部分人表示了解不够或

者认为基本没有具体的指导意见和支持措施。因此各院校有必要进一步加强对思政课实践教学的指导和支持,提高教师对思政课实践教学的认知和参与度。

3. 开展思政课实践教学对提升学生理论学习积极性和效果的作用

调查数据显示,超过 90% 的受访教师认为开展思政课实践教学对提升学生理论学习的积极性有作用,其中 42.37% 的受访教师认为作用非常大,47.88% 的受访教师认为有作用。只有极少数受访教师认为作用一般、可有可无或完全没有。详见表 1-18:

表 1-18　开展思政课实践教学对提升学生理论学习积极性和效果的作用

选项	小计	比例
作用非常大	100	42.38%
有作用	113	47.88%
作用一般	17	7.2%
可有可无	3	1.27%
完全没有	3	1.27%
合计人数	236	

由以上调查可见,受访教师普遍认为开展思政课实践教学对提升学生理论学习的积极性和效果有显著作用,教师们是认同和支持开展思政课实践教学的。

4. 思政部或马克思主义学院对思政课教师进行实践教学的培训情况

调查结果显示,思政部或马克思主义学院对思政课教师进行实践教学介绍和培训的情况是比较复杂多样的。约 58% 的受访教师表示接受过介绍和培训,并且这样的培训很有效有用或比较有效有用;约 23% 的受访教师表示接受过培训,但作用一般或不太有用;约 1% 的受访教师表示接受过培训,但完全没用;约 18% 的受访教师表示没有接受过培训。详见表 1-19:

表 1-19　思政部或马克思主义学院对思政课教师进行实践教学的培训情况

选项	小计	比例
做过,非常有用	69	29.24%
做过,比较有用	68	28.81%
做过,作用一般	47	19.92%
做过,不太有用	6	2.54%
做过,完全没有用	3	1.27%
没有做过	43	18.22%
合计人数	236	

从调查情况看,大部分受访教师所在学校的思政课教学管理机构对教师开展了比较有效的思政课实践教学培训,但是仍然有高达 18% 的受访教师没有接受过培训,而且相当一部分接受过培训的教师认为培训作用不大、不太有用,反映出培训效果不佳。对思政课教师进行实践教学的培训能让教师全面深入了解实践教学的内涵、要求、流程,这是规范开展思政课实践教学的前提条件,各校思政课教学管理机构应思考如何开展好培训,帮助思政课教师更好地开展实践教学。

5. 对本校思政课实践教学的实施方案、教学流程、管理办法、考核要求等的了解

调查数据显示,大部分受访教师对本校思政课实践教学的实施方案、教学流程、管理办法、考核要求等是了解和比较了解的,选择比较了解的占比 42.37%,选择非常了解的占比 21.19%,两项合计占比达到了 63.56%,这说明大部分人对本校思政课实践教学的各方面都有一定的了解;选择一般了解的人数占比为 23.31%,选择不太了解的人数占比为 10.59%,选择完全不了解的人数占比为 2.54%,反映出仍然有相当一部分人群对本校思政课实践教学的实施方案、教学流程、管理办法、考核要求等的了解不足或基本不了解。详见表 1-20:

表 1-20　教师对本校思政课实践教学的实施方案、教学流程、管理办法、考核要求的了解程度

选项	小计	比例	
非常了解	50		21.19%
比较了解	100		42.37%
一般	55		23.31%
不太了解	25		10.59%
完全不了解	6		2.54%
合计人数	236		

　　总体来看,思政课教师对本校思政课实践教学的实施方案、教学流程、管理办法、考核要求的了解程度高,必然有利于实践教学的开展,并在实践教学中保证教学的规范性和教学的质量,对本校思政课实践教学的实施方案、教学流程、管理办法、考核要求的了解程度低,必然影响思政课教学的顺利开展和影响教学质量。而提高思政课教师对本校思政课实践教学的实施方案、教学流程、管理办法、考核要求的了解程度,需要思政课教学管理机构进一步加强对思政课教师的培训培养,加强思政课实践教学的宣传和培训,开展思政课实践教学示范课。

　　6. 是否通过集体备课参与过思政课实践教学实施方案、教学流程、管理办法、考核方案等的制定

　　调查数据显示,受访教师中有 179 人通过集体备课参与过思政课实践教学实施方案、教学流程、管理办法、考核方案等的制定,占比 75.85%;有 57 人没有参加过思政课实践教学集体备课,占比 24.15%。详见表 1-21:

表 1-21　通过参加集体备课参与思政课实践教学实施方案、教学流程、管理办法、考核方案等的制定情况

选项	小计	比例	
参加过	179		75.85%
没有参加过	57		24.15%
合计人数	236		

由上述调查数据可以看出，大部分受访教师通过集体备课参与思政课实践教学实施方案、教学流程、管理办法、考核方案等的制定，由此可以让教师们准确理解教育部关于思政课实践教学的相关规定，深入了解思政课实践教学的要求，准确规范地实施教学，取得更好的教学效果。同时教师通过集体备课，及时发现实践教学中存在的问题，及时给予修正，并且进行教学改革，探索更加符合学生需求以及具有自己本土特色的实践教学方法。

7. 思政课实践教学过程中是否有必要规范对教师和学生的管理

调查数据显示，在思政课实践教学过程中，有超过90%的人认为对教师和学生的管理是必要的或比较必要的，其中57.63%的人认为非常必要，36.44%的人认为比较必要。只有少数人认为不太必要或完全没必要。详见表1-22：

表1-22　思政课实践教学过程中是否有必要规范对教师和学生的管理

选项	小计	比例
非常必要	136	57.63%
比较必要	86	36.44%
不太必要	11	4.66%
完全没必要	3	1.27%
合计人数	236	

在思政课实践教学过程中，超过90%的受访教师认为对教师和学生的管理是必要的或比较必要，这提示学校和相关管理部门一定要制定思政课实践教学的管理制度，管理要科学、合理、可操作，根据教师实施教学的反馈和调研得到的学生学习需求及时修改管理制度，使之反映教育教学规律，有利于提高思政课实践教学质量。

（三）受访者所在学校开展思政课实践教学的条件及具体要求

1. 学校对思政课实践教学的经费支持

调查数据显示，有114位（48.31%）受访教师表示自己所在学校的思政课实践教学列有专门经费，而122位（51.69%）受访教师则表示没有专门经费。详见

表 1-23：

表 1-23 学校对思政课实践教学是否有专门经费支持（不含思政课专项经费）

选项	小计	比例
有	114	48.31%
没有	122	51.69%
合计人数	236	

由上述调查结果可见，超过半数的受访教师表示所在学校没有对思政课实践教学提供专门的经费支持，这必然给教师开展实践教学带来困难，导致思政课实践教学流于形式走过场，影响教学质量。

2. 每个学期思政课实践教学是否有明确的要求，包括教学目标、教学内容、具体实施方案等

约 67% 的受访者表示自己所在学校每个学期的思政课实践教学提出了明确的教学目标，并有规范的教学内容，同时还制定了具体的实施方案；约 19% 的受访者表示每个学期的思政课实践教学提出了明确的教学目标和规范的教学内容，但没有制定具体的实施方案；有 8.9% 的人表示有的学期思政课实践教学提出明确的教学目标和规范的教学内容，有的学期则没有；有 5.08% 的受访者表示思政课实践教学没有明确的教学目标和规范的教学内容。详见表 1-24：

表 1-24 受访教师所在学校对每个学期的思政课实践教学是否有明确要求

选项	小计	比例
有明确的教学目标和规范的教学内容，制定了实践教学的具体实施方案	158	66.95%
有明确的教学目标和规范的教学内容，没有实践教学实施方案	45	19.07%
有时有，有时没有	21	8.9%
都没有	12	5.08%
合计人数	236	

综上所述，大部分受访者所在学校每个学期的思政课实践教学都提出了明确的教学目标和规范的教学内容，并且制定了具体的实施方案。然而，仍有部分学校教学目标和内容不够明确或缺乏具体实施方案。这些结果必然对思政课实践教学的开展和效果产生影响，建议学校和教师进一步改进和完善思政课的实践教学。

3. 思政课实践教学是否纳入教学计划、是否专门设置学时或设置学分

68.22%的受访教师表示所在学校思政课实践教学已纳入教学计划，并且专门设置了学时或学分；25%的受访教师表示本校思政课实践教学已纳入教学计划，但没有专门设置学时或学分。6.78%的受访教师表示本校思政课实践教学既没有纳入教学计划，也没有专门设置学时或学分。详见图1-25：

表1-25　是否将思政课实践教学纳入教学计划，并设置专门的学时或学分

选项	小计	比例	
纳入教学计划，专门设置学时（学分）	161		68.22%
纳入教学计划，没有专门设置学时（学分）	59		25%
没有纳入教学计划，也没有专门设置学时（学分）	16		6.78%
合计人数	236		

调查可见，大部分受访教师所在学校已将思政课实践教学纳入教学计划，并且专门设置学时或学分，而少部分受访教师所在学校只将其纳入教学计划，并没有专门设置学时或学分，极少数受访教师所在学校甚至既没有将思政课实践教学纳入教学计划，也没有专门设置学时或学分。研究者认为这是导致思政课实践教学要求不规范，对高等学校思想政治理论课建设标准落实不到位，影响思政课实践教学的最重要因素之一。

4. 各门思政课实践教学的学时安排

考虑到很多高职高专院校没有实行学分制的现状，问卷按照教育部颁布《高等学校思想政治理论课建设标准（2021年本）》关于思政课实践教学的学分要求，分别将高职高专思政课实践教学按不同课程的学分比例折算为不同学时，供受访者选择。调查显示"思想道德与法治"8至12学时的选项出现次数最多，共计

126 次,占总有效次数的 78%;"习近平新时代中国特色社会主义思想概论"8 至 12 学时的选项出现次数为 99 次,占总有效次数的 61%;"毛泽东思想和中国特色社会主义理论体系概论"6 至 10 学时的选项出现次数为 101 次,占总有效次数的 63%;"形势与政策"4 至 8 学时的选项出现次数最少,共计 56 次,占总有效次数的 34.78%。详见图 1-1:

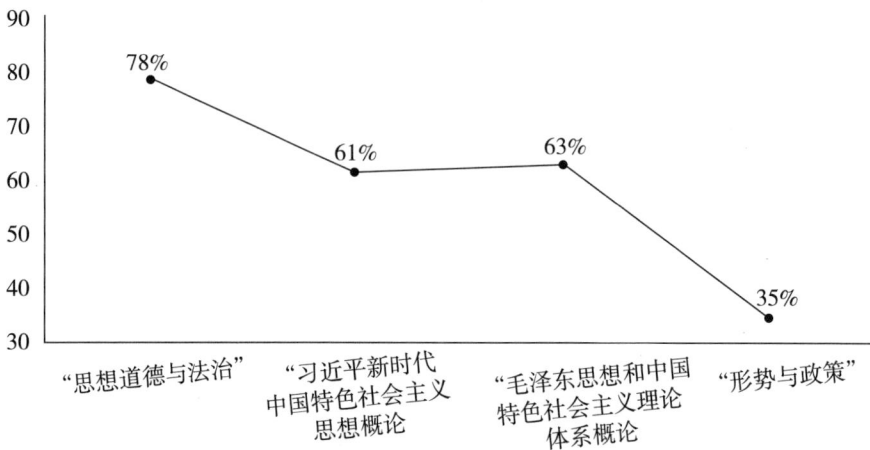

图 1-1 受访教师所在学校各门思政课学时安排情况

调查数据反映,受访教师所在学校各门思政课实践教学的学时安排中,"思想道德与法治"实践学时是最优得到保证的,其次是"习近平新时代中国特色社会主义思想概论"和"毛泽东思想和中国特色社会主义理论体系概论","形势与政策"实践学时最少。这一情况与《高等学校思想政治理论课建设标准(2021 年本)》规定基本相一致,"习近平新时代中国特色社会主义思想概论"与"思想道德与法治"的学时学分要求相同,实践中相较于"思想道德与法治"实践学时较少,研究者认为与该门课程在各高职高专院校中于 2022 年才全面开设有关,各校对新课程的实践教学安排可能相对滞后一些,但也反映出对新开设课程的实践教学管理和要求需要加强。

5.学校教务处是否参与思政课实践教学学时(学分)管理、实践教学实施工作并提出规范性意见

调查中,有 62% 的受访教师表示学校教务处参与了思政课实践教学学时(学

分）管理、实践教学实施工作并提出规范性意见,而 38% 的受访者表示学校教务处没有参与。详见图 1-2：

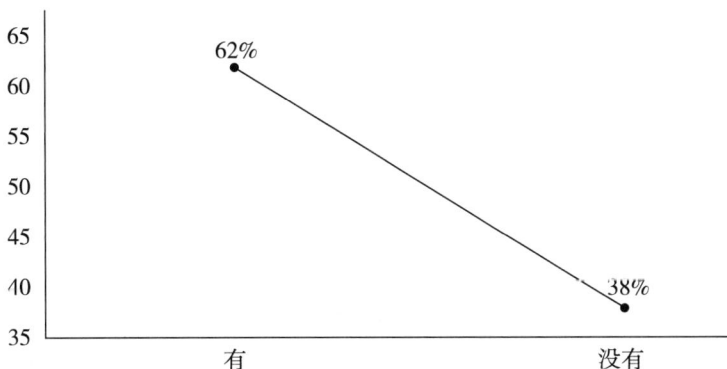

图 1-2　学校教务处参与思政课实践教学学时（学分）管理、实践教学实施工作情况

这一调查结果表明有相当一部分学校教务处对思政课实践教学的管理不到位,思政课实践教学完全由思政课教学部门实施并管理,没有得到教务管理部门的支持,说明在一部分学校中思政课实践教学还没有得到各部门的总体协同配合。

6. 思政课实践教学完成后是否形成实践教学成果,成果形式是什么

调查中,69% 的受访教师表示完成思政课实践教学之后形成了实践教学成果,成果形式包括报告、记录表、视频、PPT、活动感想等多种形式；18% 的受访教师表示完成实践教学之后形成了实践教学成果,成果主要以报告形式呈现；13% 的受访教师表示没有形成实践教学成果。详见图 1-3：

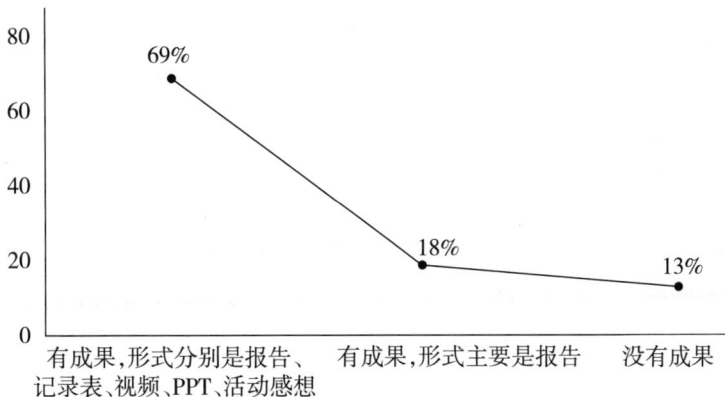

图 1-3　思政课实践教学成果情况

由上述调查数据可见，受访教师在完成思政课实践教学后基本形成了实践教学成果，其成果形式是丰富多样的。12.71%的受访教师没有形成实践教学成果，原因之一可能是教师对学生没有要求，原因之二可能是根本没有开展实践教学。

7. 思政课实践教学与校内外其他部门及其他单位合作情况

关于思政课实践教学是否与校内其他部门合作的问题，57%的受访教师表示与宣传部、团委、学生工作处、专业院系等都有合作；11%的受访教师表示与宣传部、团委、学生工作处等部门合作；6%的受访教师表示与团委、专业院系等合作；4%的教师表示只与团委、学生工作处合作；4%的教师表示只与专业院系合作；19%的受访教师表示没有合作。详见图1-4：

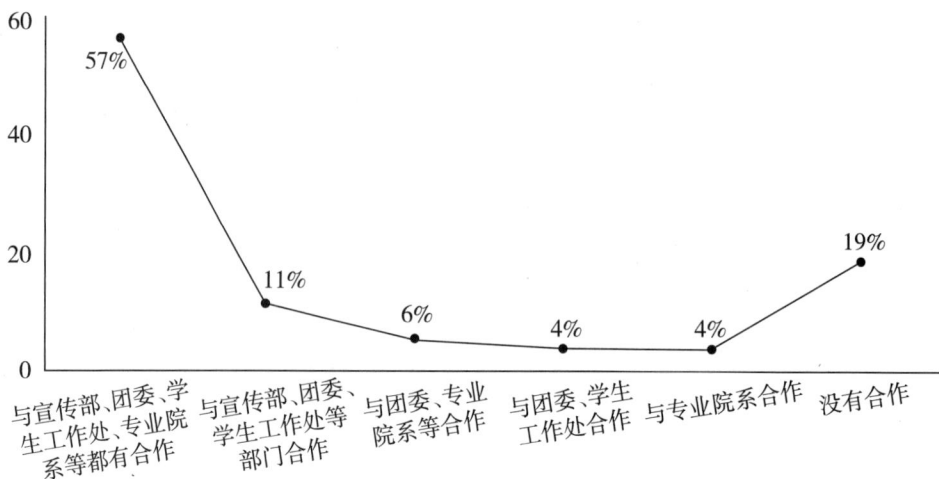

图1-4 思政课实践教学与校内其他部门合作情况

综上所述，大部分受访教师在开展思政课实践教学时与宣传部、团委、学生工作处、专业院系等多个部门都有合作，少部分受访教师只与团委、学生工作处合作或只与专业院系合作，这表明思政课实践教学与学校相关部门的合作度很高。但还有18.64%的受访教师表示没有与其他部门合作，没有合作的原因一是这些教师独立完成了思政课实践教学的工作，二是根本没有开展思政课实践教学。

关于思政课实践教学与校外其他单位合作情况，与当地宣传部门、文化管理部门有合作的比例为42%；与当地红色文化场馆、博物馆等有合作的比例为57%；

与周边社区、村镇有合作的比例为 49%；与非遗传承点有合作的比例为 11%；与挂牌的实践基地有合作的比例为 50%；基本没有与校外单位合作的比例为 14%。详见图 1-5：

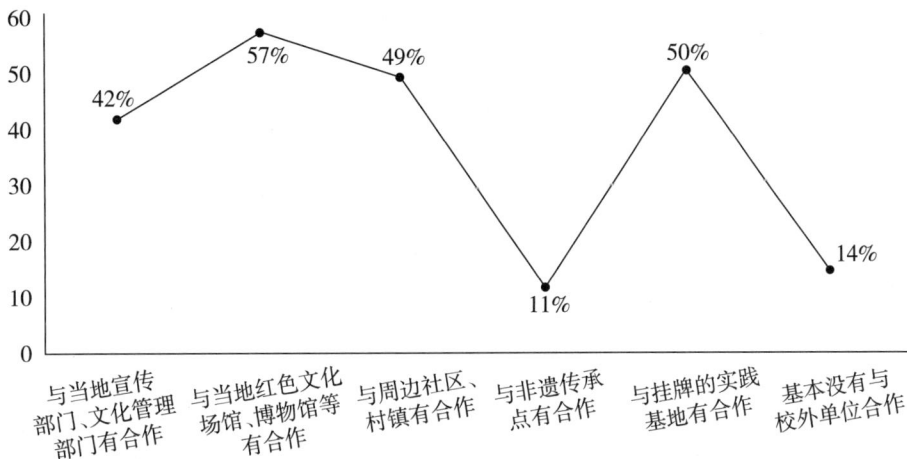

图 1-5 思政课实践教学与校外其他单位合作情况

调查显示，思政课实践教学主要与当地宣传部门、文化管理部门、当地红色文化场馆、博物馆、周边社区、村镇、非遗传承点以及挂牌的实践基地有合作，各类合作比例达 85% 以上，超过 14% 的受访教师表示基本没有与校外其他单位合作过，反映出这部分教师所在学校可能并没有开展思政课校外实践教学。

8. 校内外思政课实践教学基地建设情况

在是否建立校内思政课实践教学基地的问题选项中，党建文化（红色文化）教育场馆占比最高，为 72%；其次是铸牢中华民族共同体意识主题教育馆，占比为 33%；民族文化教育（非遗文化）场馆占比为 25%；工匠精神教育场馆占比为 26%；生态文明教育场馆占比为 20%。有 23% 的受访教师选择了本校没有建立校内思政课实践教学基地。详见图 1-6：

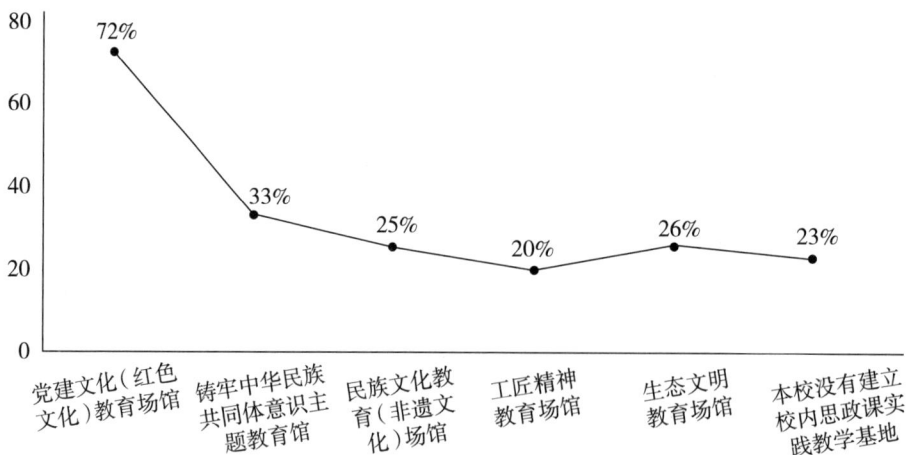

图1-6　校内实践教学基地建设情况

学校是否建立了多层次、多类型、相对稳定的校外思政课实践教学基地的问题选项，选择党建文化（红色文化）教育基地的比例为75%；选择铸牢中华民族共同体意识主题教育馆的比例为30%；选择民族文化教育（非遗文化）基地的比例为28%；选择民族团结进步示范基地的比例为29%；选择生态文明教育基地的比例为21%；选择工匠精神教育基地的比例为27%；没有建立校外思政课实践教学基地的比例约为18%。详见图1-7：

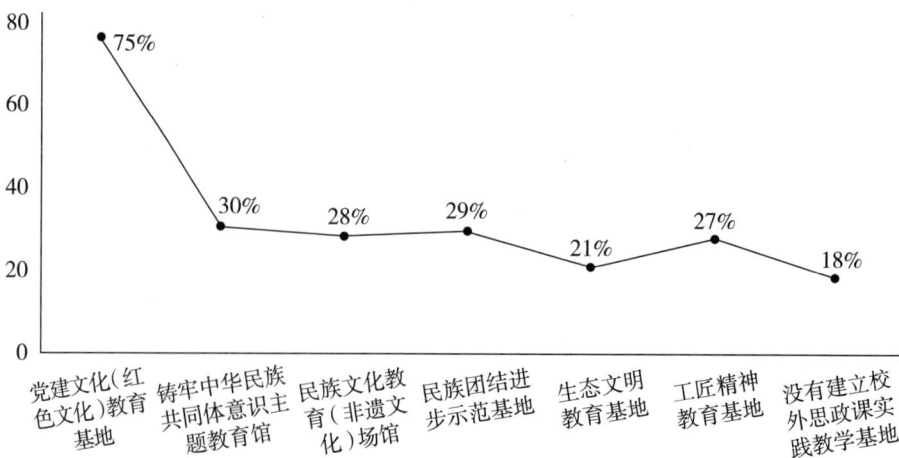

图1-7　校外思政课实践教学基地建设情况

根据上述数据，可以看出，受访教师所在学校建立的校外实践教学基地中，党建文化（红色文化）教育基地的比例最高，其次是民族团结进步示范基地，继而是工匠精神教育基地，生态文明教育基地再次之。此外，还有一部分学校没有建立校外思政课实践教学基地。

以上关于校内外思政课实践教学基地调查数据反映出，各学校普遍重视校内外思政课实践教学基地建设，其中党建文化教育基地的建设最受重视，铸牢中华民族共同体意识主题教育基地和民族文化教育基地得到了较高的重视，而工匠精神教育基地和生态文明教育基地的建设相对较为薄弱，调查也发现部分学校甚至还没有建立校内和校外思政课实践教学基地。根据对这些数据分析结果，学校应进一步加强思政课实践教学基地的建设，为思政课实践教学提供良好环境条件。

9. 每个学期开展思政课校内实践教学、校外实践教学的次数

关于校内实践教学。48.73%的受访教师表示每个学期有 1—2 次校内实践教学；每个学期有 3 次以上的课内实践教学为 36.44%；基本没有校内实践教学的占 5.51%；9.32%的受访教师表示任教班级存在差异，有的班级有校内实践教学，有的班级没有。可见，大部分教师每个学期都开展了校内实践教学，但还有一部分班级没有开展。建议学校加强对校内实践教学的安排和推广，做到校内实践教学全覆盖。

关于校外实践教学（如志愿服务、参观考察、实践体验，寒暑假社会实践如见习实习、假期工作、劳动实践、三下乡、社会调查等）。受访教师组织校外实践教学的次数主要集中在 1—2 次和 3 次以上。其中，1—2 次的比例为 56.78%，3 次以上的比例为 18.22%，总之大部分受访教师在一个学期内组织了 1—2 次的校外实践教学活动；有 7.2% 的受访教师表示基本没有组织学生参与校外实践教学，这可能是因为个人原因或者学校资源的限制导致了他们无法组织学生参与校外实践教学活动；还有 17.8% 的受访教师表示组织过校外实践教学，但次数很少，这可能是思政课教学机构对教师组织开展校外实践教学的要求不高，或者没有为教师开展实践教学提供便利条件。

综上所述，思政课教学管理机构对教师组织开展思政课实践教学应该有具体

要求,为教师提供指导,学校可以提供更多的校外实践教学便利条件,以激发教师的兴趣,提高教师的参与度。

10. 思政课实践教学的考核

关于思政课实践教学考核成绩是否作为学生课业成绩的重要组成部分,其成绩在总成绩中占比如何。调查数据显示,55.51%的受访教师选择将实践教学考核成绩作为学生课业成绩的重要组成部分,在总成绩中占比为 20%;33.9%的受访教师选择将实践教学考核成绩作为学生课业成绩的重要组成部分,但没有严格占比;10.59%的受访教师选择不将实践教学考核成绩作为学生课业成绩的重要组成部分。

关于思政课实践教学考核的方式。调查数据显示,实践教学考核的方式主要有两种:试卷考试、根据实践成果赋分。其中,试卷考试占比 8%,根据实践成果赋分占比 76%,没有考核占比 16%。详见图 1-8:

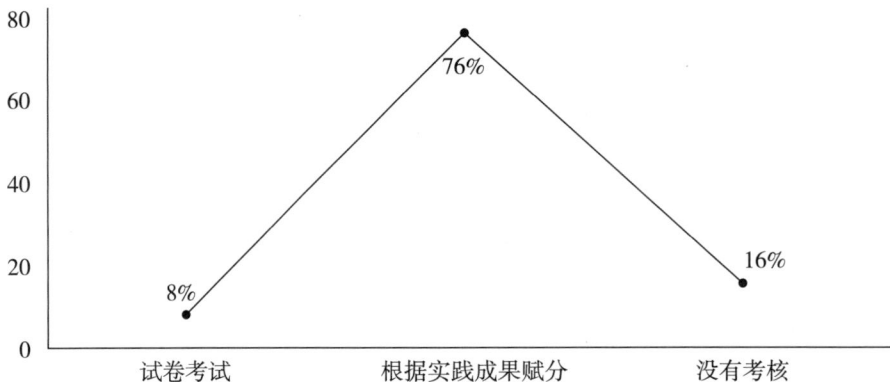

图 1-8　思政课实践教学考核方式

由上图可见,根据实践成果赋分是最常见的实践教学考核方式,达到 76%,这种考核主要通过评估学生的实践报告、实践记录表、视频、PPT、活动感想等成果来进行考核,能够更全面地评估学生的实践能力和学习成果;试卷考试是一种相对较少采用的实践教学考核方式,只占比 8%。这种方式可能更注重学生对理论知识的掌握,较少考查实践能力的发展;另外,有 16%的受访教师没有对实践教学进行考核,这可能意味着在这些实践教学中,学院更注重学生的实践过程和经验积累,而不是对其进行形式化的考核评估。不同的考核方式能够评估学生不同的能力和表现,有助于促进学生全面发展。根据实践成果赋分被较多教师采用,说明教师们普遍认同这是能全面评估学生的实践能力和学习成果的较为科学的考核方式。

11. 对思政课实践教学研究的情况

28% 的受访教师表示对思政课实践教学开展过比较广泛和深入的研究,并取得了多项科研课题立项,有专著出版和论文发表等成果;38% 表示开展过研究并有科研课题立项,没有专著出版,但已经有论文发表的成果;21% 表示开展过研究,有论文发表但没有课题立项;31% 表示研究较少,没有论文发表和课题立项,这部分教师在思政课实践教学研究方面进展较为缓慢,没有取得明显的成果;11%的受访教师表示没有进行任何研究行为。详见图 1-9:

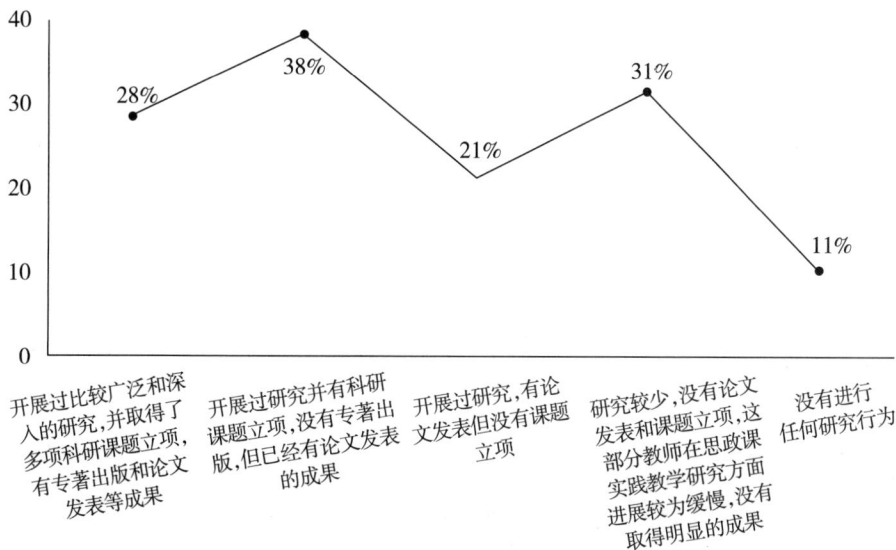

图 1-9 对思政课实践教学研究的情况

综上所述,虽然有一部分教师在思政课实践教学研究方面取得了一定的成果,但仍有相当比例的人员在这方面进展较为缓慢或没有进行研究,约 11% 的人员对思政课实践教学研究没有进行过任何的探索和实践,这一比例与受访教师中没有开展实践教学的比例接近,正好说明实践是理论的来源,开展思政课实践教学活动为教科研活动提供了动力、素材和需求。这就要求我们需要进一步加强对思政课实践教学研究的重视和支持，提高研究水平和成果产出。

12. 思政课实践教学安全教育制度情况

对于学校思政课实践教学的安全教育制度，有 27.97% 的受访教师选择了"有，非常了解"，41.95% 的人选择了"有，比较了解"，16.95% 的人选择了"有，不太了解"，10.59% 的人选择了"不知道有没有，完全不了解"，2.54% 的人选择了"没有"。详见图 1-10：

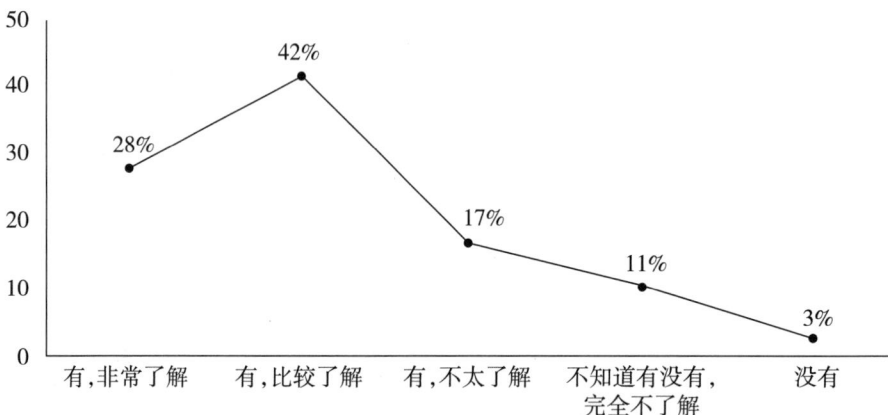

图 1-10　思政课实践教学安全教育制度情况

从数据可以看出，大部分受访教师所在学校有思政课实践教学的安全教育制度，其中，有相当比例的人对该制度比较了解或非常了解，占总人数的 69.92%。然而，仍有一部分人对该制度不太了解或完全不了解，占总人数的 27.54%。此外，只有 2.54% 的人表示学校没有安全教育制度。虽然大部分受访教师所在学校有思政课实践教学安全教育制度，并且教师对此有一定了解，但仍有一部分人对该制度了解程度较低。因此在实施思政课实践教学安全教育制度时，需要进一步加强对该制度的宣传和培训，以提高教师和学生对安全教育的认知和重视程度。

（四）对思政课实践教学的反思与建议

1. 思政课实践教学课后的教学反思及整改情况

受访教师中，在开展思政课实践教学有课后反思、有整改的占比为 65.25%；有反思，但不一定有整改的占比为 25.85%；既没有反思，也没有整改的占比为 8.9%。详见图 1-11：

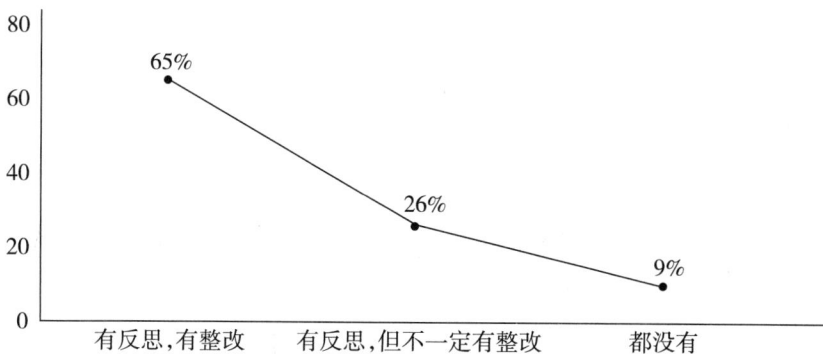

图 1-11　思政课实践教学课后的教学反思及整改情况

由上图可见，大部分受访教师思政课实践教学课后有教学反思并采取了整改措施，但还有一部分人只有教学反思而没有整改措施，少数人既没有教学反思也没有整改措施。针对这些情况，可以进一步探讨为什么有一部分人没有采取整改措施，并提出相应的改进建议，以提高思政课实践教学的质量和效果。少数人既没有教学反思也没有整改措施原因可能是没有开展实践教学，这部分受访教师所在学校应落实高校思政课标准，保证思政课实践教学的开展。

2. 教师在思政课实践过程中是否有必要加强对学生的活动进行指导和监督

调查中可以看出大多数受访教师认为在思政课实践教学过程中，老师有必要加强对学生的活动进行指导和监督，其中 56.78% 的受访教师认为"非常必要"，38.98% 的受访教师认为"有必要"，只有 3.81% 的受访教师认为不太必要，个别受访教师认为完全没必要。详见图 1-12：

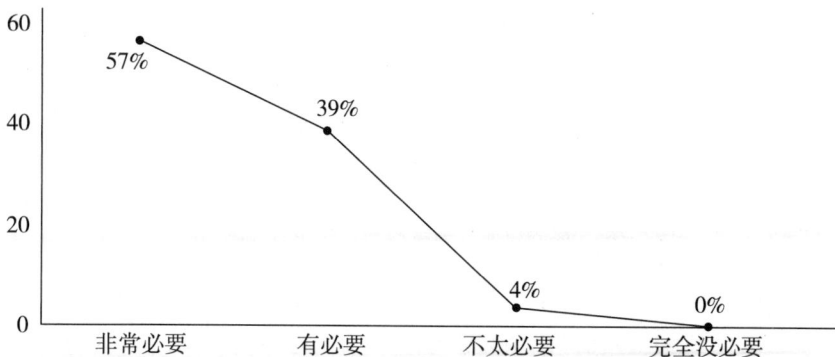

图 1-12　教师在思政课实践过程中是否有必要加强对学生的活动进行指导和监督

上述调查数据说明思政课教师普遍认为教师在思政课实践过程中加强对学生的活动指导和监督是必要的,这也有助于提高学生的学习效果和思想素质。

3.思政课实践教学考核评价中存在的问题

根据调查数据,我们可以看到:首先,在思政课实践教学考核评价中,被认为存在问题最多的是考核评价方式单一,占比55%,这可能意味着受访教师对于现有的考核评价方式感到单一并缺乏多样性,希望有更多不同的评价方式;其次是考核评价标准不明确、不易操作,占比50%,这表明受访教师对于评价标准的明确性和可操作性有所担忧,希望能够更清晰地了解如何进行评价;再次,是考核评价内容不完善和考核评价方式简单化,分别占比为43%和42%,这可能意味着教师对于评价内容的覆盖范围和方式的多样性有所期待,希望能够全面进行思政课实践教学评价;此外,还有一部分教师选择了"其他"选项,占比11%。这可能意味着还存在其他问题,由于在调查问卷中没有具体列出,无法进行进一步分析;最后,只有很少一部分教师认为思政课实践教学考核评价没有问题,占比4%。详见图1-13:

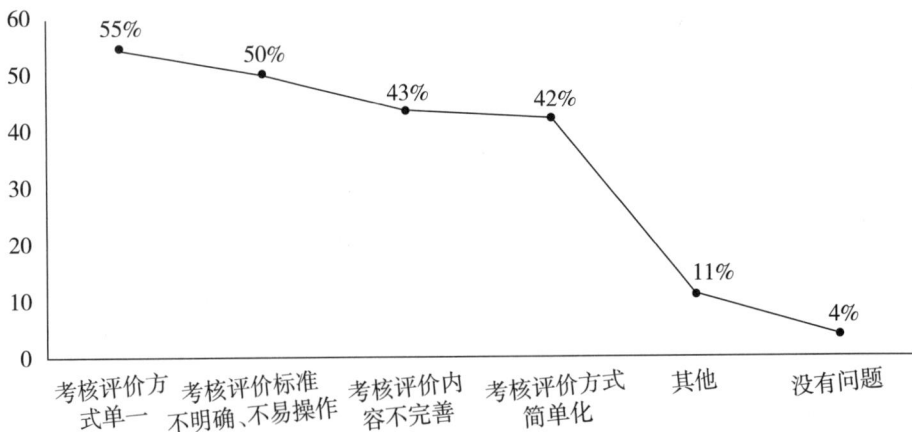

图1-13 思政课实践教学考核评价中存在的问题

综上所述,大部分受访教师对于现有的思政课实践教学考核评价不满意,认为思政课实践教学考核评价存在一些问题,主要集中在考核评价方式单一、考核评价标准不明确、不易操作、考核评价内容不完善和考核评价方式简单化。学校相关部门和思政课教学管理部门可以根据这些反馈意见，改进和优化思政课实践教学的考核评价方式和内容，以提高学生的满意度和参与度。

4. 是否有必要采取多元激励方式以提高学生实践的积极性和主动性

多数受访教师认为有必要采取多元激励方式以提高学生实践积极性和主动性，在问卷中62%的人选择了"非常必要"，33%的人选择了"比较必要"，这表明大部分人认为多元激励方式对于提高学生实践积极性和主动性是必要的；只有很少一部分人认为多元激励方式对于提高学生实践积极性和主动性不必要，有个别人选择了"无所谓"。详见图1-14：

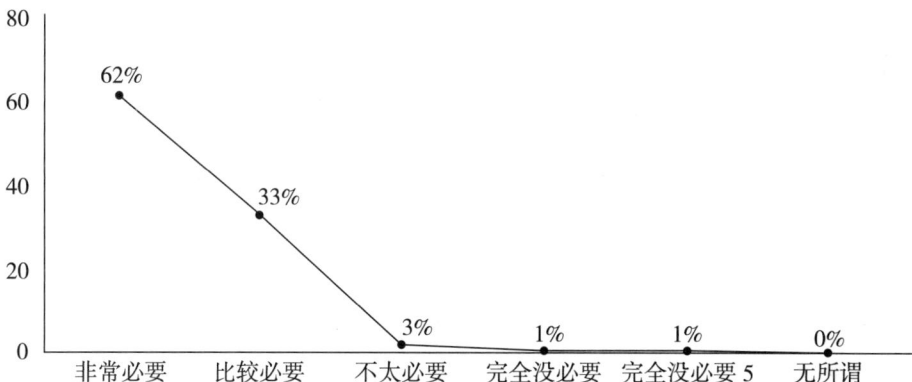

图1-14　是否有必要采取多元激励方式以提高学生实践的积极性和主动性

根据调查数据分析，多数人认为有必要采取多元激励方式以提高学生实践积极性和主动性，这意味着大部分人对于采取多元激励方式持有正向的态度，认为多元激励方式在提高学生实践积极性和主动性方面具有一定的重要性。只有少数人认为不太必要或完全没必要，这表明少数人对多元激励方式持负面或消极的态度，这对进一步开展好思政课实践教学会带来消极影响。

5. 改进思政课实践教学的方式方法

调查显示，受访教师认为"改进思政课实践教学的方式方法"中，建立校内外实践基地占比为87%，营造校内育人环境占比为81%；建立思政课实践教学占比为73%；考核评价方法多样化占比为69%。详见图1-15：

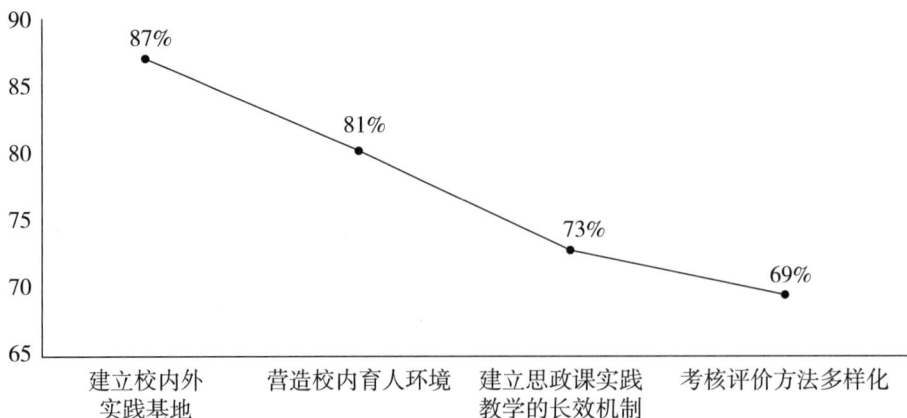

图 1-15 改进思政课实践教学的方式方法

综上所述,受访教师认为改进思政课实践教学的方式方法依次为建立校内外实践基地、营造校内育人环境、建立思政课实践教学的长效机制和考核评价方法多样化,在改进思政课实践教学中,上述方式方法是较为重要和普通支持的选项。

三、调查结论与启示

(一)结论

1.西部民族地区高职高专院校思政课建设进展明显

从学校层面看。接受调查教师所在学校对思政课实践教学有比较深入全面的认识,大部分学校大都对思政课实践教学予以政策支持和财力支持,对《高校思政课建设标准（2021 本）》执行度较好,都在想方设法克服困难、创造条件,努力开展好思政课实践教学。因此各校的思政课实践教学得到有效推进,有的学校取得明显成果,从而为新时代思政课改革创新起到积极作用,在贯彻落实"三全育人"、发挥思政课高校第一课和课堂主阵地作用方面有突出表现。如表 1-26 所示:

表 1-26 学校对思政课实践教学的支持情况

项目	有指导意见和支持措施	有一些指导意见和支持措施	基本没有指导意见和支持措施	其他
占比 %	47.03	24.58	21.61	6.78

从教师层面看。受访教师普遍认为思政课实践教学对自己的思政课教学有积极作用，能够让学生更好地把课堂上学习的理论知识与社会现实相结合，激发学生的学习积极性，让学生在实践中真正理解、掌握、运用理论知识，提升能力，塑造价值观。因此教师对思政课实践教学普遍持积极态度，并愿意在条件允许的情况下组织开展思政课实践教学。

从开展思政课实践教学的规范性看，接受调查教师所在学校有效开展思政课实践教学的占比很高，表现出有序性和规范性，并在实践中形成了相关制度。这说明调查涉及学校大都落实了《高等学校思想政治理论课建设标准（2021年本）》关于思政课实践教学的相关要求。大多数受访教师常态化、规范化开展思政课实践教学，教学有制度、有目标、有内容、有计划，过程有指导、有监督、有流程，课后有反思、有改进，对实践教学的开展有考核，并将考核成绩纳入课程总成绩。如表1-27 所述：

表 1-27　思政课实践教学的落实情况

	纳入教学计划、设置专门的 v	明确的教学目标、规范的教学内容、具体的实施方案	课后反思和改进	进行考核，成绩纳入总成绩并有严格占比
有	68.22%	66.95%	65.25%	55.51%
有一些	25%	27.97%	25.85%	33.9%
没有	6.78%	5.08%	8.9%	10.59%

此外，从调查反馈情况，各校的思政课实践教学评价考核多样化，能体现过程性考核、能力考核要求。有不少教师按照文件要求积极探索教学方法，结合自己的教学实际开展教学研究，改进和创新教学方式方法。

思政课建设效果如何，思政课实践教学开展的成效如何评判，最终的标准是是否引起学生的兴趣和共鸣，是否有效地传递知识以形成正确的价值观，是否能促进学生掌握对事物进行分析判断的能力。一句话，就是学生对思政课是否满意。本团队在针对学生进行是否喜爱上思政课的调查中，高达96.66%的学生表示喜爱上思政课，93.15%的学生认为有必要开展思政课实践教学，这些数据充分证明本团队调查涉及的各校思政课建设卓有成效,思政课实践教学的重要性、必要性已得到学生普遍认同。

2. 西部民族地区高职高专思政课实践教学存在的问题

西部民族地区高职高专思政课建设和思政课实践教学取得突出进展的同时,也存在不少问题,这些问题制约了思政课实践教学的开展,影响了思政课教学质量。问题主要可以归结为以下三个方面。

一是学校政策支持方面。从数据可见,仍然有超过 20% 的学校在思政课实践教学开展上缺乏学校层面的支持。这有可能存在客观上的困难,如学校财力不足,硬件条件较差,对思政课的支持力度比较弱;更重要的是主观原因,如对《高等学校思想政治理论课建设标准(2021 年本)》解读理解不透彻,或对思政课的重要性认识不足,或对思政课实践教学缺乏深入全面的认识,因而对思政课建设及实践教学支持不足。一般来说,学校对思政课建设的重视程度,决定了该校思政课教学质量和思政课建设的水平高低。

如果学校高度重视思政课的建设,及时制定思政课建设的相关制度和文件,学校党委会、校长办公会专题研究思政课建设常态化,学校领导经常到思政课教学科研部门进行调研、及时解决思政课建设的实际问题,每个学期讲思政课、听思政课、评思政课,参与思政课教师的培训、思政课教研活动等,就会在全校带头形成重视思政课的氛围,向全校各机构、各部门强调思政课在培养学生综合素质和价值观塑造方面的重要性,并在课程设置和教学资源分配上给予思政课大力支持。否则,思政课建设就会停留在口头上,难以落实到实际工作中。

二是管理机构和机制方面。通过调查发现约 20% 的受访教师表示本校思政课实践教学时有时无,没有政策支撑和制度规范,极少数受访教师学校则根本没有开展思政课实践基地建设,也没有开展思政课实践教学。本团队研究发现,学校教务部门、思政课教学科研部门对教育部文件的解读、宣传、贯彻落实至关重要。正确地解读领会上级文件精神,不折不扣贯彻执行,才能向学校党委准确真实地传递上级关于思政课建设要求的标准,结合本校实际,为学校党委决策提供咨询和建议。

调查发现,凡是学校和思政课教学科研部门对思政课建设、思政课实践教学有比较健全的制度,思政课建设就得到保障,取得比较突出的成果。思政课实践教学就会开展得比较顺利,无论在形式和内容上都能在制度保障监督下,有相应机构机制管理思政课实践教学,不会让其落在空当上;也能制订相应的计划、方案,按照计划和方案实施,实践教学的完成度高,效果也比较理想;在推进思政课实践教学的过程中,能不断完善机制体制,建设实践教学基地,开展教师培训,提高教学水平。反之,学校和思政课教学科研部门对思政课建设、思政课实践教学缺乏健全的制度,思政课建设则推进缓慢,成果不突出,思政课实践教学也就推进不力,处在无机构管理、无人落实、无人监督的境地,这就出现思政课实践教学时有时无,没有落实实践教学的学时学分,实践教学缺乏科学考核机制,或者未将其纳入学生总成绩。

三是教师素质方面。本团队在调查中发现,有 24.59% 的受访教师对学校思政课实践教学的具体指导意见和支持措施的了解不清晰,6.78% 的教师则根本不了解,在教学实践中因思政课实践教学难度大,掣肘因素多而存在畏难情绪,从而放弃开展实践教学。教师培训和集体备课中对教师的培训、指导不够,使教师在开展思政课实践教学方面能力不足。调查发现开展过思政课实践教学研究但基本没有获得成果的占比 31%,没有进行过任何研究的占比为 11%,这个比例是非常大的,意味着受访教师在思政课实践教学研究方面进展较为缓慢,这就导致了思政课实践教学在一部分学校推进缓慢。课程的实施者在于教师,习近平总书记把办好思想政治理论课的关键定位于教师,对教师提出了"六要"要求,除了政治强、情怀深、人格正、自律严的要求外,教师有创新思维和创新方法,有广阔视野和丰富的知识积累,才能在思政课教学中举重若轻、深入浅出,把大道理讲明白、把深奥知识传授给学生,才能在思政课实践教学中方法得当、组织有效,对学生产生强烈吸引力,取得好的教学效果。

（二）启示

1. 学校层面的重视与支持、监督和指导是开展思政课实践教学的基础保障

第一,突出党委对思政课建设的领导作用。《高等学校思想政治理论课建设标准（2021 本）》第 2 条规定"校党委（常委）会议、校长办公会每学期至少召开一次专题会议研究思想政治理论课建设,解决突出问题,在工作格局、队伍建设、支

持保障等方面采取有效措施,会议决议能够及时落实的工作",第 3 条规定"建立学校党委书记、校长带头抓思想政治理论课机制。党委书记、校长作为第一责任人,带头听课讲课,带头推动思想政治理论课建设",以解决实际问题。发挥学校党委的领导作用,要体现在方方面面,思想政治理论课作为高校"第一课",必须加强党委的统一领导。党委重视思政课建设、及时解决思政课存在的实际问题,必然对整个学校加强思政课建设起到积极的导向作用,使思政课在整个学校的工作格局中得到凸显,思政课实践教学推进中的种种掣肘问题才能逐一破解,如配齐建强教师队伍、思政课建设项目的设立、思政课专项经费的拨付、思政课实践教学基地建设等支持和保障才能真正落实。

第二,完善学校的制度机制。《高等学校思想政治理论课建设标准(2021 本)》第 4 条规定"把思想政治理论课建设列入学校事业发展规划,纳入学校党的建设工作考核、办学质量和学科建设评估标准体系,作为学校重点课程建设",第 5 条规定"学校宣传、人事、教务、研究生院(处)、财务、科研、学生处、团委等党政部门和思想政治理论课教学科研机构各负其责,相互配合,落实思想政治理论课教育教学、学科建设、人才培养、科研立项、社会实践、经费保障等各方面政策和措施"。思政课建设的制度机制,包括党委领导机制、思政课教学部门设立及配备机制、思政课教师队伍建设机制、思政课教学科研机制、思政课教学管理机制、思政课专项经费支持机制等,这些机制是把党的领导落到实处,开展好思政课建设,推进思政课实践教学的机制保障。完善机制,涉及校宣传、人事、教务、财务、科研、学生处、团委等党政部门,也包括思政课教学科研部门,需要各部门各司其职,相互配合,相互支撑,形成合力。

2. 构建思政课实践教学的支持管理系统

从学校、二级机构层面完善构建思政课实践教学的支持管理系统。实践教学管理体系、实践教学服务保障体系、实践教学实施体系、实践教学科研体系、实践教学评价体系,以上体系构建完善,才能支撑从一所学校的政策层面、制度层面、管理层面、后勤层面、教务层面、教学实施和评价层面为思政课实践保驾护航,使教育部对思政课实践教学的要求真正落地,推进思政课建设。

3. 思政课教学管理机构功能的提升和优化

第一，完善优化思政课教学部门的管理功能。在学校支持下独立设置直属学校领导作为思政课教学科研组织二级机构的思政部或马克思主义学院，除要配齐机构管理人员，还要在内部合理设置部门，完善规章制度，构建二级机构的内部机制体制，完善和优化思政课教学部门的管理功能。从调查中发现，有的院校虽然设立了思政课教学科研组织二级机构，但其对思政课的管理功能发挥并不充分，问题出在班子配备和内部机构设置不合理，如负责人并非具有长期从事思想政治理论课教学或者马克思主义理论学科研究的经历，缺乏思政课教学科研经验；又如班子成员数量不足，有的人身兼数职，精力分散，不能很好地履行管理职责；以及教研室形同虚设，没有专门管理思政课实践教学的部门。以上种种问题，对思政课实践教学造成不良影响，使诸多学校的思政课实践教学开展困难、效果不佳，少数学校甚至无法开展。因此，应配齐配强思政课教学科研组织二级机构的班子成员，设置好内部教学管理部门，按要求设立教研室并保证其正常运转，设立专门的实践教学管理机构，并制定配套管理制度，监督监控好各门课程的教学，将开展各门思政课实践教学纳入常规教学监督监控。

第二，加强思政课程建设。目前全国高校开设的思政课程除了本科院校比专科院校多开设 2 门必修课程（马克思主义基本原理课、中国近现代史纲要课）外，所有专科院校都统一开设 4 门思政必修课，并且使用与本科院校同样的教材，因此，根据本校学生基础和现实条件开展思政课程建设，是高职高专院校思政课教学科研部门的使命。思政课程建设包括制定各门思政课课程标准，在各门思政课课程标准中，一定要包括思政课实践教学课程标准，要明确思政课实践教学的课程属性。思政课程建设还包括建设各门课程的教学资源，教学资源既包括线下资源，也包括线上资源，还包括实践教学资源。不同地区不同类型的学校有自己的特点，即便是西部地区高职高专院校也各有自己的发展历史、现有基础、现实条件，在教学资源的建设中，需要遵循因地制宜、有用有效原则，忌大而全、忌好高骛远。

第三，加强内部横向联系与外部合作。思政课实践教学与课堂教学有很大区别，需要校内各部门、各相关机构、各学院（系）的通力配合，只靠思政课教学部门是不可能完成的任务。在学校具备有力的政策支持情况下,保证思政课实践教学的顺利开展,还需要宣传部门和安全保卫部门的指导和协助、财务部门的支持、团委和学工部门的配合、各学院(系)的合作,等等;除了校内横向联系外,思政课实践教学需要与校外合作,建设校外实践教学基地的同时,与相关部门和机构如宣传部门、博物馆、文化部门等合作,邀请校外知名专家、模范人物对学生开展教学授课。

第三节

西部十二省区高职高专学生思政课实践教学满意度

为全面了解西部民族地区高职高专院校思政课实践教学开展情况及存在问题，课题组设计了本调查问卷，旨在从学生角度调查西部民族地区高职高专院校思政课实践教学开展情况。本问卷共 31 题，分别从学生对思政课实践教学了解情况、认可度和满意度、形式与效果、意见和建议四个方面进行调查。

一、问卷发放及回收概况

（一）问卷覆盖地区

2023 年 5 月至 8 月，面向西部十二个省区约 30 所高职高专院校学生发放《西部地区高职高专思政课实践教学调查问卷》，每个省区向 1—5 所院校发放调查问卷。共计回收有效问卷 7910 份，由于研究团队所属院校为云南省高职院校，占据地利之便，调查样本中云南学生所占比例最大，为 52.44%。甘肃省和广西壮族自治区占比分别为 9.77% 和 8.18%，位居第二和第三位。说明这两个省区接受调查的学校数量相对较多。西藏自治区的只占 0.4%，主要是因为西藏高职高专院校数量少，学生数量也相对较少。总体来说，本次调查所覆盖的地区和学校分布广泛，参与调查学生人数众多，调查所获数据具有广泛性。详见表 1-28：

表 1-28　西部十二个省区参与调查学生数量情况

选项	小计	比例
青海省	143	1.81%
甘肃省	774	9.79%
云南省	4143	52.38%
贵州省	254	3.21%

续表

选项	小计	比例
四川省	542	6.85%
陕西省	159	2.01%
重庆市	465	5.88%
内蒙古自治区	130	1.64%
西藏自治区	32	0.4%
新疆维吾尔自治区	319	4.03%
宁夏回族自治区	301	3.81%
广西壮族自治区	648	8.19%
合计人数	7910	

（二）问卷覆盖群体

1. 问卷覆盖学段情况

在接受调查的学生中大一的学生人数最多，占比为73.86%，其次是大二的学生，占比为18.37%，最少的是大三的学生，占比为7.77%，各年级参与调查的学生人数不均衡。主要原因有两个方面：一是协助调查的教师几乎全部为思政课教师，高职高专院校思政课主要开设在大一阶段，大二阶段开课极少，大三学生基本已经离校实习，不开设思政课；二是有的院校大二学生已经开始实习或见习，大三的学生几乎全部在实习或找工作，大一学生全部在校内学习，故大一学生参与调查的人数多，大二和大三这两个学段的学生在校外的较多，不容易开展调查。本问卷主要调研思政课实践教学的开展情况，正在上思政课的大一学生参与调查人数最多，能直接真实地反映出他们上思政课的具体情况，所以问卷调查结果是可信的。

2. 问卷覆盖民族情况

在回收的7910份问卷中，汉族学生占比69.14%，少数民族学生占比30.86%，从比例上看超过全国少数民族人口占比，与西部省区少数民族众多的现状基本一致。参与调查的学生民族种类达50种，表明西部高职高专院校对少数民族职业教育的广泛性。在参与调查的少数民族学生中,主要的少数民族包括彝族、苗族、傣族、傈僳族、布依族、侗族、土族、仡佬族、柯尔克孜族、撒拉族、蒙古族、景颇族等。

3. 问卷覆盖学校情况

94.06% 参与调查的学生所在学校为公办院校,5.94% 参与调查的学生所在学校属于民办院校。大多数参与调查的学生所在学校为公办院校。这一数据与西部十二省区高职高专院校公办学校占 67.79% 的比例不符,说明本次调查在一定程度上对民办院校有所忽略,对民办院校情况了解不足。

二、问卷调查结果分析

(一)学生对思政课的态度

1. 学生对思政课教学内容的接受程度

调查结果表明,总体上,大部分接受调查学生对思政课教学内容的接受程度较高。完全接受的人数最多,占总人数的 71.89%。部分接受的人数占 24.56%。少部分学生对思政课教学内容的接受程度较低,其中,理论上接受,现实不接受的人数占 2.27%;表面接受,内心不接受的人数占 0.9%;完全不接受的人数占 0.38%。在最喜欢的思政课选项中,最多的是选择"都喜欢",占比为 51.65%,其次是"思想道德与法治",占比为 19.97%。相对而言,最少的选择是"都不喜欢,不得不上",占比为 3.34%。

结果分析:绝大多数受访者对思政课教学内容持正面、积极的态度,喜欢或者都喜欢上思政课的人数远多于不喜欢的人数。其中,"都喜欢"这个选项的选择人数最多,说明有很多人对思政课持有正面评价。这表明思政课教学内容普遍得到了认可和接受。值得注意的是,仍有一部分学生对思政课教学内容存在一定程度的不接受。这部分人的意见和反馈可以作为改进思政课教学内容的重要参考。

2. 学生对思政课的接受态度及原因

在调查中常见的一些喜欢上思政课的原因依次为:喜欢思政课的内容,很感兴趣（占比 70.76%）;认为思政课对自己成长成才有帮助（占比 64.18%）;喜欢老师的教学方法（占比 57.32%）;喜欢思政课老师（占比 55.51%）;喜欢思政课实践教学（占比51.82%）。

学生不喜欢上思政课的原因依次为：老师照本宣科，太枯燥，听不进去（37.75%）；对思政课的内容不感兴趣（26.55%）；觉得思政课可有可无，对自己成长成才没有什么帮助（11.76%）；思政课都是讲大道理，对自己完全没用（12.82%）；其他原因（32.72%）。以上数据表明，教师的教学方法是影响学生对思政课兴趣的最重要原因，学生对思政课内容的正确认识也是影响学生喜欢上思政课的重要原因，并且可能存在其他未提及的因素影响学生对思政课的态度。上述是关于多选题结果的描述性分析。其中，"比例"指的是各选项出现的次数占总有效次数的比例。

调查结果有助于了解思政课受欢迎的原因，以及在哪些方面需要改进。同时，对于不喜欢上思政课的学生，其原因多种多样，包括但不限于课程内容、教学方式、个人兴趣和期望等。因此，思政课教学部门及思政课教师需要针对这些不同原因，关注学生的需求，采取相应的改进措施，如改革创新教学方法、改善教学环境，以提高学生对思政课的兴趣和参与度。

（二）学生对思政课实践教学的态度

1. 学生所在学校思政课实践教学的开展情况

调查学生中37.43%的人经常参加思政课实践教学；41.56%的人偶尔参加过实践教学；11.82%的人知道学校开展过实践教学但自己没有参加过；6.5%的人所在学校没开展过实践教学；2.69%的人甚至没听说过实践教学。可以看出，大部分学生都有一定程度的实践教学经历，但仍有一部分人对实践教学不太了解或者没有参加过，极少数人甚至不知道思政课实践教学。

以上调查结果表明，西部省区大部分高职高专院校开展了思政课实践教学，有部分学校实践教学未做到全覆盖，极少数学校还没有开展实践教学。

2. 学生对开展思政课实践教学的态度

调查数据显示，超过90%的受访者认为开展思政课实践教学有必要或很有必要，仅有5.73%的受访者认为可有可无，1.12%的受访者认为完全没有必要。因此，可以得出结论，大多数学生对开展思政课实践教学是持欢迎态度的。92.2%的学生明确表示喜欢思政课实践教学,而仅有 7.8% 的人表示不喜欢。可以看出,大部分人对思政课实践教学持肯定的态度。

学生喜欢思政课实践教学的主要原因:拓展知识面、锻炼独立思考能力、增加对社会的了解和增加思政课学习兴趣,占比分别为:84.69%、62.53%、69.27%、59.33%。这四个选项的比例总和超过 90%,说明这四个方面是最受学生欢迎的。选择"其他"的比例虽然较低,但也需要关注,可能存在其他问卷未提及但重要的原因。从调查来看,思政课实践教学得到了学生的广泛认可,主要原因包括但不限于提高学习深度广度、锻炼独立思考能力、增强动手能力、增加对社会的了解以及增加对思政课的学习兴趣。

学生不喜欢思政课实践教学的原因依次为:主题单一乏味,缺乏吸引力,导致自己缺少参与热情占比 60.17%;组织水平不高,方式和手段单一落后占比40.45%;活动主题脱离实际,流于形式占比 35.1%;不感兴趣占比 21.5%。有的学生选择了多项原因。

从这些原因可以分析出,因实践活动与现实脱节而导致实践活动主题脱离实际,无法与现实生活联系起来,学生因此缺乏兴趣。组织水平不高,方式和手段单一落后,这会影响到实践教学的效果和吸引力。这些因素可能影响到学生对思政课实践教学的满意度和参与度。为了提高实践教学的效果,可以考虑改进以下几个方面:丰富教学内容和主题,提供更多具有吸引力和实际意义的实践主题,以激发学生的参与热情;加强实践活动与现实生活的联系,以提高学生的学习兴趣;提高组织和管理水平,改进组织和管理方式,采用多样化的教学手段和方法,以提高实践教学的吸引力和效果。

3. 学生参加过的思政课实践教学方式及其喜爱的思政课实践教学方式

在问卷中涉及学生选择的思政课实践教学方式中,参加社会实践调查并写调查报告（22.91%）和参观纪念馆、红色教育馆、博物馆、文化展览等（34.51%）是主要的两种方式。有 17.99% 的学生参加志愿服务,如支教、助农、去养老院/福利院/特殊学校当义工、志愿献血、推广普通话等活动,12.14% 的学生参加了宣讲党的创新理论、国家政策、文明新风,科技宣教和卫生宣教等活动。选择其他方式占比 7.05%,这反映了思政课实践教学方式的多样性和丰富性。

学生喜爱的思政课实践教学形式主要包括以下几种:73.1% 的学生喜爱参观纪念馆、红色教育馆、博物馆、文化展览等,这说明学生们倾向于通过实地参观的方式进行思政课实践教学,希望通过实地考察,亲身感受历史,理解历史文化。57.72% 的学生倾向到烈士陵园、红色遗址开展活动,这说明学生出于对历史和文化的尊重和敬仰,更倾向于参与具有特殊意义的地方或地点(如烈士陵园、红色遗址)的活动。57.31% 的学生喜爱开展各种志愿服务活动,表明这部分学生更倾向于参与具有服务性质的实践活动,希望通过实践活动培养社会责任感和奉献精神。46.13% 的学生选择开展表演、宣讲等活动形式,这表明此部分学生可能更倾向于参与具有表演和宣传性质的实践活动,这有助于学生表达自己的观点和想法,提升自己的表达和沟通技巧。其他选项如社会调查、撰写调查报告、各种见习活动或体验活动、参加劳动等,虽然比例相对较低,但也值得关注和研究。学生们选择这些选项反映了不同学校采用的实践教学方式是多样化的,是值得进一步研究和探索的。

(三)学生对思政课实践教学的了解程度

1. 是否知道本校由哪个部门或学院来组织思政课实践教学

从调查数据可以看出,选择"马克思主义学院(思政部)"的人数占总有效人次的 76.26%,远超过了其他选项的比例。因此,可以明确学生基本清楚本校思政课实践教学主要由马克思主义学院(思政部)来组织。另外,分别有 37.85% 和36.27% 的学生也同时选择了教务处和学生工作处,这意味着在实际组织中,这些部门也可能参与思政课实践教学,只是相对于马克思主义学院的比例较小。同时,也有一部分学生选择了自己所属学院或班级(团支部)以及社团等组织方式,这部分人数相对较少,但不能忽视。

综上所述,各校思政课实践教学主要由马克思主义学院(思政部)来组织,但其他部门也可能参与其中。同时,思政课实践教学也可以通过其他专业学院、班级、团支部和社团等组织方式进行。

2. 是否了解学校思政课实践教学的实施方案、教学流程、管理规定、考核要求调查显示,对思政课实践教学的实施方案、教学流程、管理规定、考核要求很了解、很清楚的学生比例为 30.42%,了解、了解一些、完全不了解三个选项的比例分别为 35.17%、31.57% 和 2.84%。其中 29.23% 的人非常了解本校思政课实践教学考核评价方式,47.68% 的人了解,21.35% 的人不太了解,只有 1.74% 的人完全不了解。综合来看,大部分人对本校思政课实践教学考核评价方式有所了解。由此可以发现,大部分被调查者对学校思政课实践教学的实施方案、教学流程、管理规定、考核要求有一定的了解,但是了解程度不够深入、全面,这与思政课实践教学是否全面并展有直接关系。

3. 在参加思政课实践教学活动之前,教师是否做过实践教学的介绍和提出过具体要求,这些介绍和具体要求对顺利完成思政课实践活动是否有用

问卷中有 93.9% 的受访者表示在参加思政课实践教学活动之前,教师做过实践教学的介绍并提出了具体要求。其中,认为这些介绍和具体要求非常有用或比较有用的学生比例达到 78.86%。有大约 12.48% 的人认为作用一般,剩下不到 2.56% 的人认为不太有用或完全没有用。还有 6.1% 的受访者表示教师没有做过实践教学的介绍和提出过具体要求。据此可以得出一个初步的结论:在大多数情况下,教师在思政课实践教学活动之前进行实践教学的介绍并提出具体要求是非常有帮助的,这些介绍和具体要求有助于学生更好地理解实践活动的内容和要求,从而有准备地参与其中,提高实践活动的完成质量。同时,这些介绍和具体要求也能帮助学生更好地理解思政课的教学目的和意义,从而掌握思政课堂学习的知识和树立正确的价值观。

4. 在思政课实践教学过程中,感受教师对实践过程的指导监督情况及获得其他支持的情况

调查显示,大部分学生感觉在思政课实践过程中,教师对实践过程的指导监督情况较好。具体而言,36.07% 的学生认为教师提供了非常多的指导监督,49.74% 的学生认为提供了比较多的指导监督。相对较少的学生表示教师提供的指导监督不太多（12.54%）或完全没有（1.65%）。因此,整体上来说,大多数学生对教师在思政课实践过程中的指导监督情况持较为正面的评价。

在思政课实践过程中,除教师指导之外,其他主体(例如实践地的政府部门、企事业单位、社区、村委会居委会、群众等)对学生进行指导帮助的情况,超过69%的人表示除指导教师之外,其他主体对其进行了指导。其中32.32%的人表示获得的指导和帮助非常多,37.02%的人表示获得的指导和帮助比较多,25.02%的人表示有,但不太多。只有5.64%的人表示完全没有其他主体对其进行指导和帮助。

5. 所在学校对思政课实践教学的优秀学生成果的激励方式

宣传优秀实践个人或团队是最常见的激励方式,占到了65.13%。这表明学校重视对思政课实践教学的成果展示,通过宣传优秀案例来激励更多的学生参与实践活动。除了宣传,荣誉称号等精神奖励也是一项重要的激励方式,占到了58.73%。这表明学校重视对学生的精神激励,通过给予荣誉称号等方式来表彰表现优秀的思政课实践教学成果。此外,奖金、奖品等物质奖励和学分奖励或学习成绩加分奖励均占有相当的比例,分别为55.05%和59.44%。这表明学校不仅重视学生的精神激励,也重视物质奖励和学分奖励等实际利益,以激励学生更好地参与思政课实践教学。没有任何激励的方式占比为8.24%,说明还有部分学校对思政课实践教学的优秀学生成果激励措施不足,需要进一步改进和完善。还有其他额外的激励方式,如实习机会、工作机会等,这说明学校可以根据实际情况灵活地提供多种形式的激励。总的来说,大部分学校都对思政课实践教学的优秀学生成果给予了积极的激励措施,但在某些方面还有改进的空间。学校可以针对具体情况进行调整和优化,以更好地激励学生参与思政课实践教学并取得更好的成果。

(四)思政课实践教学存在的问题

1. 所就读学校思政课实践教学考核评价中存在的问题

有39.34%的学生认为考核评价方式单一、简单化,这可能意味着当前的考核方式可能过于注重结果,而忽视了过程性评价,导致评价的全面性和客观性不足;有30.41%的学生认为考核评价标准不明确,这可能导致评价的公正性和一致性受到影响,也可能使得学生难以明确自己的学习目标;有24.45%的学生认为考核评价内容不完善,这可能意味着当前的考核内容可能过于简单或过于复杂,无法全面反映学生的学习情况。有44.44%的学生认可学校思政课实践教学考核评价。这是由于问卷的多选题的结果分析,在一定程度上反映了学生对思政课实践教学评价方式不满意。

综上所述,被访问学校的思政课实践教学考核评价中存在考核方式单一、评价标准不明确、评价内容不完善等问题。这些问题的解决需要学校相关部门进一步改进考核方式,明确评价标准,完善评价内容,以确保考核评价的公正、客观和全面。同时,学校也应该积极鼓励学生参与教学,促进师生互动,以增强实践教学的教学效果。

2. 在思政课实践教学活动中遇到的最大问题

在思政课实践教学活动中遇到的最大问题分别是：学习目标不明确（占比43.02%）,缺乏学习兴趣（占比42.18%）,学习内容太枯燥无味（占比39.77%）,因自身条件限制,难以达到预期目标（占比37.57%）。从数据中可以看出,学习目标不明确和学习内容太枯燥无味是两个最主要的问题。这可能是因为课程设计没有充分考虑到学生的兴趣和需求,或者课程内容本身缺乏吸引力和趣味性。同时,由于学习目标不明确,学生可能会感到难以达到预期目标,这也是一个值得关注的问题。另外,缺乏学习兴趣和没有得到实践所在地的支持与配合也是两个相对重要的问题。这可能是因为学生对思政课实践教学活动的兴趣不高,或者实践活动中没有提供足够的支持和配合。有7.86%的学生选择"其他"这个选项,需要进一步了解具体情况,以提供个性化的解决方案。

3. 当前思政课建设存在的主要问题

从统计数据来看,受访学生认为当前思政课建设主要存在以下几个问题：

一是教学内容与学生实际需求有差距,与社会实践贴合不紧密（48.51%）。这表明教学内容需要更贴近学生的实际需求,与现实社会有更紧密的联系,以提高学生的学习兴趣和效果。

二是与专业课程的关联性不紧密,对提高学生的思想道德素质和实际操作能力作用不明显（43.67%）。这表明思政课的教学内容需要与专业课程更好地融合,以便提高学生的思想道德素质和实际操作能力。

三是教师教学能力不足,教育教学方法单一,教师与学生的互动性不够,学生参与性不够（44.95%）。这表明教师需要提高教学能力,创新教育教学方法,增加与学生互动,以增强教学效果。

四是教学体系不完备,配套制度不健全,教学设施设备落后,不能广泛采用智慧课堂开展教学（37.67%）。这表明学校及相关部门需要加强教学设施设备建设,提高教学设施设备的利用率,并加强对智慧课堂等新兴教学手段的应用。

其他问题占比为15.97%,具体内容为"其他"选项。这可能涉及一些特殊情况或个别问题,需要进一步调查和分析。

综上所述,针对以上问题,学校及相关部门需要加强思政课的教学改革,提高教学质量和效果。同时,也需要加强对教师教学能力的培训和提高,以及加强教学设施设备的更新和利用率的提高。

（五）学生对思政课实践教学的期待与要求

1. 在思政课实践教学过程中是否有必要规范对教师和学生的管理

绝大多数受访者认为在思政课实践教学过程中有必要规范对教师和学生的管理。其中,46.88%的人选择了"非常必要",44.88%的人选择了"比较必要"。只有很少一部分人认为对教师和学生的管理不太必要或完全没必要。这说明学生非常需要思政课实践教学的规范管理,并对此报以极大期待。

2. 希望在思政课实践过程中获得哪些主体的帮助

调查显示,学生们在思政课实践过程中,希望获得帮助的主体主要涉及以下几类:实践地的政府部门、企事业单位、社区、村委会居委会等（占比64.17%）;思政课教师（占比67.78%）;学院和学校相关部门（占比62.1%）;同学等同辈群体（占比52.13%）;实践的群众（占比49.65%）。这意味着大多数实践者都期望与这些主体进行互动和合作。同时,思政课教师也是主要的支持来源之一,表明他们期望教师能够提供指导、反馈和资源支持。相对而言,实践者较少期望获得家人的帮助（占比29.37%）,这可能反映了实践者希望独立解决问题,或者他们认为家人可能无法提供实际帮助。另一方面,只有约5%的实践者表示不需要任何帮助,这可能表明他们对自己的能力和资源有足够的信心。其他选项（占比4.23%）包括了一些模糊或无法归类的帮助来源,这可能反映了实践者对某些特定类型帮助的期望,但由于各种原因（如语言表达或理解差异）而未明确提出。

3. 在思政课实践教学中希望与学校、教师、同学以哪些方式进行信息交流与共享

调查显示学生对思政课实践教学中交流方式的多样性有要求。学生对于信息交流和共享的方式要求非常多样化,包括在思政课课堂上的分享和交流、社交媒体（如QQ、微信、微博、抖音等）、电话、短信等联系方式,以及一些专门的工作和教学平台（如企业微信、学习通、易班、雨课堂等）。这表明学生们对信息交流的渠道有着广泛的需求和认可。

在交流方式中,社交媒体占有重要地位。选择社交媒体的学生比例达到了61.34%,说明社交媒体是学生们的一个非常重要的信息交流方式。这也反映了社交媒体在现代生活中的重要地位,学生们对新技术的接受和运用非常普遍。选择工作平台这种交流方式的学生比例达到了58.42%,说明学生们也倾向于使用这些专门的工作和教学平台进行信息交流和共享。这可能是由于这些平台提供了更加高效和方便的沟通方式,同时也能够满足学校教学和管理的需求。传统交流方式得到持续使用,有36.64%的学生选择了电话、短信等联系方式作为交流方式,尽管这个比例相对较低,但表明传统交流方式在学生们的交流中仍然占据一定的地位。有3.91%的学生选择了"其他"这一选项,这表示一些学生有特殊的交流需求,例如需要使用一些特定的软件或工具,或者有特殊的交流习惯和偏好。

综上所述,学生们在学校思政课实践教学中希望与学校、教师、同学进行多种方式的交流和共享,这反映了学生们对于信息交流和共享的多样性和广泛性需求。同时,社交媒体、工作平台等新旧方式并存,也反映了现代信息技术的广泛应用和学生们对于新技术的接受和运用。个别学生的特殊需求也需要我们关注和满足。

4. 在思政课实践过程中,教师是否有必要加强对学生的活动进行指导和监督

绝大多数学生认为在思政课实践过程中,教师有必要加强对学生的活动进行指导和监督。选择非常必要和有必要的选项合计占比达到88.87%。只有少部分学生认为老师对学生活动的指导和监督不太必要或完全没必要,比例分别为9.85%和1.27%。总体而言,学生对教师加强对学生活动进行指导和监督的需求较高,这

反映了学生对思政课实践活动的重视程度。

从教学管理的角度来看,教师应当重视对学生活动的指导和监督,以提高思政课实践教学的质量和效果。

5. 是否有必要采取多样化激励方式以提高学生参与思政课实践教学的积极性和主动性

根据调查数据显示,超过 90% 的受访者认为有必要采取多样化激励方式以提高学生参与思政课实践教学的积极性和主动性,其中 45.46% 的受访者认为非常必要,另外 45.46% 的受访者认为比较必要。相对较少的受访者认为不太必要（6.18%）或完全没必要（1.6%）。这表明大多数受访者对多样化激励方式持肯定态度,并认为这对提高学生参与思政课实践教学的积极性和主动性是有必要的。

6. 对改进思政课实践教学的方式方法的建议

在所列出的选项中,依次选择的改进思政课实践教学的方式方法如下。

一是建立丰富多样的校内外实践基地。74.79% 的学生选择这个选项,强调了建立更多的实践基地,以便学生可以在实际环境中学习和体验,这有助于增强学生的实践能力和对理论知识的理解。

二是多组织学生参加实践活动。69.92% 的学生建议增加实践活动次数,通过更多的实践经验,可以更好地理解和掌握思政课的内容。

三是实践形式多样化,实践内容丰富化。69.27% 的学生建议思政课实践教学应该采用多种形式,如课堂讨论、实地考察、案例分析等,并且实践内容应该丰富多样,涵盖各种主题和领域。

四是建立并完善思政课实践教学的相关制度。59.08% 的学生选择这个选项,强调了建立并完善思政课实践教学的相关制度,如安全管理、组织纪律、考核评价等。这些制度可以确保实践教学的顺利进行,并提高学生的参与度和满意度。

因此学校相关机构在制定思政课实践教学方案时需要适当考虑这些意见和建议。总的来说,以上这些调查数据都为思政课实践教学提供了有益的参考。

三、调查结论与启示

（一）结论

从调查总体情况看,接受调查学生普遍认可思政课实践教学对自己学习思政课的内容有积极作用,能够让自己更好地接触社会,把理论与实践相结合,在实践中真正理解、掌握、运用理论知识,提升能力,塑造价值观。

第一,学生对思政课和思政课实践教学的态度大多数是正向的,但不能忽视少数学生存在忽视思政课的问题。

一是绝大多数受访者对思政课教学内容持正面、积极的态度,大多数学生对思政课持有正面评价,思政课教学内容普遍得到了认可和接受;二是学生因为喜欢思政课的内容、喜欢老师的教学方法、喜欢思政课老师、喜欢思政课实践教学、喜欢上思政课等几个主要原因而喜欢上思政课;三是超过九成学生认为开展思政课实践教学有必要或很有必要,对思政课实践教学持有肯定的态度;四是学生认为思政课实践教学能拓展知识面、提高学习的深度和广度,锻炼独立思考能力、增强动手能力,增加对社会的了解,激发了思政课学习兴趣;五是学生喜爱参观纪念馆、红色教育馆、博物馆、文化展览等,实地考察调研,到烈士陵园、红色遗址开展活动,开展表演、宣讲、见习或体验等思政课实践教学形式,反映了不同学校采用的实践教学方式是多样化的,学生们喜爱形式多样、内涵丰富的实践教学形式。

第二,学生对思政课实践教学的环节和要求不清楚,成为实践教学实施中存在的主要问题。

学生对思政课实践教学的组织机构及思政课实践教学的实施方案、教学流程、管理规定、考核要求等并不是非常清楚,是思政课实践教学实施中存在的主要问题。有逾二成的学生未参加过甚至未听说过实践教学,反映出西部省区高职高专院校思政课实践教学未做到全覆盖;近八成的学生清楚本校思政课实践教学主要由马克思主义学院（思政部）和其他相关部门来组织;学生对学校思政课实践教学的实施方案、教学流程、管理规定、考核要求有一定了解,但并不完全了解或了解不够深入、全面。这与思政课实践教学是否全面开展有直接关系,也与思政课教师开展实践教学时准备工作是否到位、是否提出具体要求、要求是否明确有关。

第三，学生喜欢的思政课实践教学激励方式。

调查显示，各学校对思政课实践教学的优秀学生成果的激励方式既有精神奖励，也有物质奖励。主要形式有宣传优秀实践个人或团队、给予荣誉称号、给予奖金、奖品等物质奖励或学分奖励，学生对这些激励方式都很感兴趣。

第四，学生在思政课实践过程中对教师指导监督情况及获得其他支持的情况评价是正面的，但学生对此还有更高要求。

大多数学生认为在思政课实践过程中，教师对实践过程的指导监督情况较好，对自己的实践活动帮助很大。除教师指导之外，约七成的受访学生表示还得到其他主体的（例如实践地的政府部门、企事业单位、社区、村委会居委会等）指导帮助，助他们顺利完成实践教学任务。学生对来自外界的指导、监督和帮助的评价基本上是正面的。

部分受访者指出学校的思政课实践教学考核评价中存在考核方式单一、评价标准不明确、评价内容不完善等问题。这些问题的解决需要学校相关部门进一步改进考核方式，明确评价标准，完善评价内容，以确保考核评价的公正、客观和全面。同时，学校也应该积极鼓励学生参与教学，促进师生互动，以增强实践教学的教学效果。

第五，各校的思政课实践教学方式具有多样性和丰富性，但并不能完全满足学生的要求。

各校的思政课实践教学方式具有多样性和丰富性，并受到学生喜爱。受学生喜爱的思政课实践教学形式主要有：参观纪念馆、红色教育馆、博物馆、文化展览等，到烈士陵园、红色遗址开展活动，开展各种志愿服务活动，开展表演、宣讲等活动，见习活动或体验活动、参加劳动等。反映了不同学校采用的实践教学方式是多样化的，内容是丰富多彩的，是受到学生喜爱和欢迎的。但调查中也有学生希望能有更多结合社会生活实际的实践教学形式。

（二）启示

思政课教学的改革创新，是提高思政课教学质量和效果的有效途径，是落实立德树人的必然要求。思政课实践教学是提高思政课教学的点头率、理论转化率的重要抓手，因此，对西部十二省区约 30 余所高职高专院校的 7000 余名学生进行思政课实践教学情况的问卷调查，从学生的角度反映出新时代背景下各院校开展思政课建设取得了明显成效，思政课实践教学普遍得到推进，学生对思政课教学和思政课实践教学的认可度都比较高。

问卷中也反映出思政课实践教学存在的问题，以及学生对高质量思政课的期待。这需要各院校完善思政课实践的安全管理、组织纪律、考核评价等制度，科学制定实践教学方案，加强对教师实践教学组织能力的培训和提高，加强实践教学基地和教学设施设备的更新，以及提高其利用率，确保实践教学的常态化、全覆盖开展，以提高思政课实践教学的吸引力和效果，提高学生的参与度和满意率。

总的来说，以上问卷调查数据为西部民族地区高职高专院校思政课改革创新，科学有效开展思政课实践教学提供了有益的参考。

第二章

理念探析：理论研究强教育

　　新时代思政课建设进入质量提升和内涵发展阶段，进一步发挥思政课实践育人作用，对推动思政课改革、实现思政课高质量发展具有重要意义。因此，正确认识思政课实践教学的课程性质，坚持思政课的课堂教学"主渠道""主阵地""主战场"地位，深刻理解思政课实践教学的本质要求，厘清"大思政课"与"思政课程"的内在逻辑关系，科学合理地规划和设计思政课实践教学作为一种有效的课程教学手段，创新课堂教学方法，提升教师能力素质，能使思政课在立德树人、培根铸魂上发挥更好的作用和更大的价值。

第一节

思政课实践教学的新时代内涵

党和国家高度重视学校思政课建设,持续加大思政课建设力度,加快思政课建设质量提升和内涵发展,思政课在培养德、智、体、美、劳全面发展的时代新人中的作用毋庸置疑,在中华民族伟大复兴战略全局中的地位日益凸显。

思政课实践教学是高校思政课程的一个重要组成部分,它基于认识和实践的辩证关系,折射出思政课理论和实践的内在逻辑,要求我们指导青年学生在学习理论时要坚持实践观点、实践方法,把理论放在实践活动中去加深体验、升华认识,这样能够促进大学生从实践层面加深对理论的理解、把握和运用。科学合理地规划和设计实践教学作为一种有效的课程教学手段,落实在思政课"立德树人"的关键环节上,使实践教学发挥更好的作用和更大的价值,需要理清几个重要问题。

一、思政课实践教学的课程属性

所谓课程是指在特定场所对特定人群有计划地开展知识经验传授的活动,是对教学内容和进程的有计划有步骤地安排。广义课程是指受教育者在具备相关目标和计划的前提下,由教师指导的一切教育活动;狭义课程则专指一门课或者一门学科的课堂教学活动,与广义课程相比,狭义课程更强调系统性和规范性,是有计划的显性课程。思政课属于狭义课程中具有系统性、规范性的显性课程,即它是在课堂上开展的以教师为主导、学生为主体的包括知识、能力、素质目标的课程。2016 年,习近平总书记在全国高校思想政治工作会议上的讲话中强调:"要用好课堂教学这个主渠道,思想政治理论课要坚持在改进中加强,提升思想政治教育亲和力和针对性,满足学生成长发展需求和期待,其他各门课都要守好一段渠、种好责任田，使各类课程与思想政治理论课同向同行，形成协同效应。"[①] 这里说的课程，都是指在课堂上实施的教学活动。从国家层面看，思政课程有国家明确规定的课程标准，有马克思主义的学科支撑，有统一的"马工程"教材；从学校层面看，有专门的教学部门，有专业的师资队伍，有按国家要求的课程设置和落实学分学时，并有规范管理和教学督查；从教师个人层面看，需要把教材体系转化为教学体系，确定教学目标、制定并执行教学方案和考核评价方案等。因此思政课的课程性质鲜明。在学校开设思政课，体现了我国学校的社会主义性质，是我国在学校传播主流价值观和意识形态的重要形式，明确体现中国特色社会主义国家的教育目的和培养目标。

思政课"关键课程"发挥作用通过以下两方面实现：一方面，思政课以马克思主义理论和思想政治教育为主要任务，集政治性、理论性和实践性于一体，这一课程中准确、系统、规范的课堂理论讲解非常重要，对教师的理论功底、教学艺术、教学方法提出了很高要求。青年学生要在学理上获得系统认知、思想上内化与认同、行动上高度自觉，这需要教师在思政课堂教学中针对青年学生的认知特点和思想实际，进行理论的系统讲授和层层深入分析。另一方面，对于逻辑思维能力、理性认知能力正在完善，世界观、人生观、价值观正在形成中的青年学生来说，对他们进行系统的马克思主义理论学习是有较大难度的，思政课教师如果只是从理论层面进行讲解，往往会使学生对马克思主义理论产生距离感，会感到理论"空"和"大"，从而影响思政课的效果。党的十八大以来，习近平总书记围绕"如何上好思政课""如何发挥思政课实践教学的积极作用"等问题形成了许多具有鲜明现实意义的重要阐述，阐述的内容高瞻远瞩、提纲挈领，为做好高校思政课实践教学指明了方向。思政课实践教学作为思政课的必要组成、重要环节和有效延伸，必须强调其课程属性，使之成为有计划、有目的、有序实施的规范教学活动。我们必须要防止两种错误倾向，一是防止混淆实践教学"课程"内涵外延，虚化、弱化思政课实践教学的倾向，避免以简单粗暴的形式应付式完成实践教学的做法，导致实践

---

① 习近平：《习近平谈治国理政》第2卷，外文出版社2017年版，第378页。

课程"任意""随意"的问题；二是防止出现"唯实践主义"倾向，避免重实践轻理论，以实践课程挤占理论课、忽略理论课的做法，导致高校思政课失去"理论"属性。

二、思政课实践教学的本质要求

理论联系实际，是马克思主义理论的鲜明品格。习近平总书记贯通认识论和实践论，强调问题导向，重视调查研究，强调"既把学到的知识运用于实践，又在实践中增长解决问题的新本领"[①]，这一要求落实在思政课教学中，就是要做到学用结合、知行合一。毛泽东阐述辩证唯物论的知行统一观："通过实践而发现真理，又通过实践而证实真理和发展真理。从感性认识而能动地发展到理性认识，又从理性认识而能动地指导革命实践，改造主观世界和客观世界。"[②] 理论联系实际原则遵循了人的认识特点和教育规律，是思政课实践教学的本质要求。思政课对学生缺乏吸引力的重要原因之一是教师"照本宣科"，教学方法生硬陈旧，理论教学枯燥乏味，这就脱离了"一定要跟现实结合起来"这个思政课教学的本质要求。

高校思政课实践育人是实现理论和实践的结合，引导学生理论联系实际和彰显教师引导、学生主体作用的教学模式，提高思政课教学的实效性。具体来讲，思政课实践教学是有计划、有目的、有组织的，把"知"和"行"贯通起来的规范教学活动，它具有情境化、氛围感、参与性等特点，能有效帮助青年学生在获得理论上的深刻认知、加深学理上的准确理解和提升行动上的自觉认同，突出体现了学和用相结合、知和行相统一的课程特点。

理论联系实际作为思政课实践教学的本质要求，这是由马克思主义实践观及其思想政治教育的规律所决定的，也体现出"大思政课"的根本要求。马克思主义理论是思政课教学内容的核心，这一科学理论的产生离不开实践、需要实践去验证，也需要在实践中去推动其继续发展。脱离了实际，任何科学理论的产生和发展就会失去动力，丧失生机活力。个人的知识获得与能力提升也必须在实践中完成，

---

① 习近平：《习近平谈治国理政》，外文出版社2014年版，第402页。

② 毛泽东：《毛泽东选集》（第一卷），人民出版社1991年版，第296–297页。

如杜威所述，"只有通过联合的活动，一个人在这种活动中运用材料和工具，有意识地参照别人如何运用他们的能力和器具，他的倾向才获得社会的指导。"① 思政课只有将理论与实际相联系才能真正完成教学目标，思政课的价值目标才能真正实现。脱离实际的思政课理论教学，一定会失去生命力，失去学生的喜爱，提升思政课教学亲和力、影响力就会成为一句空话。

三、"大思政课"理念下的高校思政课实践育人

党的十八大以来，习近平总书记从不同角度多次强调构建"大思政"格局，在贯彻"大思政"理念的过程中逐渐形成"三全育人""课程思政""大中小学思政课一体化""大思政课"等观点和理念。2021 年 3 月 6 日，习近平总书记在看望全国政协十三届四次会议医药卫生界、教育界委员时明确指出："'大思政课' 我们要善用之，一定要跟现实结合起来。""思政课不仅应该在课堂上讲，也应该在社会生活中来讲。"② "大思政课"理念蕴含了对于学生这一学习主体的现实存在性、认知主体性的深层次认识，反映了当下时代和社会对思政课的新要求，同时也有力回应了思政课如何实现高质量发展的时代之问。2022 年 8 月，教育部等十部门印发了《全面推进"大思政课"建设的工作方案》提出，"全面推进'大思政课'建设，要坚持以习近平新时代中国特色社会主义思想为指导，聚焦立德树人根本任务，推动用党的创新理论铸魂育人，不断增强针对性、提高有效性，实现入脑入心。"③ "大思政课"从立德树人高度强调了理论联系实际的原则，要求把"思政小课堂"与"社会大课堂"相连接，强化了实践育人的作用，提升了实践育人的能力。

（一）"大思政课"理念顺应新时代高校改革创新思政课的时代要求

习近平总书记强调："思政课的本质是讲道理，要注重方式方法，把道理讲深、讲透、讲活，老师要用心教，学生要用心悟，达到沟通心灵、启智润心、激扬斗

---

① [美]约翰·杜威，王承绪译：《民主主义与教育》，人民教育出版社 2001 年版，第 47 页。

② 杜尚泽："大思政课"我们要善用之（微镜头·习近平总书记两会"下团组"·两会现场观察），《人民日报》2021 年 3 月 7 日第 1 版。

③《全面推进"大思政课"建设的工作方案的通知》（教社科，〔2022〕3 号）。

志。"① 这一重要要求,为思政课改革创新提供了重要遵循。

党和国家提出开门办思政课、调动各种社会资源办好思政课,破解思政课建设的瓶颈问题,破解思政课教学针对性不强、有效性不高的难题。就思政课实践教学而言,理论联系实际既是其本质要求,又是其基本方法之一。"大思政课"建设有力推进思政课改革创新,思政课实践教学的方法改进、效果提升是"大思政课"建设的必然结果。在"大思政课"框架下,具有课程属性的思政课实践教学必然要与课堂教学高度协调并有机衔接。"大思政课"的实践平台、实践资源、师资建设,有利于搭建青年学生与科学理论相互作用的桥梁,是客观现实与理论知识反映到人的头脑、内化为主观意识的基础和中介。思政课教师要善于用活用好各种资源,将理论知识与身边鲜活的实践联系起来,立足新时代中国特色社会主义生动实践,将亿万中国人正在书写的时代篇章作为鲜活素材,打造"有意思""都爱听"的思政大餐。同时,教师应教育引导青年学生投身实践活动,在社会大课堂中体验民情、乡情、社情、国情、世情,实现从理论学习到情感升华的转化。

(二)"大思政课"理念与思政课实践育人内在要求高度一致

高校思政课要领会好、贯彻好习近平总书记关于学校思政课建设的重要指示精神,强化思政课高校"第一课堂"的地位,发挥好"主渠道""主战场""主阵地"的作用。2022 年 4 月 25 日,习近平总书记在考察中国人民大学时强调:"思想政治理论课能否在立德树人中发挥应有作用,关键看重视不重视、适应不适应、还要追求效果与质量。""大思政课"要求善用社会大课堂,强调思政课的社会实践性,与思政课实践育人内在要求高度一致,因此"大思政课"理念引领下进行思政课实践教学新的探索,有利于思政课内涵发展。

(三)"大思政课"建设为思政课实践育人开拓资源与平台

从"大思政课"的内容上看,要聚焦马克思主义科学理论、党的百年奋斗历程和历史经验、新时代十年的伟大跨越。从方法上看,"大思政课"尤其强调与现实的结合,要求用好"社会大课堂"这个生动课堂。"大思政课"无论是内容与形式,

---

① 习近平:坚持党的领导传承红色基因扎根中国大地 走出一条建设中国特色世界一流大学新路 .[EB/OL]. https://www.gov.cn/xinwen/2022-04/25/content_5687105.htm,2022-04-25.

都与思政课实践教学高度统一：第一，丰富的社会教育资源是思政课实践教学的生动素材。"党的历史是最生动、最有说服力的教科书。"① "大思政课"提供了丰富的历史和现实教育资源，使青年学生在历史学习、现实体验中获得更深刻的学习感悟和情感熏陶，实现思想升华。第二，思政课的"关键课程"地位，要求思政课教师贯彻"大思政课"理念，发挥好实践育人作用。第三，"大思政课"为思政课实践教学设定了目标导向、方法路径，有利于推动高校思政课实践育人体系整体优化。

思政课是讲道理的课程，如何"以学理服人""以事理服人"。这需要教师在思政小课堂讲清道理、析清学理，在社会大课堂破解迷局、回应问题，让学生心服口服，做到明德、明智、明辨、明理。厘清思政课实践教学的课程性质、本质要求，及其与"大思政课"内在逻辑关系这几个问题，对于新时代思政课建设的深入推进和高质量发展具有重要意义。

① 习近平：《在党史学习教育动员大会上的讲话》，https://www.gov.cn/xinwen/2021-03/31/content_5597017.htm.

第二节

思政课实践教学的 FAHP 法

中共中央、国务院下发《关于进一步加强和改进大学生思想政治教育的意见》强调指出,大学生是十分宝贵的人才资源,是民族的希望,是祖国的未来,加强和改进大学生思想政治教育,提高他们的思想政治素质,把他们培养成中国特色社会主义事业的建设者和接班人[1]。大学生思想政治素质评价是对高校思想政治教育工作和大思政教育格局实施效果检验的重要环节,也是对思政课的教学效果,包括实践教学效果进行检验的重要环节,评价结果的准确性、客观性对大学生思想政治素质培养的检验和指导作用是非常明显的,也能给广大思想政治理论课教师在教育教学过程中提供参考。对大学生入校、学中和毕业前三次评价能从一个较长周期反映出学校的思想政治教育架构的实施效果,得到大学生思想政治素质的基本情况和基本状态。目前有不同的方法对大学生思想政治素质从不同层面加以评测,有的以教师评价形式、有的以考试考核形式、有的以综合评价形式,但在众多的评价方式中,评价指标不够全面、评价方法较为单一、评价主体不够客观、评价结果不够准确仍然是普遍存在的问题。在对大学生思想政治素质综合评价过程中,关键问题是评价要素的选择、评价主体的确定和评价方法的科学化,对素质的评价,面临最大的挑战是上述各因素的不确定性,也就是存在模糊性,很多评价的标准和评价结果首先以评测者不确定的语言表述作出,定性的评价多而定量的评价少。如何把不确定的程度描述性语言表述转换为可以量化并通过科学运算得出结果,学界较多采用层次分析法(AHP)。AHP 为 1971 年美国学者托马斯·塞蒂(Thomas.L.Saaty)提出一套实用决策的方法,其主要运用领域在于不确定性情况下及具有多数评估准则的决策问题上,但 AHP 仍然不能完全反映人类思维系统,不

---

[1]《关于进一步加强和改进大学生思想政治教育的意见》,《光明日报》2004 年 10 月 15 日第 1 版。

能处理对明智比较过程中出现的模糊性和不确定性。经验表明，人的思维当同时对超过 7 个指标进行判断的时候，已经不能很好进行相对准确的判断，AHP 对 4 个指标以上的分析也将不再准确，在本文提出的大学生思想政治素质综合评价模型中，二级指标已经达到 12 个，为此，将 12 个二级指标分为四组，综合到 4 个一级指标中，并采用能够更为准确地解决主观评测中程度描述性语言准确度的模糊层次分析法（FAHP），以期能够提供解决大学生思想政治素质评测的另一种量化思路。

一、模糊层次分析法（FAHP）

（一）FAHP 的简单描述

在各种以人主观认识为主导的分析评价方法中，层次分析法（The analytic hierachy process, AHP）具有较高的优越性，可将众多难以定量分析的不确定的定性问题得以有效判断决策。但在传统的层次分析法的计算过程中，构造判断矩阵的方法中考虑决策者判断时的主观性较少，判断矩阵的一致性检验较复杂烦琐，且一致性判断规则的科学性也存在异议。

模糊层次分析法（FAHP）的设计者在层次分析法理论上加入了模糊数学分析的方法。在这个基础上，很多相关学者提出了在层次分析法过程中引入模糊判断矩阵，这样能更合理地解决这类问题。模糊层次分析法可很好地解决人们主观模糊性对问题的判断和决策。模糊层次分析法（FAHP）将复杂的问题简化为简单的部分，通过构造一个层次结构来解决问题，从而可以在更短的时间内解决问题[①]。由于该方法综合考虑了定性和定量因素，使用方法简单易行，在解决复杂决策问题时，经常采用成对比较、选择和标准的重要性和优势度分析方法。

（二）基于 FAHP 的尺度选择

与 AHP 中通常采用的 1—9 的标度选择不同，选用三角模糊数的 FAHP 中一般采用 0.1—0.9 标度法，在本文 12 因素测评中，我们请测评专家以 0.1—0.9 标度法按层级对给定的各因素进行两两比较，尺度选择及定义如下：

---

① 张吉军：《模糊层次分析法（FAHP）》，《模糊系统与数学》2000 年第 2 期。

表 2-1　基于 FAHP 的层次分析法之尺度选择标准

	定义	说明
M1（0.5）	同等重要（Equal Importance）	ai, aj 对目标具有同样的贡献
M3（0.6）	稍微重要（Weak Importance）	ai 比 aj 稍微重要
M5（0.7）	颇重要（Essential Importance）	ai 比 aj 重要
M7（0.8）	极其重要（Very Strong Importance）	ai 比 aj 明显重要
M9（0.9）	绝对重要（Absolute Importance）	ai 比 aj 非常重要
M2, M4, M6, M8	相邻尺度之中间值	中间状态对应的标度值
（0.1, 0.2, 0.3, 0.4）	反比较	若元素 ai 与元素 aj 相比较得到判断 rij, 则元素 aj 与元素 ai 相比较得到的判断为 rji=1-rij

（三）模糊层次分析评分矩阵的构建

首先通过专家调查得到的数据建立模糊层次分析打分矩阵,按照运算规则,转换为模糊一致矩阵,最后通过软件计算出各影响因素权重（采用软件为 MS-FAHP 分析软件）,分析及运算基本过程如下:

1.采用上述的 0.1—0.9 标度法对各评测因素进行两两比较,获得模糊层次分析打分矩阵 A:

$$A=\begin{bmatrix} a_{11} & a_{12} & \cdots & a_{1n} \\ a_{21} & a_{22} & \cdots & a_{2n} \\ \vdots & \vdots & \vdots & \vdots \\ a_{n1} & a_{n2} & \cdots & a_{nn} \end{bmatrix}$$

矩阵 A 满足模糊互补矩阵的规定,即 $0<a_{ij}<1$; $a_{ij}+a_{ji}=1$; $a_{ij}=0.5$,（i=j）。

2.对矩阵 A 按行进行求和

$$a_i=\sum_{k=1}^{n} a_{ik},（i, k=1, 2\cdots n）$$

3. 构建模糊一致性矩阵 B

$$b_{ij} = \frac{a_i - a_j}{2n} + 0.5$$

$$B = \begin{bmatrix} b_{11} & b_{12} & \cdots & b_{1n} \\ b_{21} & b_{22} & \cdots & b_{2n} \\ \vdots & \vdots & \vdots & \vdots \\ b_{n1} & b_{n2} & \cdots & b_{nn} \end{bmatrix}$$

4. 对矩阵 B 分别按行进行求和

$$b_i = \sum_{k=1}^{n} b_{ik}, (i, k = 1, 2 \cdots n)$$

5. 求各因素的权重值 W

$$w_i = \frac{1}{n} - \frac{1}{2\alpha} + \frac{b_i}{n\alpha}$$

$$W = [w_1 w_2 \cdots w_n]^T$$

式中 $\alpha \geqslant \dfrac{n-1}{2}$。

二、大学生思想政治素质评价指标体系构建

在大学生思想政治素质评价指标体系构建中，我们通过文献综述、专家咨询和头脑风暴等方法，在广泛收集和整理来源资料的前提下，尽可能地收集和整理了近 40 个被广泛使用的评价指标。通过前期的重复筛选和同项合并，并充分考虑了对素质测评中的"非确定性"，专门设置了"相关素质"这个一级指标用以修正和纠偏在专家评测中的不确定因素的影响。最终在思想政治素质论域下确定了思想素质（B1）、政治素质（B2）、道德素质（B3）、相关素质（B4）等一级指标 4 个，C1—C13 二级指标 13 个，构建了大学生思想政治素质综合评价层级指标（表 2-2）。

表 2-2　大学生思想政治素质综合评价层级指标

目标层（A）	一级指标（B）	二级指标（C）
思想政治素质（A）	思想素质（B1）	C1 理想信念（马克思主义、共产主义的信仰，对社会主义的信念）
		C2 三观境界（正确的世界观、人生观和价值观）
		C3 思想认同（对马克思主义理论体系的理解和认同）
	政治素质（B2）	C4 政治理论（对中国特色社会主义理论体系的认识）
		C5 政治认同（对中国共产党领导核心和执政地位的认同）
		C6 政治行为（两个维护的主要内容和行为表现）
	道德素质（B3）	C7 社会公德（社会主义核心价值观，中国特色社会主义社会公德）
		C8 职业道德（社会主义核心价值观，中国特色社会主义职业道德）
		C9 家庭美德（社会主义核心价值观，中国特色社会主义家庭美德）
	相关素质（B4）	C10 心理素质（个体心理素质一般表现）
		C11 法律素质（个体法律素质的一般体现）
		C12 个体差异（个体差异导致评测中的扰动因素）

三、大学生思想政治素质评价影响因素权重的确定（FAHP）

在获取原始数据之前，我们选定的 12 个二级指标均给出了明确的定义，其目的是让测评专家在进行指标两相比较的时候，在头脑中能够有所参考但又能独立地做出判断。得到的数据未经处理，直接输入了 FAHP 计算软件，通过计算，得出 4 个一级指标（B1—B4）对评价目标"大学生思想政治素质"（A）综合评价结果如下（表 2-3）：

表 2-3　B1—B4 对 A（思想政治素质）的综合模糊判断矩阵及相对权重

A	思想素质（B1）	政治素质（B2）	道德素质（B3）	其他素质（B4）	权重（wi）
思想素质（B1）	0.5	0.525	0.5875	0.6875	0.3

续表

A	思想素质 （B1）	政治素质 （B2）	道德素质 （B3）	其他素质 （B4）	权重 （wi）
政治素质（B2）	0.475	0.5	0.5625	0.6625	0.2833
道德素质（B3）	0.4125	0.4375	0.5	0.6	0.2417
其他素质（B4）	0.3125	0.3375	0.4	0.5	0.175

结果显示，4 个一级指标中，$W_{B1}=0.3$，$W_{B2}=0.28$，$W_{B3}=0.24$，$W_{B4}=0.18$；$W_{B1}>W_{B2}>W_{B3}>W_{B4}$。表明在大学生思想政治素质中思想素质（占比 30%）居于首要位置。从数据也可以看出，思想素质（30%）和政治素质（28%）之间的差距非常小，表明思想素质和政治素质之间从评价角度看区别不大，两者之间有非常强的联系；道德素质在大学生思想政治素质中的影响占到了 24%，表明对大学生来说道德水平的要求是比较高的；有包括心理、法律、个体因素在内的"其他素质"在影响大学生思想政治素质中得到占比 18% 的体现，表明从思政课教师、高校管理人员和教育官员组成的专家评测主体角度，认为对于人的思想政治素质这样的复杂评估对象来说，还是有一定的因素会对其产生影响，并且这样的影响不容忽视。

二级指标（C1—C12）对一级指标（B1—B4）的影响权重如下（表 2-4 至表 2-7）：

表 2-4　C1—C3 对 B1（思想素质）的综合模糊判断矩阵及权重

B1	理想信念（C1）	三观境界（C2）	思想认同（C3）	权重（wi）
理想信念（C1）	0.5	0.65	0.6	0.4167
三观境界（C2）	0.35	0.5	0.45	0.2667
思想认同（C3）	0.4	0.55	0.5	0.3167

表 2-5　C4—C6 对 B2（政治素质）的综合模糊判断矩阵及权重

B2	政治理论（C4）	政治认同（C5）	政治行为（C6）	权重（wi）
政治理论（C4）	0.5	0.35	0.35	0.2333
政治认同（C5）	0.65	0.5	0.5	0.3833

续表

B2	政治理论（C4）	政治认同（C5）	政治行为（C6）	权重（wi）
政治行为（C6）	0.65	0.5	0.5	0.3833

表 2-6　C7—C9 对 B3（道德素质）的综合模糊判断矩阵及权重

B3	社会公德（C7）	职业道德（C7）	家庭美德（C7）	权重（wi）
社会公德（C7）	0.5	0.5667	0.4833	0.35
职业道德（C8）	0.4333	0.5	0.4167	0.2833
家庭美德（C9）	0.5167	0.5833	0.5	0.3667

表 2-7　C10—C13 对 B4（道德素质）的综合模糊判断矩阵及权重

B4	心理素质（C10）	法律素质（C11）	个体差异（C12）	权重（wi）
心理素质（C10）	0.5	0.4167	0.5833	0.3333
法律素质（C11）	0.5833	0.5	0.6667	0.4167
个体差异（C12）	0.4167	0.3333	0.5	0.25

整体分析结果如下（表 2-8）：

表 2-8　结论（权重）表

一级指标（B）	结论值（全局权重）	二级指标（C）	结论值（全局权重）	同级权重
思想素质 （B1）	0.3	C1 理想信念	0.125	0.4167
		C2 三观境界	0.08	0.2667
		C3 思想认同	0.095	0.3167
政治素质 （B2）	0.2833	C4 政治理论	0.0661	0.2333
		C5 政治认同	0.1086	0.3833
		C6 政治行为	0.1086	0.3833
道德素质 （B3）	0.2417	C7 社会公德	0.0846	0.35
		C8 职业道德	0.0685	0.2833
		C9 家庭美德	0.0886	0.3667

续表

一级指标（B）	结论值（全局权重）	二级指标（C）	结论值（全局权重）	同级权重
相关素质 （B4）	0.175	C10 心理素质	0.0583	0.3333
		C11 法律素质	0.0729	0.4167
		C12 个体差异	0.0438	0.25

四、FAHP 法有效助力大学生思想政治素质评价

通过本研究随机专家调查评测，并运用 FAHP 方法对得到的模糊评价进行量化计算后的直观结果如下（图 2-1）：

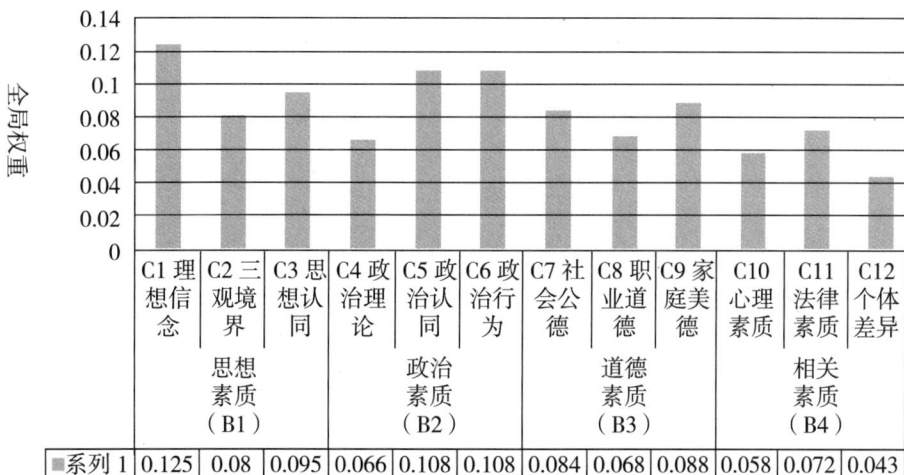

	C1 理想信念	C2 三观境界	C3 思想认同	C4 政治理论	C5 政治认同	C6 政治行为	C7 社会公德	C8 职业道德	C9 家庭美德	C10 心理素质	C11 法律素质	C12 个体差异
系列1	0.125	0.08	0.095	0.066	0.108	0.108	0.084	0.068	0.088	0.058	0.072	0.043

图 2-1　大学生思想政治素质评价 12 因素全局权重

综上所述，提高大学生思想政治综合素质，一是需要非常重视大学生理想信念方面的教育，习近平总书记说过坚定的理想信念，必须建立在对马克思主义的深刻理解之上，建立在对历史规律的深刻把握之上[1]。理想信念方面的教育就需要大力加强大学生对马克思主义的系统、全面的学习和理解，大力加强对历史规律，特别是深化对中国共产党执政规律的认识和理解。二是需要大力强化引导大学生的

---

[1] 习近平：《在庆祝中国共产党成立 95 周年大会上的讲话》，《求是》2021 年第 8 期。

政治认同和培养正确的政治行为,世界政治格局风云变幻,在世界格局百年未有之大变局的当今,非常需要旗帜鲜明的、秉轴持钧地为学生指明中国特色社会主义道路、理论、制度、文化的先进性、合理性与科学性,以进一步增强他们的政治认同感。三是提高大学生思想政治素质,需要从倡导家庭美德入手,与学生家庭一起共同发力,需要密切联系社会,培养社会公德、家庭美德,为走入社会之后良好的职业道德打下基础。四是除了牢牢把握上面三条主线的前提下,还需要充分关注学生的德智体美劳全面发展的平衡性和特异性,要关注不同学生的个体差异和性格特征,注重学生的兴趣发展和个人特点,注重全面发展和个体发展之间的辩证关系,培养好中国特色社会主义建设者和接班人,培养好充当实现中华民族伟大复兴中国梦主力军的时代青年。

对人的思想政治素质的准确评价是一个比较困难的问题,因为人的这方面素质固然客观存在,理论上是应该可以被观测和计量得出,但目前关于人的意识范畴的测量都属于模糊界定和间接测量,非精确的原始信息不断映射传递的过程中会越来越多地加入测评者的主观因素而变得失真。为了尽可能地贴近客观事实,在取得客观原始数据的前提下,可尝试运用 FAHP 这一类的模糊分析方法对大学生在思政课实践教学中的思想政治素质加以后期处理,可以在较大程度上还原所要测量目标的真实度,从而得到比较真实的数据,其不失为一种可取的研究方法。

第三节

思政课实践教学的五大体系

高校思想政治理论课是落实立德树人根本任务的关键课程，思政课开展理论教学的"主渠道"是课堂教学，仅仅在课堂上开展理论学习，难以让抽象生涩的理论"入脑""入心"，让理论既"入脑"又"入心"就要遵循人的基本认知规律："实践，认识，再实践，再认识。"引导青年学生在社会实践中回味理论、加深对规律的认识，用生动实践案例和经验来启发他们，破解谜题，澄清迷雾，获得认识的升华。《高等学校思想政治理论课建设标准》（2021本）明确要求："实践教学纳入教学计划，统筹思想政治理论课各门课的实践教学，落实学分（本科2学分，专科1学分）、教学内容、指导教师和专项经费。实践教学覆盖全体学生，建立相对稳定的校外实践教学基地。"[1] 按照上述要求，要把思政课实践教学要求落到实处，必须构建完善的体系制度，保证实践教学课程规范实施，达到预期效果。

一、思政课实践教学管理体系

思政课实践教学管理体系包括学校层面管理体系、各二级部门和二级学院管理、马克思主义学院管理、教研室管理等层级。实现各层级的管理还需要规范的制度。

（一）思政课实践教学管理组织机构及职责

高校党委承担推动思政课建设的直接责任，党委落实思政课建设责任就是要解决突出问题，保证行政领导的具体落实，成立相应领导机构，在工作格局、队伍建设、支持保障等方面采取有效措施，保障专题会议决议及时落地生效。德宏职业学院坚持党建引领，落实学校党委的主体责任，调整新时代思政课改革创新领导小

---

[1]《高等学校思想政治理论课建设标准》（2021年本），教科社〔2021〕2号。

组,支持思政课建设计划,制定完善思政课实践教学改革实施方案。逐步构建起由党委直接领导,马克思主义学院统筹,教务处、校团委、学工部、保卫处、各二级学院配合实施的实践教学管理组织体系。各组织机构及其职责如下表所示:

表2-9 各组织机构及其职责

相关机构	地位作用	具体职责
学校党委	主体责任	每学期至少召开一次专题会议,研究思政课建设相关问题
马克思主义学院	统筹实施	制定管理制度、方案计划、组织实施教学、收集反馈、协调各部门各学院配合落实教学
财务处	资金保障	审核批准实践教学经费预算,监督实践教学经费使用情况
教务处	教学保障	修订人才培养方案,审批思政课开设计划,审批思政课实践教学大纲和计划,开足课时、给足学分
校团委	支持配合	提供团组织和学生社团组织机构,协助实践教学方案计划落实
学工部	合作协调	协调各二级学院,并提供人力支持
保卫处	审批指导	审批实践教学实施方案的安全性和可行性,提供安全保障
各二级学院	协调落实	落实教学方案

(二)思政课实践教学管理制度

德宏职业学院思政课实践教学由党委直接领导、马克思主义学院统筹,教务处、校团委、学工部、保卫处等部门和机构审批、管理、监督、协调,各二级学院配合实施。

第一,学校党委研究批准马克思主义学院思政课建设方案,为实践教学提供组织和制度保障。

第二,马克思主义学院牵头制定思政课实践教学制度报教务处审批备案。包括制定实践教学集体备课制度,通过集体备课出台本学期最新实践教学计划、作出实践教学设计、组织实施教学细则、教学评价方案等,并对整个实践教学过程进行监控和管理。

第三,教务处指导各学院按照《高等学校思想政治理论课建设标准（2021年本）》修订人才培养方案,制定《实践实训教学管理制度》,进行教学督导。

第四,学工部依据《学生外出活动管理办法》审核批准校外实践教学活动。

第五,保卫处审核思政课校外实践教学活动是否符合安全要求并进行予以批准。

第六,各学院教学部门按照实践教学计划和方案予以配合。

二、思政课实践教学实施体系

马克思主义学院是思政课教学实施的主体。首先应该明确界定思政课实践教学的性质,在此基础上构建科学合理、规范有效的思政课实践教学实施体系。

(一)思政课实践教学的课程性质

思政课实践教学是课程,它既不是单纯的社会实践,也不是单纯的学生活动。思政课的理论教学有统编教材,因此在实施教学时,是有纲领性的、指导性的依据的。但思政课实践教学并没有全国统一的纲领性、指导性的依据,因此需要在统编教材的基础上,通过集体研讨和集体备课,根据课程标准和课程教学目标,结合各地各校的实际情况,来确定实践教学的计划、内容、形式、方案。

(二)制定思政课实践教学的计划方案

中华人民共和国教育部颁发的《高等学校思想政治理论课建设标准(2021本)》,明确规定了对实践教学的要求。吃透标准要求,以集体备课和团队研讨方式,研究制定结合自身条件、学生特点的实践教学的计划方案,是开展好实践教学的前提。专科四门思政课、本科六门思政课均应制定实践教学方案,包括实践教学背景、依托实践平台资源分析、教学目标、教学设计思路、教学原则和方法、教学时间和对象、教学内容、教学评价等。

(三)形成思政课实践教学设计

通过集体备课,根据教学内容、当前形势、学生特点、实践教学资源形成思政课实践教学设计,目的是让学生通过思政课实践教学,从现实生活中有所收获,增强思政课的吸引力和获得感;同时让教师将来自社会现实的问题,以案例、问题链的形式放入教学设计中,丰富课堂教学的素材,避免理论教学容易产生"干巴巴的""冷冰冰的"的弊病,增强思政课教学的体验感、实践性。

思政课实践教学设计应遵循一定的方法和原则。一是思政课实践教学纳入课程教学体系；二是保证学生实践教学的覆盖面和参与度；三是"模块化""专题化"实践教学创新模式；四是坚持理论联系实际。

三、思政课实践教学服务体系

思政课实践教学虽然主要由思政课教学部门完成，但是不能离开财务、教务、后勤、学工、团委、保卫、专业学院等各部门的支持和协助。财务、教务、后勤、学工、团委、保卫、专业学院与思政课教学部门要共同构建实践教学的服务体系。

（一）学校层面的实践教学服务体系构建

第一，财务、教务、后勤、安保要各司其职，共同为思政课实践教学服务。思政课实践教学的学时、学分、时段的保障，是由教务提供的，教务部门根据人才培养方案、课程教学大纲和学期教学计划，应将思政课实践教学的学时、学分落实到位，并提供较好的时段保障。教务处实践教学科，是实践教学活动的直接管理部门，负责制定《学生实践实训教学管理制度》，保证实践教学有制度、有章法。第二，思政课实践教学势必产生财务支出，如交通费用等，财务部门应及时落实年初财务计划，保障实践教学经费开支，并对经费支出提供指导意见，保证实践教学经费支出合理合规。第三，在实践教学开展过程中，后勤部门应尽可能为实践教学提供条件和保障，做好校内的思政课实践教学基地的环境卫生保障、用电安全保障等，辅助校外实践教学的交通保障。第四，安全保卫部门应对实践教学方案进行把关审核，确保活动的安全。第五，思政课实践教学，尤其是校外实践教学，只靠思政课教师的管理组织实施，显然是不够的，在组织管理、学生安全方面，只依靠思政课教师的力量明显不足，会直接影响教学的效果，甚至存在安全隐患。学工、团委部门可依靠自身纵向横向的组织管理系统，派出学工干部、辅导员、团干部协助思政课教师开展校外实践教学活动。

当然，学校层面的实践教学服务体系构建必须在学校党委支持下，由思政课建设领导小组统筹形成校级层面的制度性文件。

（二）思政课教学部门的实践教学服务体系及实施流程

马克思主义学院构建思政课实践教学服务体系，制定思政课实践教学实施流程，为思政课教师规范有效开展实践教学提供服务和保证。第一，成立实践教学的管理部门及确定管理职责。第二，研究制定实践教学实施流程。

四、思政课实践教学科研体系

教育科研是学校教育的灵魂和新鲜血液，没有教育科研就谈不上教育教学的进步，谈不上思政课实践育人模式的构建。没有完善的科研体系和科研制度，思政课教师缺少科研动力，长此以往，教学就会止步于照本宣科，读课件、读课本，思政课必然丧失生命力。学校对思政课教科研的政策、资金和制度支持，科技（研）处、马克思主义学院对科研项目的支持、管理、督查检查、考核评价制度，以及对教学科研团队的培育培养，共同构成思政课实践教学科研体系。

（一）瞄准工作目标

建立教研一体、学研相济的教科研协同育人机制，培养具有高尚的道德品质、独立的研究能力、卓越的开拓能力、严谨务实的治学精神、勇于突破的创新精神、攻坚克难的探索精神的高水平科研育人队伍。产出能助力教学、提升教学水平、提高教学质量的教学科研成果。

（二）明确工作思路

1. 科研队伍育人

引导、激励教师围绕思政课教学开展科研，为教师的教学科研活动创造良好环境和条件，如优化科研环节和过程，改进科研评价标准，改革学术评价方法，每个院校的马克思主义学院必须建设一支具有较高水平的教学科研团队，结合自己的教学实际情况开展与教学紧密相关的科研工作，产生一批思政课实践教学科研成果，实现科研反哺教学。在教学科研工作中培养和提高教师的学术能力和理论水平，发挥思政课教师队伍科研育人主体作用。

2. 科研成果育人

高职高专院校的教学科研普遍是基于实践中解决问题的需要而展开的，而非最前沿的理论研究和高大上的学术研究。但可以通过教学研究将前沿理论科研成果科普化,将科研成果与教学相融合,通过建立科教联动机制,把最前沿的理论创新成果融入教材、走进课堂,多渠道、多环节向学生传授。

3. 科研精神育人

用制度管理和精神传承提升教师科研的学术道德和学术诚信水平,在教学科研团队中开展师生合作,选择优秀的学生加入科研团队,在科研过程中,以实事求是、坚持真理的科学态度和严谨踏实的治学精神感染和教育每个青年学生,用教师率先示范的榜样实例激发学生的创新创造精神。

4. 科研实践育人

整合校内外科研资源,与校外实践基地、科研院所、兄弟院校、党校、中小学合作,搭建跨校科研平台、校地科研平台,在开展思政课实践教学过程中设计适合学生参与的科研课题,如各种类型的调研活动,吸引学生参与科研活动,在科研环境中,通过参与式、探究式、调研式的学习,师生获得实践经验,提高创新能力。

(三)完善工作举措

1. 优化科研管理制度。树立科研育人导向,发挥科研育人功能,改革科研管理各个环节和流程,在科研选题设计、科研立项评审、项目研究过程、成果运用推广整个环节和过程中突出思想价值引领,强化科研育人意识。

2. 高度重视对科研队伍政治方向的引领和意识形态的把关。利用自主科研项目,引导教师研究瞄准国家发展战略和地方经济建设的重大需求,树立研究人员科研服务社会经济建设、服务教学的意识,鼓励教科研人员凝练和产出好成果,重视科研成果的孵化、转化。

3. 完善教科研协同育人机制。制定教研一体、学研互助的教学科研协同育人体制机制,根据思政课教学要求统筹安排教学科研资源,教科研计划与思政课实践教学大纲、教学内容、教学方法配套设计、配套实施。

4. 健全科研育人激励机制。改进和完善科研评价方式和评判标准,建立健全具有自己学校特色、符合学校实际、有利于促进思政课实践教学的科研评价办法,以激励为导向提高教师开展思政课实践教学教科研活动的积极性。

5.学术评价强化科研育人导向。对标高职院校"双高"建设的评价标准,建立分类评价体系,开展多元评价,注重标志性成果,与同行专家的业内评价相结合,在不同年龄阶段、不同职称阶段有不同评价导向。同时,通过健全人事人才机制,建立系统的人才评价体系、可进可出的聘任和激励机制。在教师评优评先、职称条件修订中将"承担实践教学研究、指导学生开展实践项目等培养提高学生理论素质和综合能力的相关工作"作为评价内容。

五、思政课实践教学评价体系

思政课实践教学既然是课程,就一定要有科学合理规范的评价体系。思政课实践教学评价是依据实践教学目标对实践教学过程及结果进行价值判断并为实践教学决策服务的活动,是对实践教学活动现实的或潜在的价值做出判断的过程。教学评价也是研究教师的实践教学设计、组织,研究学生实践学习的价值的过程。实践教学评价包括对实践教学过程中教师表现、学生表现、实践内容、实践方法手段、实践环境、环节管理等要素的评价,其中更重要的是对学生实践学习效果的评价和教师实践教学工作过程的评价。实践教学评价的两个核心环节:一是对教师实践教学工作(设计、组织、实施等)的评价;二是对学生参与实践教学效果的评价(考试、测验、实践作业或作品)。

（一）思政课实践教学的评价方法

评价方法可以有量化评价和质性评价,并将二者相结合。量化评价即数量化,这是学校教育普遍采用的评价方法,能快速对不同学生的实践学习成效进行统一标准下评分量化。质性评价更多带有主观性,由教师观察学生在实践学习中的表现进行描述和解释,再给予相应评分。因此量化评价和质性评价必须结合在一起才能进行有效评价。

评价的方法应多元化,应综合运用过程性评价、形成性评价与增值性评价。过程性评价（process-based assessment）强调通过评价对过程进行干预,不带偏见的评价,强调对个体的反馈和帮助,强调动态评价,强调对学生的学习方式的评价,根据不同情境使用不同评价方法,强调被评者与评价者之间互动。因此,过程性评价重视学生实践方式和实践过程,非常契合思政课实践教学的实践性、活动性特点。形成性评价(formative evaluation)在学生参与实践教学过程中能够提供反馈、改进正在进行的实践活动,能够培养学生实践活动自主性,有利于提高实践学习的预期结果。增值性评价可以对学生在实践教学中表现出来的进步程度和努力程度进行评价,不仅评价当下学生的实践学习效果,更重视学生通过实践教学获得的能力和素质的成长,从而激励不同类型、不同起点的学生参加实践教学的积极性。

(二)思政课实践教学评价方法的设计原则

思政课实践教学评价方法的设计,应体现如下原则:一是评价符合学生在实践中将理论与实际相结合的学习特点;二是评价能鼓励学生参与实践活动的积极性、主动性,有利于在实践教学中促进学生知识目标、能力目标、价值目标的达成。

基于上述原则,我们提出以下评价方法设计思路:一是学生参与实践教学的学习效果应是可测量的;二是过程评价与结果评价相结合;三是融入"发展性评价"理念,即在实践教学的开展过程中,贯彻以生为本、促进学生发展的理念,对学生以"鼓励"为主,鼓励他们积极参与活动,教师要"赏识"学生,对学生在实践中的表现和成果及时予以肯定。通过对实践教学每个要素、每个环节的评价,激发学生参与实践学习的热情。

(三)思政课实践教学评价具体方法

1. 对教师的评价

根据《高等学校思想政治理论课建设标准(2021版)》,把实践教学总学时分解到各门思政课中,将实践教学时段、大致内容安排进课表,规范教师执行,避免实践教学说在嘴上,落在空中。同时通过听评课、教学督查、教学痕迹资料查阅等手段监控教师是否规范开展实践教学,实践教学是否有计划、有教案、有结果、有反馈。对教师组织开展实践教学的评价计入教师的平时考核、学期考核、年终考核,对不执行实践教学方案、不按照集体备课形成的实践教学计划开展教学的教师,可根据教学评级结果予以处置。对执行实践教学方案、计划到位,教学效果好,教师评价高的学生可予以考核加分。

2. 对学生的评价

在各门思政课的考核评价方案中明确列出实践教学的考核方式、考核分值、每个学期开学前编制实践教学手册。对实践教学的考核形式根据学生专业特点及学生特长作灵活要求,在开课时发放实践教学手册到学生手里,并由任课教师向学生宣传、解释,引起学生的重视,保证学生理解和按要求完成。在学期中提示学生实践教学成绩,督促学生按期完成实践教学考核任务。调整期末考核和期中考核的方式及内容,增加实践教学所占的比例。学期末做好实践教学考核材料的归档工作。各校可结合实际,每年组织思政课实践教学成果表彰会或报告会,展示实践教学成果,对表现优秀的学生予以表彰。

思政课实践教学作为课程来开展,需要遵守规章制度、遵循科学原则、分析教学任务、确定教学内容、结合资源平台、研究学生特点、规划活动方案、评价教学过程和结果,最终目的是通过实践育人,圆满完成理论教学任务,真正做到"入脑""入心"。"教学有法,教无定法",思政课实践教学不是一成不变的,每一所学校可以根据自身条件、学生特点、实践平台资源等实际情况进行调整,构建符合本校实际、能较好达成育人目标的思政课实践教学体系。

第四节

思政课实践教学之生态文明教育

生态环境是关系人类生存和发展的必备条件,也是中华民族发展实现民族复兴大业的基本条件。我国生态文明建设已成为中国特色社会主义现代化建设的重要组成部分,党和国家陆续制定了生态文明建设和绿色发展的一系列战略方针。要从人类命运共同体和中华民族伟大复兴两个维度理解习近平生态文明思想,结合习近平总书记关于云南"三区"定位之"生态文明建设排头兵"的重要指示,紧扣新时代生态文明下德宏发展的新方位,分析当前高职高专院校生态文明教育的现状和面临的问题,认识生态文明教育的实际效果,对培养新时代全面发展的职业技能人才具有重大意义。在此基础上,找到针对高职大学生生态文明教育举措,探索高职高专院校生态文明教育的路径。

一、生态文明教育的重要意义

生态文明建设事关人民福祉,事关中华民族和整个世界的前途命运。党的十八大以后,党和国家立足中华民族和人类发展大局,从构建人类命运共同体和实现中华民族伟大复兴的宏伟大业出发,对生态文明的发展给予了极大的关注。

生态环境既是人类赖以生存的最基本条件,又是国家可持续发展的根本。但是生态环境没有替代品,生态资源如不加以保护,它将会被消耗殆尽。人类发展势必要尊重自然、顺应自然、保护自然,这是任何人都不能违背的法则,传承传统的生态智慧和价值观,将有利于维护生态平衡和多样性。习近平总书记强调:"走向生态文明新时代,建设美丽中国,是实现中华民族伟大复兴的中国梦的重要内容。"[①]党的十九届四中全会指出:"坚持和完善生态文明制度体系,促进人与自然

---

① 中共中央文献研究室编:《习近平关于社会主义生态文明建设论述摘编》,中央文献出版社 2017 年版。

和谐共生。"① 环境就是民生，青山就是美丽，蓝天也是幸福。我们要像爱护眼睛一样爱护生态环境，像对待生命一样对待生态环境。生态环境建设追求经济、社会和环境的协调发展，避免资源耗竭和环境恶化，以满足当前需求而不损害后代利益。这既是重大经济问题，也是重大社会和政治问题。党和国家从前所未有的高度上强调生态问题，让我们深切感受到，如果再不抓紧生态环境的整治问题，任凭破坏生态环境的问题不断产生，我们就难以从根本上扭转我国生态环境恶化的趋势，势必影响中华民族在世界上的生存权和发展权，势必影响中华民族伟大复兴的宏伟大业。高职高专院校要以立德树人为根本任务，培养具有较高综合素质的技术型、实用型人才，生态文明理念就是新时代高职高专大学生必须具备的综合素质之一。

二、生态文明教育的现状和问题

党和国家从中华民族永续发展的根本大计出发，前所未有地强调生态文明建设。教育是生态文明建设的有力抓手。1992 年 6 月，联合国通过的《21 世纪议程》指出："教育对促进可持续发展和提高人们解决环境和发展问题的能力至关重要。"大学生是社会成员中最活跃的力量，是未来社会的主力军，在大学生中开展深入持久的生态文明教育，有利于培养大学生的生态文明素养，对建设新时代生态文明，建设美丽中国具有重要意义。生态文明建设的教育应该是贯穿整个过程的，目前，我们已经看到了一定的成效，但还存在并面临许多问题。

（一）高职高专院校生态文明教育现状

目前，高职高专院校的生态文明教育还存在着起步较晚，发展较慢，缺乏全局性等问题。

第一，高职高专院校的生态文明教育与其他教育工作相比相对滞后。早在1973 年召开的全国环境保护会议上通过的《关于保护和改善环境的若干规定》中，就提出要进行环保宣传和教育。1978 年国务院环境保护领导小组制定《环境保护工作汇报要点》强调中小学要增加环境保护的教学内容。1981 年国务院颁布

---

① 《中国共产党第十九届中央委员会第四次全体会议公报》，人民出版社 2019 年版，第14 页。

的《关于国民经济调整时期加强环境保护工作的决定》指出："中学和小学要普及环境科学知识。"[①]2021 年 10 月，国务院印发的《2030 年前碳达峰行动方案》提出"将生态文明教育纳入国民教育体系，开展多种形式的资源环境国情教育"。从当前各高职高专院校生态文明教育的现状看，对以上文件和要求大都没有具体可行、系统完善的对策措施加以落实。

第二，高职高专院校生态文明教育环节薄弱，缺乏全局性。目前，各高职高专院校在课程体系建设、教材编制、专业设置和教学安排等多环节上针对生态文明教育针对生态文明教育还存在着许多问题。我国对青少年的生态文明教育主要是依靠学校的思想政治理论课程来开展，其他课程和其他领域的生态文明教育基本处于空白。在城乡区域差异条件下，又受限于各级各类学校规定学时、授课内容，特别是授课老师自身专业限制，难以对学生开展针对性、衔接性、专业化强的生态文明教育，这使得我国大中小学校"生态文明教育在教学体系、教育内容等方面存在明显的笼统化、碎片化现象，亟须规范与完善"[②]。

（二）高职高专生态文明教育的问题分析

高职高专院校生态文明教育反映出的问题主要体现在两方面。

第一，高职高专院校学生生态文明素养较低，缺乏系统的环保知识。无论在基础教育还是高等教育阶段，很多学校都没有特别开展生态环境教育课程，学生们缺少对生态环保知识的系统、全面的学习，导致了大中小学生在环境保护和生态建设等方面的意识淡薄、热情不足、知识匮乏。有些院校尽管开展了生态文明教育，但大多停留在肤浅的层面，或者是理论与实践相脱节的"两张皮"教育，导致高职高专院校大学生对生态文明建设的重要性认识不足，没有深刻认识到生态环境问题是影响到国家将来发展以及人们生活安定的一个关键问题。

第二，高职高专院校生态文明教育缺乏完善的体制，教育方法缺乏创新，教育形式单一。生态文明教育不仅应该是知识教育，更应该是日常行为教育，参与主体

---

① 王忠祥、谢世诚：《中国环境教育四十年发展历程考察》，《广西社会科学》2013 年第
10 期。

② 蒋笃君、田慧：《我国生态文明教育的内涵、现状与创新》，《学习与探索》2021 年第 1 期。

是全体师生，要不受专业、身份、场地的限制，打破学科、课程、专业的限制，覆盖并渗入所有知识领域和所有教学过程。同时，各院校还要积极探索符合本地特色、符合学校实际情况的生态文明教育内容、方法和路径。

三、生态文明教育的有效举措

结合地区特点和学校实际，学校制定并实施职业院校生态文明教育方案，因地制宜采取多项举措，更好地推进大学生生态文明教育，以提升技能型人才的生态文明素养。

（一）发挥思想课程和课程思政协同育人作用

在思想政治理论课教学中，讲好、讲深、讲透习近平生态文明思想，加强对学生的生态文明情感、态度与价值观的教育，并将理论与实践相结合，开展生态文明实践教学活动，使生态文明理念和态度转变成生态文明的行为，落实立德树人根本任务；结合人才培养体系，将生态文明教育贯通人才培养全过程，加强课程思政建设，解决好生态文明教育与专业课程、思政课程"两张皮"现象。加强师资队伍建设，组织教师参加生态文明教育的学习与培训，使高校教师熟悉生态文明教育的重要性、教学情况，才能切实将生态文明教育融入专业教育中，培养学生环保意识，使他们明白生态环境对于人类生存和社会发展的重要性，从而能更好地理解环境问题，认识到个体对生态系统的影响，激发师生的环保行动。

（二）加大校园科普宣传力度

借助地域优势，学校与当地林业和草原局共同建设铜壁关省级自然保护区生物多样性展厅，为全校学生提供生态文明教育现场教学点；定期开展生态文明专题科普讲座，在校园举办生态文明图片展览和宣教活动，丰富高校校园生态文明文化教育活动，增加沉浸式的教育教学场域，增强生态文明教育的生动性和趣味性。

（三）探索高校生态文明教育的实践载体

通过拓展第二、第三课堂，积极探索高校生态文明教育的丰富实践载体。组织学生社团开展形式多样、主题鲜明、互动性强的校内外生态文明教育实践活动，增强学生的主观参与度与生态文明教育的实效性。[①] 例如,在当地林业和草原局工作人员指导下,组织师生进入自然保护区,认识生物多样性,并采集标本,带回来自己制作标本,并可将标本作品陈列在学校展厅,以激发学生的探索欲望,丰富学生的实践体验,树立绿色发展、保护生态的理念,在校内外实践活动中潜移默化地培养青年大学生的生态文明观。

（四）打造"绿美"校园的育人环境

加强与德宏州林业和草原局、德宏州林科所的合作。在上述机构专业指导下,在校内种植多种珍稀植物,包括国家濒危植物,让学生在校园绿美环境中自然而然感受到生态之美;建成民族中草药种植园,绿化美化校园的同时,为师生们提供劳动教育场所,为药学专业学生和中医专业学生提供实训基地。将高校育人功能与科研院所科技优势有效结合起来,打造"绿美"校园,重视环境育人。

总之,生态文明教育对培养青年学生的生态文明价值观,养成良好环保意识习惯,提高新时代高技能劳动者的综合素质具有重要意义。加强和改进高职高专院校生态文明教育,对建设美丽中国,实现"双碳"达标任重道远。

---

① 于蕾、陈卫东、李竞芊:《高校生态文明教育多向度影响路径研究》,《重庆大学学报（社会科学版)》2021 年第 27 卷第 2 期。

第三章

实践探索：知行合一出真知

习近平总书记强调，要"推动思想政治理论课改革创新，不断增强思政课的思想性、理论性和亲和力、针对性"。"大思政课"要以课程为基础，并且要讲好课程，把深奥的道理讲透彻，讲得让学生明白和认同。近年来，德宏职业学院高度重视职业院校思想政治教育工作，围绕"大思政课"采取了一系列新举措，力争打造沿边一流职业教育高地。"大思政课"为思政课建设指引了新思路与新方向，高职高专院校要创新育人格局，就要树立"大思政课"理念，用"大变革"呈现思政课新样态，推动实现高职高专院校思政课高质量发展。

第一节

中华民族共同体建设实践

党的十八大以来,习近平总书记多次强调铸牢中华民族共同体意识是新时代党的民族工作的主线,也是民族地区各项工作的主线。近年来,德宏以铸牢中华民族共同体意识为主线,全力推进民族团结进步示范区建设,谱写了新时代民族团结进步事业新篇章,初步形成了特色鲜明的铸牢中华民族共同体意识的德宏经验。

一、铸牢中华民族共同体意识的历史基础

（一）密不可分的政治经济文化联系

德宏自古就是祖国不可分割的一部分,在渐进发展过程中,形成了"中国"与"边疆"的观念,"中华民族"的整体观念和"大一统"思想在德宏地区得到加深和普及。从建制沿革上看,东汉时期德宏属永昌郡哀牢县,历经唐、宋、元、明、清、民国时期到德宏和平解放,边疆德宏一直与中央政权在政治上有着紧密的联系。从经济文化的联系上看,公元前4世纪,德宏就成为中国历史上最早通往缅甸、印度、巴基斯坦、阿富汗等国陆路商贸交通线"西南丝路",也称"蜀身毒道"的必经之地,这不仅极大促进了经济贸易的繁荣,还加强了边疆庶土与中原各地的联系与交往。如,素有"傣族小故宫"之称的南甸宣抚司署具有浓厚的汉式文化气息,也是德宏地区历史上中原文化与少数民族文化交融的产物。

（二）经久不息的家国情怀

自古以来,德宏就是祖国西南边疆地区深具爱国主义优良传统和革命精神的一片"热土"。近代以来,发生在德宏历史上的重要事件和涌现出的重要人物,生动体现了德宏各族人民对民族、对国家的强烈认同。如,马嘉理事件,陇川景颇族山官早乐东率各族群众成功阻止英国侵略者入侵章凤街,傣族资产阶级民主革命的第一位先行者——刀安仁,率领各族群众在铁壁关地区（今属地缅甸）与英军

进行长达 8 年的抗争。滇西民族抗战中，干崖土司刀京版（刀安仁之子）及众多土司、山官、头人出工出钱全力修筑滇缅公路，保证滇缅公路运输畅通，涌现出以朱家锡、杨思敬等为代表的一批抗日英雄人物。在抗击新冠疫情的斗争中，党政军警民齐上阵、共抗疫、守国门，各族群众的国家意识、国门意识、国土意识、国防意识、国民意识不断增强。

（三）和谐共融的多元文化

德宏傣族景颇族自治州位于云南省西部，云南省 8 个少数民族自治州之一，州内居住着汉族、傣族、景颇族、阿昌族、傈僳族、德昂族等 40 多个民族。各民族在这片美丽的土地上长期生息繁衍、和睦相处、不断融合、共同发展。在漫长的历史进程中，各种文化在这里交汇融合、兼收并蓄、博采众长，逐步形成了丰富独特、悠久灿烂的民族民间优秀文化，如《娥并与桑洛》《遮帕麻和遮咪麻》是其中的代表。无论是中华民族的传统节日，如春节、中秋节，还是傣族泼水节等当地五种世居少数民族的节日，都成为德宏各民族增进团结、不分彼此、同欢共乐的共同节日。

二、铸牢中华民族共同体意识的主要实践

（一）夯实铸牢中华民族共同体意识的政治基础

铸牢中华民族共同体意识离不开党的坚强领导。德宏州充分发挥党委总揽全局、协调各方的政治优势，坚持把创建工作作为"一把手"工程，制定出台一系列文件，建立健全经费保障机制，强化各级党委主体责任，成立德宏州铸牢中华民族共同体意识研究中心，为铸牢中华民族共同体意识提供坚实的政策支撑。

（二）铸牢中华民族共同体的思想基础

德宏州始终把维护祖国统一和民族团结作为爱国主义教育的重要着力点和落脚点。近年来在州内建成南洋华侨机工回国抗日纪念馆、罗志昌革命史实陈列室、中共梁河特委纪念馆等爱国主义教育基地和铸牢中华民族共同体意识主题教育馆，2022 年起，每年举办德宏州大中小学校铸牢中华民族共同体意识课程思政说课比赛。在疫情防控大战大考中，各族群众忠诚践行了为国守边、为国把关的神圣职责使命，各民族一荣俱荣、一损俱损的共同体意识得到生动实践。创作《刀安

仁》等一批文化精品,推出《南侨机工　赤子功勋》等系列傣族剪纸动画,进一步增强各族群众的文化认同、政治认同。

（三）促进各民族交往交流交融

德宏以城乡社区为平台,从各族群众居住生活、婚丧嫁娶等日常事务入手,着力构建各民族相互交融的社会结构和社区环境,如盈江县五和家园、梁河县聚缘村就是各民族共居共学共事共乐的移民新村和社区的典型;建立健全少数民族流动人口服务管理跨区域管理机制,在北京等地设立 9 个劳务输出服务站,让少数民族群众更好融入城市社区。探索"学校—教师—学生—家长"的推普工作网络,打造"中华民族一家亲"实践教育活动平台,办好当地五种世居少数民族节庆和乡村文化旅游节等,构建各民族深层次交往交流交融的社会环境。

（四）始终把各族人民对美好生活的向往作为奋斗目标

发展是解决民族地区各种问题的总钥匙。德宏坚持脱贫攻坚与民族团结进步示范州创建"双融合、双推进、双达标","直过民族"和人口较少民族整族脱贫,区域性整体贫困和绝对贫困问题得到历史性解决。全州 22 个边境乡镇、63 个抵边村全部实现"五通八有三达到"目标,森林覆盖率提升至 67.45%,生物多样性保护成为 COP15 大会收集的成功案例,"砍树人变护林员,贫困户变鸟导游"的生态保护"石梯经验"在全国复制推广。在全省沿边州市中率先实现"县县通高速",人民生活持续改善,边疆德宏与全国全省一道迈入了全面小康社会。

（五）加快推进边疆治理体系和治理能力现代化建设

在全国率先试点形成"党政军警民合力强边固防"经验,受到党中央肯定并在全国推广。创新推进基层社会治理,创造守牢"五道防线",推行"网格化 + 双积分"制,边境村人人成为"放牛也是放哨、耕地也是值守"的守边卫士。边境地区涉外矛盾纠纷多元处理机制在全国推广,边疆治理能力显著提升。

三、推进中华民族共同体建设的未来展望

（一）打造中华民族共同体政治建设的德宏样板

党的领导是维护中华民族大团结的根本保证。今后的工作中,要深入开展"党

的光辉照边疆、边疆人民心向党""心向北京、拥护核心"教育实践活动,加强思想引领;完善党对民族团结进步示范区建设的领导机制和新时代党的民族工作格局,全面推进千里边疆党建长廊建设,继续打造国门党建、"红旗飘飘"工程、"10联户"等德宏党建品牌,引导和推动各民族群众听党话、感党恩、跟党走,汇聚起德宏各族人民继往开来、同心筑梦的磅礴伟力。

（二）探索高质量发展的德宏模式

立足德宏实际,扎实推进巩固拓展脱贫攻坚同乡村振兴有效衔接,深入实施乡村振兴"百千万"、民族团结进步"十县百乡千村万户"示范引领建设、兴边富民等工程,加快推进现代化边境幸福村、绿美城市、美丽县城和特色小镇建设,聚力"特色兴农、开放兴边、彰文兴旅"建支柱,推进边疆治理现代化树标杆,把德宏州建设得更安全更美丽更富饶。

（三）构筑中华民族共有精神家园

健全完善宣传教育常态化机制,将铸牢中华民族共同体意识纳入干部教育、党员教育、国民教育、社会教育,以社会主义核心价值观为引导,与中华优秀传统文化相结合,打造一批铸牢中华民族共同体意识宣传教育基地,组建"孔雀之乡—石榴红宣讲团",持续举办德宏州大中小学校铸牢中华民族共同体意识的课程思政说课比赛,经常性开展铸牢中华民族共同体意识的主题论坛、讲解员大赛等系列活动,推进"融媒体+"宣传教育,讲好民族团结德宏故事,让中华民族共同体意识深入人心。

（四）展现全方位互嵌的德宏特色

在有形有感有效上下功夫。深入实施"石榴红工程""枝繁干壮"工程,推进各族青少年交流计划、各族群众互嵌式发展计划、旅游促进各民族交往交流交融计划"三项计划",把推动就业创业作为促进各族群众互嵌式发展的关键举措,发挥好"石榴红之家"作用,推进德宏和其他地区各族群众跨区域双向流动,持续推广普及国家通用语言文字,做好各民族优秀文化保护传承和创新融合工作,以语言文化相通促进心灵相通、命运相通。

当前,世界百年未有之大变局正加速演变,作为西南边疆民族地区的德宏,边情特殊、民情独特、外情复杂,自然地理等问题交织叠加,各种亟待解决的新挑战层出不穷。展望未来,德宏必须以铸牢中华民族共同体意识为主线,切实提升边疆各族群众的获得感、幸福感、安全感,为谱写中国式现代化的德宏新篇章而团结奋斗。

第二节

毛泽东诗词引入课堂

高校思想政治理论课被称为"高校第一课"，是高校教育中的必修课程，在立德树人方面不可替代。然而，在实际教学过程中，却总是存在课堂教学效果不佳、学生不感兴趣、学生被动学习等问题。如何把思想政治理论课讲深、讲透、讲活，如何让枯燥的课堂"活"起来。本节就挖掘毛泽东诗词的思想内涵、生动形式与充沛情感，把毛泽东诗词引入思政课堂，作为课堂教学的生动素材，让枯燥的思想政治理论课"活"起来，提出一些设想和建议。

一、毛泽东诗词的丰富内涵

毛泽东是伟大的革命家、政治家、军事家、哲学家，也是伟大的诗人。他的一生共创作了100多首诗词，诗词的内容与历史现实紧密结合，既有政治家的高瞻远瞩、大气磅礴，也有蕴藉含蓄的哲学理趣；既蕴含着他对于前人诗词歌赋的理解，又蕴含着他为古典诗词注入的新鲜血液；既展现了中国革命和建设波澜壮阔的宏伟画卷，又展现了一位伟人的民族情怀、政治情怀、人民情怀、山水情怀。同时，在毛泽东诗词中还有许多反映唯物辩证法思想的名篇和名句，体现了毛泽东的哲学思想——唯物史观。因此诗词兼具思想政治教育的丰富内涵，是高校思想政治理论课的生动素材。

（一）毛泽东诗词是对中华优秀传统文化的继承与创新

毛泽东有深厚的国学底蕴，他喜爱唐诗宋词，尤其喜爱李白、李贺、李商隐"三李"的诗作，他的诗词形式源自古体，但内容上却充满革命精神，风格上大气磅礴，情感上乐观向上。

品读毛泽东诗词会发现，他在充分汲取中国古典诗词养分的同时，又形成了自己独特的诗词风格，如《沁园春·长沙》的"独立寒秋，湘江北去，橘子洲头"，作者描写深秋意境时,全无秋天的萧索苍凉,反而让人感受到湘江是如此晶莹清澈。"漫山红遍"是深秋的亮丽色彩。"鹰击长空""鱼翔浅底"展现出生命的蓬勃力量。整首词洋溢着乐观自信的革命精神,在毛泽东的笔下,古体诗词焕发出全新的生机和活力,无论是《西江月·秋收起义》《沁园春·雪》,还是《菩萨蛮·大柏地》《忆秦娥·娄山关》《七律·长征》等,毛泽东用古体诗词的形式,肆意挥毫、情感奔流,以诗明志、以词言理,为古体诗词注入新的生命,留下一首首绝唱。从毛泽东身上,我们看到了"把弘扬优秀传统文化同马克思主义立场观点方法结合起来"[①]的光辉典范。

(二)毛泽东诗词蕴含丰富的马克思主义哲理

毛泽东是一位哲学家,他在诗词中常以哲人的思维来写作,讴歌了社会的变革和进步,如《北戴河》中写道:"往事越千年,魏武挥鞭,东临碣石有遗篇,萧瑟秋风今又是,换了人间。"《七律·人民解放军占领南京》中写道:"钟山风雨起苍黄,百万雄师过大江。虎踞龙盘今胜昔,天翻地覆慨而慷。宜将剩勇追穷寇,不可沽名学霸王。天若有情天亦老,人间正道是沧桑。"都热情讴歌了解放大军百万雄师成功横渡长江天险的壮阔场景,继而以昂扬的激情讴歌金陵古都的变化以及与旧时代的不同,赞美"今胜昔"的社会进步;再是高瞻远瞩提出对历史经验教训的重新认识和总结,坚定反驳蒋介石集团提出的"划江而治"论调,接下来两句成为被后人一直传颂的名句,饱含深邃的哲理;最后两句宛如神来之笔,把读者一下子引入更加博大神奇的哲理意境,让阅读者自然而然得出结论:中国人民革命的胜利,是社会发展的必然选择和结果。

因此,毛泽东诗词贯穿着马克思主义的世界观和方法论。读毛泽东诗词时,可感受诗句中洋溢着幸福乐观情绪、充满斗争精神、饱含从容自信心态,从中能够感受到精神的感召、看到未来的希望;能让人沉思,激励人奋斗,净化人心灵,为迷茫的人拨开迷雾。同样,对于创作者自身,这些诗词陪伴他经历炮火硝烟,走过峥嵘岁月,最后走上中国革命的辉煌顶点。毛泽东以诗词来寄情、以诗词来言志、以诗

---

① 习近平:《习近平谈治国理政》第4卷,外文出版社2022年,第315页。

词来明理,反过来这些诗词又直接影响了他的人生。

（三）毛泽东诗词充满无产阶级浪漫主义情怀

在毛泽东的诗词中,鲜明展现了对抗与冲突、革命与斗争的辩证统一,折射出中国共产党人在革命和建设时期敢于斗争、敢于胜利的精神。在革命斗争最激烈的井冈山、中央苏区和长征时期,是毛泽东诗词创作的第一个高潮时期。长征途中,毛泽东写《七律·长征》,以"万水千山只等闲"写出红军蔑视困难的信心,以"五岭逶迤腾细浪,乌蒙磅礴走泥丸"夸张比拟描写了红军不畏惧任何困难的豪情壮志。在20世纪60年代初写作的《卜算子·咏梅》中,"已是悬崖百丈冰,犹有花枝俏"的诗句,表现了无产阶级坚强的战斗精神和崇高的共产主义风格。在毛泽东诗词中,我们总是能够看到大无畏的斗争精神,体会到斗争的快乐,胜利的喜悦。

毛泽东是一位有着坚定理想信念的政治家领袖和有着极高创作热情的诗人,"年轻的毛泽东同志,'书生意气,挥斥方遒。指点江山,激扬文字',既有'问苍茫大地,谁主沉浮'的仰天长问,又有'到中流击水,浪遏飞舟'的浩然壮气"[①]。毛泽东把对马克思主义真理的求索,对中国革命道路的探索、对坚持社会主义道路的理念、探索建设社会主义的历程都生动反映在了诗词创作之中,他的诗词之中,展现了政治家伟大的胸襟和豪迈的气魄,高远宏大的思想境界和浪漫主义的诗人情怀。

二、毛泽东诗词的思想意蕴与高校思想政治理论课高度契合

新时代的高校思想政治理论课从内容来看,涉及理想信念、道德法治、社会主义核心价值观、党的创新理论、国家大政方针、国内国际形势等丰富内容;从课程设置看,专科院校设置四门课程,本科院校在此基础上增加中国近现代史纲要课程、马克思主义基本原理课程等两门共计六门课程。这些课程重在通过理论教学,引导学生树立远大理想信念,形成正确道德观念和法治意识,理解认同党的理论和社会主义道路,养成思辨能力、批判思维和创新意识。

从毛泽东诗词的思想意蕴来看,既包含了个人的高远志向,更有着对中华民

---

① 习近平:《在纪念毛泽东诞辰120周年座谈会上的讲话》,《人民日报》2013年12月27日第2版。

族、人类发展的远大理想抱负；有身处绝境却永不言败的坚定信念、大无畏的斗争精神和牺牲精神；有洞察社会发展变化规律，尊重群众创造历史的唯物主义史观；有一分为二分析世情、国情、党情的辩证法思想；有"把弘扬优秀传统文化同马克思主义立场观点方法结合起来"①的探索与实践；更有大气豪迈、豁达乐观的人生心态。这一切，加上毛泽东作为"中国共产党、中国人民解放军、中华人民共和国的主要缔造者，中国各族人民的伟大领袖"的身份加持，都高度契合了高校思想政治理论课的教学内容。因此，高校教师在讲述教学内容时，可以将毛泽东诗词作为教学素材，运用在对理论的阐释中，增强教学的生动性和课堂的吸引力。当然，这种运用必须要在教师熟悉毛泽东生平，熟悉中国共产党的历史，深入了解毛泽东诗词的写作背景和深刻解读诗词内涵前提下，恰当运用，而非生拉硬扯，更不能主观臆断。

三、以毛泽东诗词开启思政课教学的意境

现在有的高校思政课容易受到诟病，主要原因是，教师讲述内容枯燥，缺乏鲜活的案例；教学形式单一，传统的思政课形式主要是讲授式，缺乏互动性和参与性；授课内容理论性强，讲道理多，容易引起学生厌烦。要讲深、讲透、讲活思政课，对教师的素质要求非常高，教师必须具备广博的知识、灵活的技巧、深厚的素养才能吸引学生，上好思政课。利用毛泽东诗词，可以开启思政课教学的新意境。

（一）激发学生的学习兴趣

思想政治理论课容易被学生视为枯燥乏味的说教课，学生学习的兴趣不浓。教师如果能结合教学内容，把毛泽东诗词引用到课堂教学中，既可以增强教学语言的生动性，还能调动学生学习兴趣。例如，在思想道德与法治课中讲到理想信念时，可选用学生们熟悉的毛泽东在青年时期写下的诗句，"书生意气，挥斥方遒。指点江山，激扬文字""问苍茫大地，谁主沉浮""到中流击水，浪遏飞舟"的浩然壮气和远大志向；在习近平新时代中国特色社会主义思想概论课件讲到中国共产党

---

① 习近平：《在纪念毛泽东诞辰 120 周年座谈会上的讲话》，《人民日报》2013 年 12 月 27 日第 2 版。

的初心使命时,可介绍毛泽东青年时代求索真理的过程,选用相关诗句"问苍茫大地,谁主沉浮?""把酒酹滔滔,心潮逐浪高!""人间正道是沧桑"等来说明中国共产党一经成立就义无反顾地肩负起实现中华民族伟大复兴的历史使命,在波澜壮阔的伟大实践中,毛泽东实现了自己的初心,成就了千秋伟业。中国共产党带领中国人民翻身解放,走上社会主义道路,正是党的初心宗旨的体现。在毛泽东思想和中国特色社会主义理论体系概论课学习毛泽东思想内容时,可逐一从建党之初和大革命时期的诗词"恰同学少年,风华正茂",土地革命战争时期的诗词"战地黄花分外香",长征时期的诗词"而今迈步从头越",全面抗日战争时期的诗词"数风流人物,还看今朝",解放战争时期的诗词"天翻地覆慨而慷",新中国成立后的诗词"乱云飞渡仍从容",探寻毛泽东思想的萌芽、形成、成熟和继续发展过程;更可从"唤起工农千百万"到"六亿神州尽舜尧",从"问苍茫大地,谁主沉浮"到"天翻地覆慨而慷",从"学不成名誓不还"到"为有牺牲多壮志",从"军民团结如一人,试看天下谁能敌?"到"喜看稻菽千重浪,遍地英雄下夕烟",分析无论是在井冈山时期"把群众利益放在第一位",延安时期"全心全意为人民服务",社会主义革命和建设时期"以真正平等的态度对待干部和群众"①,得出"人民"是毛泽东思想的重要范畴的结论。

教师在具体的教学中可以根据教材内容提前安排学生在预习时收集、阅读相关的毛泽东诗词,让学生主动学习、学会学习,并在这一过程中体会学习的喜悦感和获得感。

(二)陶冶学生的人文情怀

教育不仅要传授知识,更是人文素质和科学精神相融合的教育,教育的最终目标是培养人的核心素质,即人文底蕴。因此思想政治教育是"灵魂的教育",教师必须关注学生的情感态度与价值观,培养学生的家国情怀。

毛泽东诗词不仅有极高的文学价值,在毛泽东诗词中,到处可见其强烈的社会使命感和家国情怀。毛泽东在新中国成立后创作的40多首诗词中,倾注对国家、

---

① 中共中央党史和文献研究院编:《建国以来毛泽东文稿》(第7册一九五二年四月——九五二年十二月),中央文献出版社1992年版,第378页。

对人民、对社会主义建设成就的期许和欣慰,如《水调歌头游泳》中"神女应无恙,当惊世界殊"讴歌了中国社会翻天覆地的变化;在《浣溪沙·和柳亚子先生》中反映了国家的统一、民族团结的开国气象,以及抗美援朝初战告捷的欢喜之情;《浪淘沙·北戴河》"萧瑟秋风今又是,换了人间"对新中国取得的建设成就无比欣慰。

毛泽东诗词还充满了浓郁的人民情怀。"始终把人民的冷暖、人民的幸福放在心中,把人民的喜怒哀乐倾注在自己的笔端""与人民同呼吸、共命运、心连心,欢乐着人民的欢乐,忧患着人民的忧患,做人民的孺子牛"。[①]"为有牺牲多壮志,敢教日月换新天""百年魔怪舞翩跹,人民五亿不团圆""六亿神州尽舜尧""为有牺牲多壮志,敢教日月换新天"等,都体现了毛泽东关注人民群众生活,以人民为主体的人民情怀。《七律二首·送瘟神·其一》是毛泽东得知江西余江县消灭了血吸虫病时,激动不已,彻夜难眠,感慨和欣喜之余写下传世佳句:"坐地日行八万里,巡天遥看一千河。牛郎欲问瘟神事,一样悲欢逐逝波。"一位党的领袖、共和国领导人爱国爱民之情跃然纸上。

(三)培养学生的健全人格

教育的本质是促进人的全面发展,思政课的根本任务是立德树人。因此思政课不仅要使学生掌握必要的知识,还要让学生在学习中获得全面发展,人格完善、乐观积极、不怕挫折、敢于担当。

毛泽东诗词善于写景,尤其喜欢写水,诗词中与水有关的诗句达 60 多处,他以写水景来叙事、抒情、明志、喻理。他在橘子洲头沉醉于"漫江碧透,百舸争流"的清流与活力;他沉浸于千里冰封、万里雪飘的北国风光中"大河上下、顿时滔滔"的静穆与凝重;他"自信人生二百年,会当水击三千里"的豪迈……他借山水来抒发深刻的人生感悟、诠释深奥的哲理思想、寄托对祖国壮美山河的深情眷恋、表达改造社会改造自然的崇高理想、展现不惧艰险攻坚克难的雄心壮志和战斗豪情。他的诗词远远超脱了个人情感的宣泄,脱离"小我"的局限,没有文艺青年的无病

---

① 习近平:《习近平谈治国理政》(第 2 卷),外文出版社 2017 年版,第 317–318 页。

呻吟和装腔作势，更没有道学家的无尽说教劝善，而是以天下为己任，抒发对人民大众、对人类解放事业的"大我"情怀；处处体现为人清白、无私无畏、顶天立地的担当，绝境中奋起拼搏、胜利时冷静谨慎的意志与智慧。从诗词中我们可以充分领略毛泽东至情至性、胸怀天下、纵横万里、气吞山河的伟人气魄和非凡的人格魅力，对于正处于世界观、人生观、价值观形成和定型时期的青年大学生，学习毛泽东诗词可使人陶醉、令人警醒、催人奋进、教人向善，可涵养情操、汲取力量、提升境界、完善人格。

结合思想政治理论课教学目标，恰当地引入毛泽东诗词，以诗句的韵律之美创设课堂教学情境，以伟人的人格魅力打动学生心灵，以诗句的深刻哲理启发学生心智，从而开启思政课教学的新意境，这是进一步改革创新思政课教学，提升课堂教学吸引力的方法之一。

第三节

思想道德与法治课程实践教学

思想道德与法治课是高职高专院校开设的四门核心思政课程之一,按照课程设计,应开设于新生入学第一个学期,重在引导新生适应大学生活,"主要讲授人生观、价值观、道德观、法治观,社会主义核心价值观与社会主义法治建设的关系,帮助学生筑牢理想信念之基,培育和践行社会主义核心价值观,传承中华传统美德,弘扬中国精神,尊重和维护宪法法律权威,提升思想道德素质和法治素养。高等职业学校结合自身特点,注重加强对学生的职业道德教育。"[①] 本课程对新入学大学生具有基础性作用的思想政治理论课程,如果教学方式方法不当,易产生学生对学习内容或流于肤浅、或缺乏深入了解认知的兴趣等问题,导致教学效果不佳,也会影响后续开设的思政课学习。在党和国家提出加强"大思政课"建设的视域下,高职高专思政课教师要从学生思想实际和认知特点出发,重视理论与实践相结合,结合社会生活、时事热点、本土育人资源,在进行理论学习的同时,开展实践教学活动,让学生在体察乡情、社情中体会世情、国情,与时代发展同步、与国家命运同频,获得健全人格的发展和思想认识的成熟。根据《新时代学校思想政治理论课改革创新实施方案》和教育部等十部门印发《全面推进"大思政课"建设的工作方案》的要求,本书对思想道德与法治课程实践教学提出设计思路和方案,目的在于充分发挥思想道德与法治课程实践教学育人功能,促进教学质量的提升。

一、拟定实践主题

要"精心设计实践教学大纲,坚决避免实践教学娱乐化、形式化、表面化。鼓励有条件的高校开设专门的实践教学课"[②],思想道德与法治课程由绪论和六章组

---

① 《新时代学校思想政治理论课改革创新实施方案》教材〔2020〕6 号。

② 《全面推进"大思政课"建设的工作方案的通知》教社科〔2022〕3 号。

成，教研室在集体备课时根据各部分内容可结合时政热点和学生感兴趣的话题拟定相关主题，如"适应大学生活"主题、"三观教育"主题、"个人梦与中国梦"主题、"中国精神"主题、"道德实践"主题、"尊法学法守法用法"主题等，主题拟定后，根据实际情况和课程学分要求选择2—3个主题开展实践教学。

实践教学主题拟定后，再对学校所具备的实践基地条件和当地社会资源，把实践教学的内容按照实施时空的不同，设置为不同种类，如课堂内外、校园内外等，相应地开展课内实践、课外实践、校内实践、社会实践等实践教学活动，凭借"大思政课"的平台和资源，改变高校思政课教学以教师讲授为主、学生听讲为主的传统模式，创新教学方法，丰富教学案例，提升教学效果，扩大思政课对学生的影响。

二、安排实践学时

教育部关于《新时代学校思想政治理论课改革创新实施方案》规定思想道德与法治课程为3学分，如以18个教学周计算应安排54学时。《高等学校思想政治理论课建设标准（2021年本）》规定了专科学校思政课应安排1学分的实践教学，因此要准确解读文件要求，在教学中合理安排实施。高职高专院校各门思政课实践教学的学分学时见下表：

表 3-1　高职高专思政课实践教学学分学时分配表

	思想道德与法治	习近平新时代中国特色社会主义思想	毛泽东思想和中国特色社会主义理论体系概论	形势与政策	合计
课程学分	3	3	2	1	9
课程学时	54	54	36	18	162
实践教学学分	0.3	0.3	0.25	0.15	1

在实际教学实施过程中，其实并不能一一对应按照上表要求开展实践教学，这里进行表1的分解计算，只是强调在每一门思政课中均应该结合教学内容相应地开展实践教学。不同学校可根据本校实际情况、具备条件，按课程逐门开展实践教学，也可将各门思政课实践教学合起来作统筹安排。如北京大学马克思主义学院

就是统筹各门思政课实践教学学时,在暑假期间统一开展思政课实践教学。无论何种安排,均应达到《高等学校思想政治理论课建设标准(2021年本)》规定的学分要求,未实行学分制的学校可折算课时实施。需要强调的是,并非所有实践教学能在课程教学安排时段内开展,故可在课程时段之外,如学生课余时间或寒暑假期开展。

三、实践教学要求

(一)实践教学形式

思政课实践教学可采取课内外、校内外等形式开展。课内和课外这两种实践教学主要由任课教师作安排动员、解读实践要求、做实践活动前培训,实践活动完成后进行总结。课内和课外校内实践教学的优点是可以解决思政课实践教学全覆盖的要求,可以让全体学生参与,保证学生的参与率。校外实践教学有两种形式,一是由思政课教学部门或共青团统一组织的社会实践活动,如外出学习考察、现场教学、志愿服务、调查调研、活动体验等;二是学生利用业余时间或寒暑假期在思政课教师指导、共青团组织下开展实践教学活动。校外实践教学的第一种形式能充分利用学校的实践教学基地,利用当地的红色教育资源等各种社会资源,规划清晰,目标明确,体验感、活动性、参与感强,教学效果显著,但从交通、经费、安全等因素考虑,参与的学生人数有限,影响不够广泛。校外实践教学的第二种形式同样具有很强的体验感、活动性、参与感,但因需要学生自己开展活动,对学生的主动性、自觉性要求高,脱离学校的组织,如果教师的指导不及时不到位,易导致活动流于形式,或活动目的落空。

(二)成果形式及考核要求

实践教学是课程教学的环节之一,因此参加实践的学生需要按照规定格式,提交实践成果,成果可为文字性的报告、PPT或微视频,要求必须为原创,严禁抄袭。提交的实践成果是评定思想道德与法治课程最终成绩的重要依据。任课教师根据学生提交的实践报告的质量综合考评,实践成绩占学期总成绩的20%。按学校教务处要求,为实现规范化管理,形成完整的教学支撑数据,学生实践教学成果保存至少 3 年。任课教师期末提交成绩时，须按任课班级对应整理，成果文稿和成绩评分纸质材料直接装入试卷袋，电子档材料请任课教师拷贝到思政课实践教学管理部门，文件夹以"班级＋学期＋课程名称＋任课教师名字"命名。

四、铸牢中华民族共同体意识实践活动课教学设计

（一）活动主题

"铸牢中华民族共同体意识"红色边关行——籽籽同心成边疆　学子红色边关行。

（二）活动地点

德宏州瑞丽市畹町镇。

（三）活动对象

大学一年级学生。

（四）活动分析

为加强思想道德与法治课程的理论教学与实践教学的联结，德宏职业学院把畹町边检站的建站历史及移民管理警察们守国门戍边防的生动事迹作为实践教学资源，德宏职业学院马克思主义学院联合畹町边检站常态化开展以"籽籽同心成边疆，学子红色边关行"为主题的思政课实践教学活动，将思政课堂"搬"到边境一线，推出"国门思政课""场馆思政课""界碑思政课"和"巡边思政课"等实践课。让思政课更加可感可知、生动鲜活，不断深化思政教育守正创新，引导青年师生树立忧患意识，落实细落小落实社会主义核心价值观，提升国家安全意识和国防意识，增强对伟大祖国、中华民族、中华文化、中国共产党、中国特色社会主义的认同，更加自觉投身到边疆民族地区现代化建设之中，更加自觉地担当起守边固防的重任。

（五）活动目标

1. 知识目标

了解德宏州各族人民近代以来抗击外来侵略的历史；了解新时代德宏各族人民建设边疆、守边固防的事迹；理解国家统一、民族团结进步是历史发展的主流和基本趋势；理解爱国主义和中国精神的内涵。

2. 能力目标

引导学生正确看待历史上各族群众为维护祖国统一进行的爱国主义实践、现实中德宏"党政军警民"强边固防的事迹,运用历史思维认识和思考问题;能够将专业知识与实践有机融合,讲好德宏故事,讲好云南故事,讲好中国故事。

3. 情感价值目标

激发学生爱国主义情感,引导学生牢固树立正确的"五观"、增进"五个认同"、增强"三个意识"、不断强化"四个与共"理念,推动形成"边疆人民心向党"的思想和行动自觉。

(六)活动重点及难点分析

活动重点:了解德宏州各族人民近代以来抗击外来侵略的历史,新时代德宏各族人民建设边疆、守边固防的事迹,体验中国精神。

活动难点:正确理解和认识边疆各族人民守卫边疆、保卫边防、建设家园的历史和现实。

(七)学情分析

1. 知识基础

学生在中小学时已经对爱国主义、社会主义核心价值观、中国精神的知识已有初步积累,对其内容有了感性的认识,同时对德宏州的民族文化和历史文化有着强烈兴趣。活动学生大部分为云南省内学生,少数民族学生较多,在日常生活中能真切感受各民族齐心协力、共同守边的现状,这为本次活动课教学奠定了良好的知识基础。

2. 学习能力

学生思维活跃,具有较强的求知欲与动手能力,这为开展合作探究和启发式教学提供条件。

3. 情感态度方面

05后大学生,正处于追求个性价值阶段,想象力和创造力强,但在提升历史行动自觉方面有待加强。

（八）活动具体环节

一是课前利用线上教学平台发布课前学习任务。

任务一：登陆学习通下载"德宏州概况"学习资料包，为本次活动教学奠定知识基础。

任务二：查找德宏畹町镇的历史，近代以来发生在这片土地上的红色故事，德宏各民族团结统一保家卫国事迹的相关资料，选取这些事迹中的任何一个做深入理解（可以是人物、事物），以故事讲授的方式展现出来。这一环节旨在培养学生自主求知与探究能力，为接下来的活动教学做好认知搭构准备。

该环节的活动目标是激发学生探索知识的欲望，做好活动前的认知准备。将枯燥的理论知识转化为学生体验的现实感。

二是升国旗环节。

同学们，今天我们来到了边境小城畹町镇来开展主题活动课，畹町，傣语意为"太阳当顶的地方"，象征着如日中天、蒸蒸日上。曾经是中国最小的市，1992 成为我国 14 座沿边开放城市之一，地位相当于经济特区，抗日战争期间畹町桥是滇缅公路中国段的终点，史迪威公路的起点，一度为抗日战争中国唯一的对外通道，被称为抗日"输血线"；十万远征军由此跨出国门赴缅抗击日寇，滇西大反攻中国抗日军民从这里将日寇逐出国门；改革开放后畹町小城成为云南对外沿边开放的最前沿；20 世纪 90 年代这里再次成为阻击毒品的最前线……这个小城的历史厚重而弥新。这里，是历史的亲历者、见证者。我们本次活动课的主题围绕"铸牢中华民族共同体意识"，以德宏各族人民团结统一抗击外敌的历史与新时代移民管理警察驻守基层，坚决守护边境安全、百姓安全，守护一方安宁的现实，通过"畹町口岸升旗仪式，国门思政课（畹町国门），场馆思政课（畹町边检站警史馆），行走的思政课（重走边关路，共描界碑红）"三条活动链开展，从"情—知—意—行"四个方面增强历史自觉与国家认同，激发爱国情感，进而深入明确"各民族共同开拓辽阔的疆域，共同缔造统一的多民族国家，共同书写悠久的历史，共同创造灿烂的文化，共同培育伟大精神"的五个共同，铸牢中华民族共同体意识。

三是国门思政课（畹町国门）。

1. 知：近代以来德宏畹町的历史

凤凰花开，畹町桥头思"响"。一桥，两路，十万远征军，是畹町交出的历史答卷；国门，守护，移民管理警察，是畹町边检正在书写的时代答卷。那些不为人知的奉献和无法记录的耀眼，国门看得见，祖国看得见。该模块由畹町边检站民警讲述《红色国门，百年党史》国门故事。

2. 教师引导

同学们，德宏自古就是中华民族不可分割的一部分。听完我们边检站民警同志的国门故事，相信大家都有很多深刻的感受，下面呢，请各位同学根据课堂所学以及课前查找到的资料，结合民警同志所讲，来谈一谈自己体会。

3. 学生谈体会

预设学生发言角度：大家好！这里是"张桂梅思政大讲堂·德宏职业学院分课堂"暨铸牢中华民族共同体意识主题"红色边关行"活动现场，今天我要同大家分享的是爱国主义的内涵和要求。

设计意图：知史方能明理，通过这一环节，引导学生认识到近代以来德宏畹町国门历史，了解远征军、滇缅公路、滇西全民抗战、畹町桥的红色故事，以及英勇的德宏各族儿女开展的反侵略斗争并不是单打独斗，而是各族人民互帮互助、共御外辱。在国家危亡、民族危难之际，各族人民手挽手、肩并肩的团结奋战，共同书写了团结统一的历史。

4. 教师总结点评

国家安全是民族复兴的根基；社会稳定是国家强盛的前提。无论过去还是现在，勤劳勇敢的德宏各族儿女，守望相助、同心同行，不断增强民族凝聚力，共同培育了伟大的民族精神。和平年代，总有一批人为祖国安全，人民安全负重前行。德宏503.8公里的边境线下，我们的边防警察们面对疫情防控的压力，坚决驻守在瑞丽疫情最前沿的暴风口，面对缅北战乱，第一时间让老百姓转移到安全的地方，他们为了边境安全，百姓安全，坚决驻守基层，时刻以高压态势严厉打击各类跨境违法活动，加强边境一线防控。

接下来,让我们跟随民警同志,移步到畹町边防检查站警史馆,一起去探寻畹町边检的前世今生。

四是场馆思政课。

1. 意: 红色国门 忠诚守护

在畹町边检站警史馆,学生们观看《党旗》党建宣传片,参观红色展板,一幅幅戍边民警艰苦奋斗的照片,一面面写着"一等功""二等功"的荣誉墙,一件件饱含历史记忆的老物件,和饱经岁月沧桑的时代痕迹,无一不在彰显着畹町边检站的光辉历程,一代代畹町边检人对祖国赤诚奉献的画面平铺在所有人眼前。

2. 教师总结

畹町出入境边防检查站,作为民族危亡的"拯救者",中缅友好的"见证者",经济发展的"推动者",祖国人民的"守护者",是一代代畹町边检人七十三载风雨不改的坚守。今天,我们在民警同志的带领下,完整的了解了畹町边检的前世今生,相信很多同学都产生了强烈的共鸣,心中种下了一颗希望的种子,新时代青年人肩负责任,使命在肩。实现中华民族的伟大复兴定会在你们一代代青年人的接续奋斗中成为现实。

3. 学生活动发言

今天,我有幸听了民警为我们讲述国门故事、畹町边检的过去和未来,民警们的故事令我深受鼓舞和感动。这就是中国精神。就是这样一群无名之辈,一群不能露脸的人,而他们的平均年龄也只有41岁。他们说:"多缴获一克毒品就能多挽回一个家庭。"他们说:"我们的付出,能让人民群众有一个更和谐、更美丽的一个生存环境,我觉得是值得的!"回首来路,为了拯救万千因吸毒破碎的家庭,公安禁毒英雄们用热血点燃的信念之火,屹立于天地之间。

设计意图:该部分由学生深层次了解畹町边检站的历史。民警从戍边军人到新时代移民警察,军装换警服只是身份的转变,不变的是一颗颗保家卫国、守护边境安全的爱国心,在民警声情并茂讲解与场馆沉浸式体验的情境中,营造师生爱警尊警,警民一家亲的氛围。新时代移民管理警察的工作,通过学生课前查找到的材料,结合民警所讲,进行感想发言,旨在培养学生独立思考问题的能力,激发兴趣,在梳理畹町边检站的历史发展故事的基础上,不断寻找共情,深化认知。

4. 教师总结

感谢同学的分享,他提到了缉毒英雄蔡晓东烈士,还有无数个无名英雄,生前不能露脸,死后墓碑无名,只因他们是伟大的缉毒警察,他们身上体现了伟大的中国精神。国家安全来之不易,幸福生活来之不易。同学们,大家都知道云南有 4060 公里的边境线,那你们知道德宏的边境线有多长吗?我想大多数同学可能都没了解过。德宏州边境线全长 503.8 公里,南、西、西北与缅甸接壤,全州除梁河县外其他县市均有边境线。一眼望不到边的边境线,日复一日的巡边工作,走过了无数的脚步。戍边是一种使命,是一种担当。在荒无人烟的边疆,戍边警察与寂寞相伴,与危险相邻,日夜巡逻警惕注视着边界线的一举一动,无论是严寒酷暑还是狂风暴雨他们从未退缩,只为身后的祖国和人民,他们一如既往,视死如归。这是他们对国家边境安全最清澈最深沉的爱。接下来,让我们跟随民警同志一起重走边关路,用脚步丈量祖国边疆大地,体验边防警察每日巡边路。

五是行走的思政课(重走边关路,共描界碑红)。

1. 行: 走边关路,描界碑红

该环节巡边途中由畹町边检站民警讲述戍边故事。中缅 90 号界桩到 90 附 1 号界桩的边境线 3 公里的行程,穿山林、越河流、过沟塘,全程走完需 2 个半小时。师生在移民管理警察的带领下沿着边境线巡边,行至中缅边境 90 号界碑前,聆听戍边民警讲述界碑的由来,讲述守护边界、守护界碑的重要意义。

2. 学生活动

重走边关路,体验巡边,体验戍边警察危险的环境和艰苦的生活条件,聆听新时代守边固防事迹。

学生满怀敬畏之心,认真将界碑擦拭干净,一笔一画地为"中国"和界碑编号描红,激发心中爱国之感。鲜红的"中国"字样深深地印在了每个人的心中。

同学们情不自禁地面向团旗重温入团誓词,青春誓言响彻边关,这一刻,"边防"有了真实的模样,"理想和抱负"有了实际的方向。将这份守土有责、守土尽责的感悟,化作力量,挺膺担当,以实际行动践行新时代青年的使命与强国誓言。升华了爱国情怀和投身强国建设的热情。

设计意图：该环节通过开展"行走的思政课"，德宏州边境线全长503.8公里，南、西、西北与缅甸接壤，全州除梁河县外其他县市均有国境线。此环节在畹町边检站的带领下，学生用脚步丈量祖国边境线，共描界碑红，在界碑前入团宣誓，让学生充分认识戍守边关的艰辛与不易，直观感受祖国和平发展来之不易，激发学生树立忧患意识，提升国家安全意识和国防意识，更加自觉投身到边疆民族地区及国防建设之中，进一步铸牢中华民族共同体意识，让思政课更加可感可知、生动鲜活。

3. 教师总结

同学们，相信大家在此次活动课中一定感受到了戍守边关的艰辛与不易，直观感受祖国和平发展来之不易。一条蜿蜒曲折的边境线，串起了一个又一个平凡的人，艰难的巡边路，是他们的日常，也是戍边民警最真实的写照。他们用信念和汗水筑起了一道道隐形的防线，守护着祖国的西南大门。他们的故事，是我们珍贵的精神财富，亦是激励我们前进的无穷动力。此次活动课结束，相信在大家的心里，"边防"一定有了真实的模样，"理想和抱负"也一定有了实际的方向。希望同学们树立忧患意识，提升国家安全意识和国防意识，能将这份守土有责、守土尽责的感悟，化作力量，挺膺担当，自觉投身到边疆民族地区及国防建设之中，以实际行动践行新时代青年的使命与强国誓言。

（九）活动反思

本次课的特点是把思政小课堂与社会大课堂结合，用好边疆红色育人资源，聚集协同共育合力，学生在现实情境中得到情感熏陶、思想升华。此类课的难点是组织难度大，需要学校和地方、边防检查站通力协作。本次课的缺点是只能组织部分学生参与，难以全覆盖。

改进方法：一是提高学校和地方、边防检查站的工作协调力度；二是活动前精心策划，做到组织有效、管理科学；三是轮换选派不同学院的学生参与，并要求参与学生总结活动体会，返回学校后在各班级交流体会。

第四节

思政课教师队伍建设路径

办好思政课关键在教师。加强思政课教师队伍建设既是高校思想政治理论课建设的重要任务,更是高校立德树人的现实需要。本节通过梳理云南省高职高专思政课教师队伍的现状,分析存在的问题,阐述思政课队伍建设的内涵、意义,在此基础上,研究新时代背景下云南省高职高专院校思政课教师队伍建设的普遍规律和特殊性,揭示高职高专院校思政课教师队伍建设的路径,提出解决问题的对策,推进思政课高质量发展。

一、云南省高职高专院校思政课教师队伍现状

（一）教师队伍数量不断增长

中华人民共和国成立以来,随着我国高等教育的发展,高校思想政治理论课经历了一个逐步成熟完善的过程,伴随这一过程,思政课教师队伍也经历了一个从小到大、从不完善到逐步完善的发展历程。2000年以后,为适应国家发展需要,各地迅速成立各类高职高专院校诸多中专学校纷纷升格为高职院校,高职高专院校数量迅速增加,思政课教师队伍随之壮大。2020年,《新时代高等学校思想政治理论课教师队伍建设规定》（以下简称《规定》）发布后,各高校严格按照1∶350师生比要求配齐配强思政课教师,至2024年3月,云南省81所高校中,专任思政课教师已达3339人,其中党员占比90.5%。① 在党和国家的关心重视下,思政课日益成为高校第一课,马克思主义学院成为高校"第一学院",思政课教师队伍成为高校立德树人的主力军。根据课题组面向云南省42所高职高专院校调研,发现绝大多数院校思政课教师配比已达标,只有个别院校因教师调动、辞职等原因出现人员

---

① 数据来自云南省教育厅。

流失，暂未能动态配齐思政课教师。

（二）教师政治与专业素质不断提升

坚强有力的高素质师资队伍是高质量的思政课教学、高效的培根铸魂工作、积极有效的"大思政课"构建的提前基础。

一是保证思政课教师的政治素质。根据《规定》，思政课教师必须具备党员条件，至 2023 年 8 月，云南省绝大多数高职高专院校的思政课教师已经全部为中共党员，未达标的少数院校主要是因为：新升格高职院校中原有思政课教师还不完全是党员，有的院校内部转岗消化还未彻底完成。各高职高专院校按照《规定》要求，引进新教师时严把政治关，把党员作为思政课教师入职的门槛条件，做到所有新入职思政课教师全部为中共党员；对原有非党思政课教师通过积极引导、逐步发展为中共党员，对不符合条件的思政课教师通过内部转岗引导其逐步退出思政课教师队伍。以上举措保证了思政课教师的政治素质。同时，各院校马克思主义学院和思政部加强基层党组织的规范化建设，以党建引领思政课教师队伍建设。各院校党委充分发挥党管人才的优势，党委书记亲自领导马克思主义学院或思政部，党委会加强对思政课建设的研究，支持思政课教师队伍的素质提升，为思政课教师队伍建设保驾护航。

二是加强对全省思政课教师队伍的培训培养。第一，通过教育部高校思想政治理论课集体备课平台、教育部全国高校思想政治理论课教师研修基地专题研修、周末理论大讲堂、国家智慧教育公共服务平台——职业教育教师能力提升中心对教师开展全员培训；第二，通过云南省委宣传部每年举办四期哲学社会科学骨干研修班，培养全省各高等院校、全省党校（行政院校）系统从事马克思主义理论等教学科研骨干教师，全省社科联和科普工作部门骨干，全省社科管理及哲学社会科学研究工作部门骨干、全省各州（市）宣传思想文化业务骨干。十余年来，云南省教育工委与省委宣传部密切合作，通过这一平台培训出大批高校思政课教师，每所高校的思政课教师基本已通过这一培训平台经历过至少一轮培训；第三，通过云南省高校思政课"手拉手"集体备课平台、各高校分课程教研中心、省际校际合作集体备课平台、虚拟教研室等开展教师培训和集体备课；第四，云南省教育工委每年组织不少于 1000 人的思政课教师专题培训。除以上国家平台和省级平台的培训外，各院校还通过自筹资金，利用各种渠道和各种方式，组织思政课教师赴省外培训或实践研修，在校内开展培训和集体备课。通过各种类型各种层次的培训，各院校思政课教师的理论素养、专业能力、科研能力得到提升，保证教师们思维新、视野广、能力强。

三是以思政课教师"大学习大练兵大比武"提升教学能力。长期以来，高校思政课不同程度存在"课堂教学效果不佳""课堂抬头率低""学生质疑教师的讲授"等问题，尤其是高职高专院校的学生，与普通本科高校的学生相比，在文化素养、行为养成、学习习惯方面有较大差距，对高职高专院校思政课教师的教学提出更大的挑战。近年来，在云南省教育工委指导下，各高职高专院校愈加重视思政课教师教学能力提升，以集体备课、教学展示、教学比赛、教学示范、思政金课来锻造一支为学为人表率、亲其师信其道的教师队伍。2023 年以来，更是结合主题教育开展"大学习大练兵大比武"，通过思政课教师"大学习大练兵大比武"，青年教师理论知识素养、教育教学专业能力、课堂教学水平显著提升，思政课教学质量明显好转。以习近平新时代中国特色社会主义思想概论课为例，总体课堂优良率达到 80% 以上[①]。据课题组 2023 年 7 月开展对 2769 名高职学生的"思政课教学效果问卷调查"显示，完全接受和部分接受思政课教学内容的比例分别为 61.11% 和 35.75%，表明思政课教学贴近学生实际，受到学生欢迎；因喜欢老师和喜欢老师的教学方法而喜爱思政课的学生分别占比 49.02% 和 54.23%，也说明随着教师教学能力提升，教师得到学生的认可和喜爱，导致思政课教学影响力得到增强。

（三）教师地位与待遇显著提升

2019 年 3 月 18 日，习近平总书记在全国学校思想政治理论课教师座谈会提出，思政课是"铸魂育人"关键课程，思政课教师要承担起时代赋予的使命，这一重要会议和重要讲话对新时代思政课改革创新极为重要。首先，为新时代思政课建设指明了方向，旗帜鲜明、毫不含糊地回答"培养什么人、怎样培养人、为谁培养

---

① 数据来自云南省高校思政课专家听课组反馈意见，经作者整理。

人"的根本问题；其次，为一段时期以来一些学校一些专业课教师程度不等地存在着某些重才轻德、思政课在某种程度被边缘化，思政课教学存在被动教与应付教的现象，使思政课教师在思想上存在的疑惑拨云见日；再次，为新时代思政课建设提供了行动指导和理论遵循。习近平总书记"六个要"和"八个相统一"的新要求对思政课改革创新和思政课教师的培养和成长具有重要的指导意义。

习近平总书记"3.18"讲话之后，全国思政课改革创新迎来了新的发展机遇，思政课教师队伍不仅人数上获得发展，素质上得到提升，更是在整个教育教学过程中的地位得到凸显，教师待遇得到保障。课题组 2023 年 8 月面向云南省 45 所高职高专院校的部分思政课教师发放调查问卷，有效填写人次为 207，其中 91.79%的人来自公办院校，8.21% 的人来自民办院校。接受调研的院校所在地昆明市的比例为 36.23%，地州的比例为 63.77%。调研反映思政课教师收入详情见表 3-4：

表 3-4　云南省高职高专院校思政课教师收入状况（单位：元）

3000—5000	5001—7000	7001—9000	9001—11000	11001 以上
26 人	72 人	68 人	29 人	12 人
12.56%	34.78%	32.85%	14.01%	5.79%

在接受调查的思政课教师中，月平均收入在 5001 元以上的人数占总人数的82.14%。课题组在此基础上对思政课教师月平均收入与所在学校是否落实了思政课教师岗位津贴进行了交叉分析，分析发现落实思政课教师岗位津贴与思政课教师月平均收入高低直接相关，详情见图 3-1：

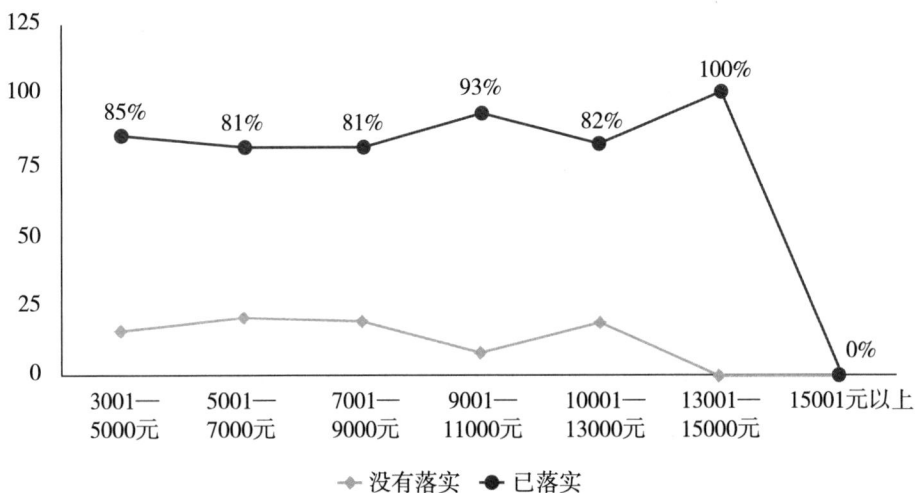

图 3-1　云南省高职高专院校落实思政课教师岗位津贴与思政课教师收入关系

调查还显示,超过七成的高职高专院校实施了思政课教师职称评审单列。反映各地各校深刻认识《规定》发布实施的重要意义,深入贯彻落实《规定》的精神,重视思政课教师队伍建设,加强思政课教师选配和培养工作,完善思政课教师队伍建设体制机制、评价和支持体系。《规定》是否落实到位最直接直观的体现就是思政课教师岗位津贴和思政课教师职称单列是否落实到位,这是思政课教师地位提升、待遇改善的直接表现。

（四）教师干事创业积极性空前高涨

习近平总书记"3.18"讲话以及《新时代高等学校思想政治理论课教师队伍建设规定》《新时代学校思想政治理论课改革创新实施方案》《高等学校思想政治理论课建设标准（2021年本）》,加强了制度机制保障,思政课教师干事创业积极性空前高涨,教师创新发展的内生动能被前所未有地被激发出来。

在高职高专院校新增的思政课教师中,大多是青年教师,他们成长于改革开放后国家经济实力快速发展、人民生活水平极大提高的时期,接受过良好的素质教育,拥有较高的学历,有朝气、干劲足,创新意识强烈,思维敏捷,幽默乐观,坦诚真挚,善于与学生的沟通,掌握一定的信息化教学技能,给思政课教师队伍带来了一股清风。党的二十大提出"深入实施科教兴国战略、人才强国战略、创新驱动发展战略,开辟发展新领域新赛道,不断塑造发展新动能新优势。"统筹职业教育、高等教育、继续教育协同创新,推进职普融通、产教融合、科教融汇,优化职业教育类型定位。"[①]职业教育进入提质培优新赛道,高职高专院校思政课教师的职业发展前景愈加光明,激发出教师强烈的事业心和责任感,在教学工作上竞相争先,在教科研上殚精竭虑。

二、云南省高职高专院校思政课教师队伍的问题分析

(一)师资队伍结构不合理

首先是年龄结构不合理。虽然从数量上看,高职高专院校思政课教师队伍迅速增加,全省绝大多数院校按 1：350 师生比已经达标。但是从调查问卷看思政课教师队伍中大部分是中青年教师,40 岁以上教师占比低,老中青年教师比例不均衡。在调查问卷 207 名填写者中,有 36.23% 的人承担思政课教学的时间在 2 年内,22.71% 的人在 3—5 年,教学经验在 5 年内的教师占比达 58.94%,可见超过半数的教师承担思政课教学时间短、经验不足。详情见图 3-2：

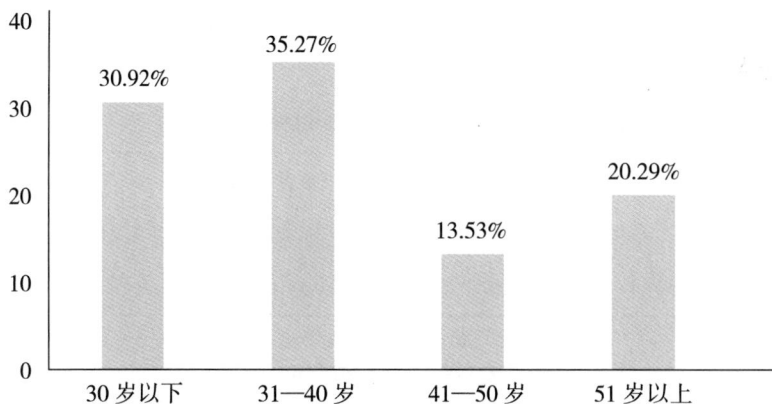

图 3-2　云南省高职高专思政课教师年龄结构图

---

① 本书编导组:《高举中国特色社会主义伟大旗帜　为全面建设社会主义现代化国家而团结奋斗——在中国共产党第二十次全国代表大会上的报告》,人民出版社 2022 年第 33-34 页。

一般来讲,高校教师教学能力的培养主要在入职后 5—10 年可见成效,因此 35 岁以下的青年教师培养重点是教学能力。教师科研能力的培养主要在入职后 10—15 年可见成效,40—50 岁间是高校教师教学经验丰富、教科研成果喷涌的阶段,这一年龄段教师数量偏低,意味着年轻教师的成长缺乏引路人,思政课科研力量不足,科研产出低。

其次是职称结构不合理。从职称上看,在问卷调查的 207 人中,助教及见习教师占比最多,达 44.92%,副教授(副研究员)占比 26.09%,讲师占比 19.32%,教授占比 6.76%,其他职称占比 2.9%,这些数据反映出教师的职称结构不合理。教师的年龄结构和职称结构均不合理,导致思政课教师队伍整体上缺乏教育教学经验,教科研综合素养偏低。

再次是学历结构和学科结构不合理。高职高专思政课教师队伍中,具有高学历和马克思主义学科专业背景的教师不足,这也制约了思政课教师队伍建设的水平。从调查问卷结果看,在学历学位方面,博士学位占比极低,学士学位(含本科无学位)占比 25.6%,比例不低;在学科背景方面,马克思主义学科背景教师不到六成,有超过四成的教师为其他人文社会学科背景,这也是影响思政课教师队伍整体素质的重要因素。详情见表 3-5、表 3-6:

表 3-5 云南省高职高专院校教师学历学位情况

	学士(含本科无学位)	硕士(含党校研究生)	博士
人数	53	152	2
占比	25.6%	73.43%	0.97%

表 3-6 云南省高职高专院校教师专业背景情况

	马克思主义学科	其他人文社会学科	理工科
人数	121	85	1
占比	58.45%	41.07%	0.48%

(二)教师培训亟须完善

一部分教师因理论功底不足,另一部分教师因刚刚入职,缺乏教师职业训练,教学经验和授课技能不足,在教材体系转化为教学体系上存在较大困难,难以把生涩难懂的理论知识转化为生动浅显的教学内容。特别是进入新时代,党的创新理论日益丰富和发展,思政课的内容更新快,思政课教材几乎两年到三年就更新版本,对教师的学习能力提出非常高的要求。随着互联网和信息技术的发展,思政课的教学形式发生了巨大变化,要求课堂理论教学与社会实践教学相结合,借助网络教学、虚拟仿真教学等方式手段适应时代的发展,适应学生的认知特点。这就对教师提出严峻挑战,教师需要参加各种培训,不断提升理论水平和教学技能来推进互联网在思政课教学中的运用,深化理论教学与实践教学相融合,综合运用 VR 和 AR 技术打造沉浸式、体验式学习课堂,从而应对新时代思政课面临的挑战。

但是,从目前针对思政课教师的培训看,培训的内容、设计、频率等方面还不能满足快速提升思政课教师综合素质的要求,总体来看,存在以下问题:

一是短时间高频次网络培训与培训效果不佳。高职高专院校思政课教师的教学任务较重,教师还要兼任行政工作、教学管理和党团工作。据课题组调查来看,各高职高专院校教师的平均课时量每周 18 节,近七成的教师还要承担行政工作或其他工作,在承担繁重的教学和行政工作的同时,参加高频次的网络培训,教师易出现紧张、焦虑状况。心理学认为,人的短时记忆容量有限,需要思考和反复学以致用之后内化为自己的知识,转化为长时记忆。因此课题组认为短时间开展的频繁的网络培训,如各类专题讲座、新教材培训、新课件培训、集体备课、职业教育教师能力提升培训等,培训频率高、次数多,当与教师繁重的教学和行政工作重合时,会导致教师大脑信息超载过量,教师过于疲劳,无法很好地消化处理这些信息,学习效果不佳,反而不能达到培训目的。

二是大多数思政课教师培训的象征意义超过实际价值。目前云南省内各机构组织的思政课教师培训以 1 至 3 天的短期学习为主,赴省外的思政课教师培训也多是为期 2 至 3 天的短期学习,无论是从理论学习还是业务培训上看,培训时间过短,教师在短时间的信息轰炸下,得到的收获及知识的转化与内化效果大大低于培训设计者的初衷。因此这一类培训的象征意义超过了实际价值。

(三)部分教师素质偏低

在高职高专院校的思政课教师队伍中,少数教师并没有做到与时俱进,与新时代的思政课教学要求相脱节,甚至个别教师出现严重的道德和纪律问题。当前思政课教师存在的问题可以归纳为以下几个方面:一是个别教师政治素养低,思想混乱,道德失范,纪律松懈。高校思政课教师队伍经过一段时期的快速发展后,队伍构成比较复杂,有的资深教师放松了对自己的要求,政治立场模糊,道德滑坡,个别人身上出现违反党纪国法、有违公序良俗的现象,虽然是个别现象,但影响恶劣,严重破坏了思政课教师的声誉,影响了思政课在青年大学生中的影响力;部分新入职教师思想观念不够成熟,政治立场和政治方向不清晰,缺乏新时代思政课教师的责任感和使命感,难以为学生们提供良好榜样和示范作用。二是各院校虽然在人数上基本配齐了思政课教师,但是教师的教学水平却参差不齐,部分教师理论基础薄弱、教学实践经验不足,教学方法单一,降低了思政课对青年学生的吸引力。三是教师自我学习自我更新能力不足。高职高专院校大多由中职或中专升格而来,有一部分原属中职或中专的老教师习惯吃老本、不思进取、有"躺平"倾向,知识和能力的自我更新意识淡薄,教学能力停滞不前,拒绝接受新教育观念,不愿意学习新理论、新知识,面对新出现的信息技术有畏难思想,不善于用"互联网+"思政课教学;有的教师照本宣科,对教学内容没有深入解读和转化,不能满足青年学生求新求变的心理需求,使得学生们觉得思政课就是老生常谈、满堂灌,对思政课堂感到厌倦。

在课题组回收的 2769 份针对高职高专学生开展的"思政课教学效果调查问卷"中,2648 名学生表示喜欢上思政课,其中因为喜欢教师而喜欢上思政课的占49.02%,喜欢思政课教师教学方法的占 54.23%,这反映出教师的人格魅力和综合素质对学生的吸引力。思政课是一门育人课程,需要教师在理论的讲解和知识的传授过程中达到育人目标,对思政课教师综合素质提出更高的要求,包括较高的政治素质、深厚的家国情怀、广阔的眼界和格局、严格的自律意识、高尚的人格力量、敏捷的思维能力、广博的知识储备。

（四）教师工作负担过重

党的十八大以来,世界经济政治格局出现大调整大变革,国际环境越来越复杂化多样化多变化。伴随着中国经济进入产业结构调整、创新经济发展、各种新型经济形态出现,社会观念也出现多元多变,意识形态面临巨大挑战。党和国家高度重视思政课建设,加强大中小思政课一体化建设,要求思政课螺旋式上升、大中小贯通,要求构建思政课程与课程思政协同育人机制。以上种种任务要求落实到实际工作中,给思政课教师带来职业发展机遇的同时,也带来更重的责任。云南省各高职高专院校中,有的正处于规模扩张和质量提升的跨越发展阶段,很多院校制定了中长期发展规划,紧锣密鼓地开展"双高计划"建设、升本、扩招、新增专业等。在这样的发展形势下,大多数院校都存在师资力量、管理人员不足的问题,为维持正常的教育教学工作,许多思政课教师都身兼数职,既搞教学又搞管理,既从事科研又从事行政坐班,既当专职教师又当班主任,对42所高职高专院校207名思政课教师的调查显示,有117人在思政课教学之外还兼任其他工作,详情见表3-7:

表3-7　云南省高职高专院校思政课教师兼职情况

	行政工作	教学管理工作	科研工作	党团工作	班主任或辅导员	心理咨询工作	领导临时交办工作
人数	78	48	45	42	63	4	65
占比	66.67%	41.03%	38.46%	35.9%	53.85%	3.42%	55.56%

由上表可见,专职思政课教师在教学以外的工作任务比较繁重和繁杂,调查中超过80%的人认为自己工作量比较繁重或非常繁重、感到压力较大,这不仅需要教师本人更好地进行时间和任务管理,同时也需要学校及上级主管部门综合考虑思政课教师的工作压力,合理安排思政课教师的工作任务,以便更好地发挥思政课教师的积极性和主动性,把更多的精力投入教学科研工作中。

（五）部分院校师资队伍建设机制体制不完善

思政课教师的队伍建设机制体制主要是指教师准入机制和退出机制、师生配比机制、教师培训机制、教师日常管理机制、师德师风监督机制、科研工作机制、岗位津贴和职称评审单列机制等。近年来各高职高专院校为加强思政课教师队伍建设,采取多种措施建立健全机制体制,对加快思政课教师队伍建设起到积极作用,但也还存在一些问题。

第一,人才储备不足。如前所述,思政课教师队伍在职称结构、年龄结构、学历结构、学科结构方面存在失衡现象,部分院校为追求达标而没有考虑实际用人的需要,追求数字达标而忽略质量达标,遇到因教师流动导致出现思政课教师师生比不足的问题时,往往缺少及时有效的应对措施。

第二,教学改革和教学科研的开展困难重重。一方面,因思政课教师总量不足,教学任务繁重,制约了教学改革、教学科研的开展,各院校普遍存在没有完善的激励机制解决教学与科研的矛盾问题;另一方面,科研与教学"两张皮"现象不同程度地存在,教师个体开展科学研究的意识和动力不足,各院校普遍缺乏高水平的科研团队。

第三,高层次人才的引进机制不完善。从面向 42 所院校的调查看,207 名被调查对象中仅有 2 名博士,各院校普遍反映高端人才的引进困难,自己培养的博士生流失严重。

第四,思政课与其他课程的协同育人机制不健全不完善。虽然各院校都开展了"课程思政"建设,但思政课与"课程思政"的协同机制不完善,思政课教师缺乏与专业课、文化课教师协同合作的平台和机制,有的院校开展"课程思政"项目不要求或不允许思政课教师参与,导致思政课教师希望参与"课程思政"却无从入手;有的专任思政课教师在完成课堂教学任务后,基本不参与和指导学生开展校园活动,也不承担辅导员、班主任工作,与专业课教师缺乏联系和合作,在"课程思政"和"大思政"工作方面发挥作用不突出。

第五,少数院校还未落实思政课教师岗位津贴和职称评审单列,对思政课队伍的建设带来了消极影响。

三、推进云南省高职高专院校思政课教师队伍良性发展

"办好思想政治理论课关键在教师,关键在发挥教师的积极性、主动性、创造

性。"①思政课教师队伍建设事关立德树人根本任务,事关高校"第一课",既要有科学长远的战略规划,也要有具体而微观的管理制度,以及科学精细的做法。各院校应提高政治站位,转变思路,开拓创新,引入资源整合、效率优先的多元竞争的管理观念,努力建设一支高素质的思政课教师队伍。

（一）由制度建设激发教师队伍发展内生动能

各院校应从思政课教师的岗位配备保障、评聘体系保障、教学条件保障、专业发展保障、待遇保障等方面加强制度建设和强化保障措施。在学校党委直接领导下,研究配足配优思政课教师队伍的措施方法,结合各院校条件和思政课教师特点,尽力解决专任思政课教师岗位津贴,保证思政课教师的权益。以强有力的措施和制度落实思政课教师职称单列,制定思政课教师职称单列评审条件和评审办法,在思政课教师高标准、严要求的同时,又在年度考核、荣誉评选、选拔晋升等方面向优秀教师倾斜,用科学合理的制度激发教师队伍发展的内生动能,促进思政课教师队伍有序、持续发展。如可把硬性规定与柔性管理相结合,探索与各院校实际相适应的思政课教师任用制度,完善思政课教师遴选机制和聘用模式,建立相对稳定的思政课教师准入和退出机制,完善高层次人才引入机制,在教师的有序流动中保证教师队伍相对稳定。一方面,各院校可通过落实思政课教师岗位津贴、适当提高教师的薪酬待遇,招聘或转岗有经验、有素质的相关相近学科背景教师加入思政课教师队伍,吸引更多的优秀教师进入思政课教师队伍。另一方面,在教师队伍建设中注重教师年龄结构均衡,鼓励中青年教师的自我发展和职称晋升,改善教师的职称结构;引进和招聘教师时,注意他们的学科背景,鼓励青年教师攻读马克思主义学科背景的硕士、博士,提高教师理论水平和专业能力。

（二）以党建引领深化思政课教师队伍内涵建设

创新教师培养方式,深化教师内涵培养,形成以党建为引领、以党支部为统领、以党小组为抓手、以教研室为单元的教师培养和管理模式。根据各门课程划分教研室,以教研室为单元建立党小组,在党支部统领下,党小组与教研室合为一体,

---

① 习近平:《习近平谈治国理政》第3卷,外文出版社2020年版,第329—330页。

把党员活动与集体备课、课程建设、金课打造、骨干教师培养。党建与教学科研高度融合,活动内容提前按项目和模块安排,每门课程由教研室主任(党小组长)组织,有计划有分工开展集体备课,在集体备课中每位教师必须参与,使青年教师在集体备课中得到充分锻炼;每个教研室(党小组)每学期组织公开课、示范课,由优秀教师、老教师主讲示范课,全体教师观摩学习,由青年教师主讲公开课,全体教师参与评课,在集体备课、公开课示范课中迅速提高教师教学能力;通过党建引领深化思政课教师队伍内涵建设,探索"党建+"思政课建设的新模式,把党建工作与思政课教师队伍建设深度融合,在全面提升党组织的创造力、引领力、凝聚力、战斗力中加强思政课教师队伍建设。

(三)根据教师的实际情况提高培训针对性

除组织思政课教师参加各级党委政府、上级主管部门组织的培训外,各院校还应针对本校思政课教师的实际需要,选择针对性强、专业化水平高的教育教学研修和培训。如:马克思主义理论培训、信息教学技能培训、科研项目申报及结项培训、课堂教学能力培训、不同课程的内容培训、教材培训、实践教学的组织及开展培训、论文写作培训等。在选择和设计培训内容、培训课程时,还要考虑培训效果,使教师在指向明确的培训中不断提升教学能力和水平。应针对每类培训、每次培训设计培训效果测试和意见反馈,以便根据教师需求,动态完善培训内容和改进培训方式,使教师培训收到实效。

(四)全面增强教师的课堂教学创新能力

很多时候,学生是因为喜爱某位教师而爱上这位教师的课。受到学生喜爱的教师往往具有高超的教学技能,教学语言幽默风趣,教学方法灵活多变,善于在课堂教学形式上创新,或在教学内容的解读阐释上创新,或在教学方法上创新。杜威指出:"知识没有和寻常的行为动机和人生观融为一体,而道德就变成道德说教——成为各自独立的德行的组合。"① 要达到这一融合,对于教授理论性较强的思政课的教师来说,需要增强课堂创新能力,在具备深厚的理论功底基础上,熟悉

---

① [美]约翰·杜威,王承绪译:《民主主义与教育》,人民教育出版社2001年版,第378页。

教育教学规律，了解青年学生认知特点和学习偏好，采用恰当的教学手段，结合现代信息技术，以新颖的设计、科学的方法提高学生的学生兴趣和开展理论运用于实践的积极性，才能把思政课上得"有趣""有味""有得"。

第四章

模式探寻：平台资源勇创新

  教育的根本任务是立德树人。基于"大思政"教学理念和背景，往往受到多种因素的制约，导致高职高专院校开展思政课教学过程中存在一定的问题，部分学生对思政课的重要性认识不足，难以发挥出思政课堂教学的主阵地、主渠道作用，导致学生的实际思想政治素质和道德品质难以有效提高，基于这种情况，加强思政课教学改革势在必行。德宏职业学院始终坚持为党育人、为国育才宗旨，鼓励教师对平台、资源、模式等进行创新拓展，把思政课堂上的教学案例与学生生活及社会发展紧密结合，让学生在一堂堂生动的"大思政课"上厚植爱国之情，坚定强国之志。

第一节

校地协同共建大思政课

党和国家高度重视学校思想政治理论课育人实效,《高校思想政治理论课建设标准》(2021 年本)明确要求统筹思想政治理论课各门课的实践教学,建立相对稳定的校外实践教学基地。① 由于资金限制及主客观条件的制约,大部分院校无法大规模地开展思想政治理论课实践教学,做到全覆盖。教育部等十部门关于印发《全面推进"大思政课"建设的工作方案》的通知指出,一些地方和学校"调动各种社会资源的意识和能力还不够强,课程教材体系还需要进一步完善,有的学校教师数量不足、质量不高,对实践教学重视不够,有的课堂教学与现实结合不紧密,大中小学思政课一体化建设亟须深化,有的学校第二课堂重活动轻引领,课程思政存在'硬融入''表面化'等现象"②,要求调动各种社会资源,开门办思政课。德宏职业学院因所处地域具有边疆民族地区、边境开放地区的特点,基于此区域特点,学校以铸牢中华民族共同体意识为主线,落实立德树人根本任务,探索调动各种社会资源开门办思政课的路径,为少数民族和民族地区培养政治过硬、高技能复合型人才,助力云南、德宏高质量跨越式发展。

一、共建"大思政课"实践育人平台

德宏职业学院主动作为,借助生态文明建设和民族团结进步示范区创建工作,引入政府项目"铜壁关省级自然保护区生物多样性展厅""德宏州铸牢中华民族共同体意识教育馆",学校自筹资金,配合政府项目的实施,在建设新展厅和新展馆的同时,整合原有校内场馆,在校内建成"1 廊 3 馆 5 区 6 室 1 中心"的"大思政课"实践育人基地。基地包括集中共党史、云南党史、德宏党史和近代以来德宏人

---

① 《高等学校思想政治理论课建设标准》(2021 年本)(教社科〔2021〕2 号)。
② 《全面推进"大思政课"建设的工作方案的通知》(教社科〔2022〕3 号)。

民反帝反封建抗争史为一体的"党建文化长廊"；面向全州各族干部群众和师生的"德宏州铸牢中华民族共同体意识教育馆"；集教学、科研、科普为一体的"民族健康教育馆"；全面展示生物多样性，开展习近平生态文明思想宣传教育的"铜壁关省级自然保护区生物多样性展厅"；改造提升教学区、宿舍区、餐饮区、运动区、办公区等5个重点区域，营造"思想引领，文化浸润"的"5区"浓厚育人氛围；发挥高校文化传承和育人功能，建立6个民族文化和民族技艺传承工作室；地方党委政府在校内设立"德宏州铸牢中华民族共同体意识研究中心"，与学校合作建立科研平台。学校被命名为"云南省铸牢中华民族共同体意识研究基地""云南省社会科学普及示范基地""德宏州社会科学普及示范基地"，搭建起政府为主导、学校为主体、各民族师生和群众广泛参与的，集教育教学、参观展示、宣传宣讲为一体的宣教实践基地，实现了学校和地方育人资源的有机整合。

学校在地方党委政府的大力支持下，以协议挂牌、合作开发、合作运营等方式在校外建设了十余个思想政治理论课实践教学基地。学校通过基地组织学生开展志愿服务、社会调查、参观考察等实践活动，在服务地方、服务社会的同时，也使学生实现实践目的，形成"学校、地方、专业"多方协同育人、互利共赢的"大思政课"平台。

二、筑牢"大思政课"思想文化根基

（一）改革创新铸魂育人主渠道

"思政课是落实立德树人根本任务的关键课程"[1]，学校充分发挥课堂教学主渠道作用，开好讲好习近平新时代中国特色社会主义思想概论课，将习近平新时代中国特色社会主义思想全面融入各门课程，并结合区域实际，在思政课中有机融入中华民族共同体意识教育的内容，在全校班级开设民族团结进步教育必修课程，开设"滇西民族抗战""党的民族理论和民族政策在德宏的成功实践""中华传统艺术"等专题讲座和选修课程。从马克思主义理论与实践相结合的原则出发，把"1

---

① 习近平：《习近平谈治国理政》第3卷，外文出版社2020年版，第329页。

廊 3 馆 6 室 5 区"作为铸牢中华民族共同体意识教育的实践教学基地,将铸牢中华民族共同体意识有效融入"思政课程"和"课程思政"工作中。党建文化长廊、铸牢中华民族共同体意识教育馆等文化育人阵地,作为新生入学思想政治教育"第一课堂",引导大学生树立正确的"五观",坚定"四个自信",营造浓厚育人氛围。有计划地组织师生到教育教学实践场馆参加实践学习,组织"铸牢中华民族共同体意识讲解员大赛"。"1 廊 3 馆 6 室 5 区"成为师生们开展活动最喜爱的场所,师生们在中华优秀传统文化熏陶中汲取奋发前进的力量,各民族师生在生活交往、思想交流、情感交融中获得共同价值认同,在"共居共学共事共乐"浓厚氛围中学习成长。

(二)理论宣讲筑牢师生思想根基

依托"党建文化长廊""铸牢中华民族共同体意识教育馆"这两个场馆,培养"四史"讲解员队伍和"铸牢中华民族共同体意识"讲解员队伍,承担对内宣教和对外宣讲双重任务。在对内对外的参观接待工作中,宣讲队伍的师生们得到成长,一批党的创新理论宣传员脱颖而出。

发挥高校人才优势,遴选优秀专家学者参加中共德宏州委宣传部"五用""五化"宣讲团、德宏州青年宣讲团、云南省青年宣讲团、云岭大讲堂等,开办线下线上专题讲座,为大中小学生、干部群众宣讲党的创新理论、普及心理健康知识、开展农民素质培训,培训地方党务工作者和公安系统思想政治工作者,为德宏边疆民族地区的经济社会发展、边防稳固、疫情防控提供思想政治保障。

(三)发挥高校文化传承创新职能

作为边疆民族地区高职院校,应当履行少数民族人才的培养者、少数民族文化的发扬传承者、边疆治理能力提升的建言者、党的民族理论政策有力弘扬者的职能。学校把中华民族共同体意识教育与专业建设、人才建设相结合,引导广大青年学生把个人成长与家乡、与社会、与中华民族复兴伟业相结合。

"铸牢中华民族共同体意识宣教实践基地"为打造"中华文化传承与发展"特色项目提供了平台条件。以"民族文化工作室"为依托,挖掘保护中华民族优秀传统文化,结合实际开展民族文化相关课题研究,在大学生创新创业大赛中鼓励支持民族文化类项目，实现对民族文化的传承、创新和转化；聘请非遗传承人作为技艺传承兼职教师，传承民族传统手工艺文化，使民族文化与专业教学有效融合，在这一过程中引导学生了解中华民族悠久历史和灿烂文化，坚定弘扬传承中华优秀传统文化。

鼓励各民族学生依托基地创办丰富多彩的文化类社团，让各族大学生在活动中学会包容互鉴、学会团结互助。社团在校内外开展生态文明宣传、抗疫志愿服务、文艺展演、推广国家通用语言、禁毒防艾宣教、无偿献血、疾病预防宣传、乡村振兴调研等活动。组织师生组建校园民族乐队、校园民族舞团，逢重大民族节日时，在校内举办民族节庆活动，打造独具特色的校园文化活动品牌。千余师生参加万人象脚鼓、千人刀舞、千人孔雀舞，助力德宏州成功申报吉尼斯世界纪录。成立"国防后备连"，常态化开展救护演练、校园巡逻及军事主题训练活动。大学生社团活动成为铸牢中华民族共同体意识的第二课堂。

三、健全"大思政课"协同育人机制

在探索结合德宏区域特色的人才培养协同机制构建过程中，逐渐形成"校地共建、多方协同育人"的"大思政课"模式。在这一过程中，校园和谐稳定、科研项目显著增加、大学生在创新创业大赛和各类技能大赛中表现优异、就业指标稳定且用人单位反馈良好，一系列成果证明学校育人质量和效果得到明显提升。

（一）整合育人资源，创新育人机制

马克思主义最基本的原则就是理论与实践的统一，毛泽东指出："无论何人要认识什么事物，除了同那个事物接触，即生活于（实践于）那个事物的环境中，是没有法子解决的。"[①]高校思想政治理论课顾名思义强调思想性和理论性，但是如果课堂教学脱离社会现实、脱离学生实际生活，就会成为空中楼阁，大大降低思政课的育人功效，这也是违背马克思主义认识论的实践观点，不符合人的认识规律和价值观塑造规律的。校内"1廊3馆5区6室"被整合为"铸牢中华民族共同体

---

① 毛泽东：《毛泽东选集》第4卷，人民出版社1991年版，第286–287页。

意识"宣教实践基地,宣教实践基地以实地参观、现场教学、专题宣讲等方式开宣传教育教学工作,提升了学习者和参观者的学习兴趣、增强了体验感与获得感。学校与当地宣传部签订共建马克思主义学院协议,与当地党校、大中小学签订师资互聘、理论研讨、集体备课、教学展示"大思政课"共建协议,对校地、校校育人资源进行有效整合,基地教育平台功能和载体作用的发挥,增强了思政课教学的实践性,实现了校内校外双向互动、同向发力,形成育人资源的有效融合和育人机制的创新。

（二）建设宣讲平台,发挥高校服务社会的功能

依托"铸牢中华民族共同体意识宣教实践基地"培养出一支新时代党的创新理论宣讲队伍。宣讲队伍包括遴选进入"云岭先锋讲师""云岭大讲堂"讲师、云南省青年宣讲团成员、德宏州"五用""五化"宣讲团成员、德宏州青年宣讲团成员,全体专职思政课教师、学生宣讲团成员。宣讲队伍根据每年的形势变化,有计划地开展党的创新理论宣讲活动。为使宣讲活动通俗化、具体化,更好地为师生和群众所理解、所接受,宣讲队伍还采用网络、视频等方式来诠释宣传新思想,巩固壮大积极的主流舆论和健康向上的思想氛围。2021年学校被授予云南省"云岭百姓宣讲示范点"。

（三）聚焦文化传承,推动中华优秀传统文化的创新性发展

文化传承是教育的基本功能之一,"要坚持马克思主义在意识形态领域的指导地位,坚守中华文化立场"[①],高职院校人才培养要把中华优秀传统文化的传承和创新贯穿其中,引导师生把传承创新中华优秀传统文化作为自己的重要使命。依托"1廊3馆5区6室1中心",师生们开展民族优秀传统文化的挖掘、保护、传承、创新,开展以民族技艺和民族文化传承为主题的大学生创新创业活动和非遗文化进校园活动,"1廊3馆5区6室1中心"起到了"举旗帜、聚民心、育新人、兴文化、展形象"的作用,成为推动中华优秀传统文化传承创新的"孵化器"。

探索构建"校地共建、多方协同育人"的"大思政课"育人机制,聚合校内校

---

① 习近平:《习近平谈治国理政》第4卷,外文出版社2022年版,第310页。

外教育资源,实现校内校外双向互动、同向发力,提高了育人资源效能,丰富了"大思政课"的内涵,提升了民族地区高职院校育人质量和育人效果。学校继续完善这一机制,将为云南省创建民族团结进步示范区、德宏州创建民族团结进步示范州作出积极贡献,也为建设沿边示范高职院校,培养更多服务边疆经济社会发展的高技术人才奠定坚实基础。

第二节

跨学科实现融合育人

　　培养少数民族高素质技能型人才,使其为少数民族地区服务,助推少数民族地区经济发展,是少数民族地区高职院校承担的重要使命之一。其中关键一环就是在高职教育阶段通过开展中华民族共同体意识教育,使大学生深刻领悟中华民族共同体形成和发展的历史逻辑、实践逻辑和理论逻辑,坚持马克思主义民族理论在高职院校的统领地位,在法学课程教学中融入正确的国家观、历史观、民族观、文化观、宗教观教育,着力推进民族团结进步教育。本节将以德宏职业学院为例,从高职院校铸牢中华民族共同体意识实践、法学课程开设情况、法学教育与铸牢中华民族共同体意识教育融合路径三个层面阐述如何将法学课程教学与中华民族共同体意识教育相结合,帮助学生树立正确的国家观、历史观、民族观、文化观、宗教观,增进青年学生对伟大祖国、中华民族、中华文化、中国共产党、中国特色社会主义的认同,增强他们的国家意识、公民意识、法治意识。

一、高职院校铸牢中华民族共同体意识教育实践

　　"中华民族共同体是各民族在共同开拓祖国辽阔疆域、共同书写悠久中国历史、共同创造灿烂中国文化、共同培育伟大民族精神的历史进程中融聚而成的民族实体"[①];是建立在共同历史条件、共同身份认同、物质基础、价值追求、共有精神家园基础上的命运共同体。

　　(一)高职院校民族团结进步教育成果丰硕

　　2014年,习近平总书记看望出席全国政协第十二届二次会议的少数民族界委员时指出:"要坚持各民族共同团结奋斗、共同繁荣发展的主题,深入开展民族团

----

①《中华民族共同体概论》,高等教育出版社、民族出版社,2023年版,第4页。

结宣传教育,使各民族同呼吸、共命运、心连心的光荣传统代代相传。"持之以恒、坚持不懈地开展民族团结进步教育是边疆少数民族地区职业院校的优良传统,从为了带领少数民族群众在抗日战争年代救亡图存而普遍开展爱国主义教育、国际共产主义教育,到社会主义革命时期为了应对中华人民共和国成立之初的民族问题而培养的少数民族干部,再到改革开放时期为了团结全国各族人民全面建设社会主义现代化国家而普遍构建高校民族团结教育常态化机制,民族团结进步教育在促进国家建设和发展中至关重要。进入新时代,边疆少数民族地区职业院校根据新形势与新要求也普遍开展了具有地域特色的民族团结进步创建模式的探索。德宏职业学院等边疆高等职业教育院校已在校内开设民族团结进步教育课程,建成民族团结进步教育展馆等,以此来铸牢中华民族共同体意识。

（二）保障少数民族同胞接受高等教育权利

党的教育方针与民族政策共同保障少数民族同胞接受高等教育的权利,有力促进各民族同胞思想道德和科学文化素养的提升,进一步夯实了民族团结进步基础。2015年,《关于加快发展民族教育的决定》中提出,要提升少数民族地区教育,促进发展,强化民族团结教育,提高人才质量,健全师资队伍建设机制,完善资源和组织保障的力度,切实提升民族地区教育水平,维护民族团结和社会稳定[1]。历经几载发展,边疆少数民族地区高职院校办学规模和层次不断提高,少数民族高素质、高层次人才队伍建设初见成效。

（三）始终为民族地区发展培养社会主义建设者和接班人

"为少数民族服务,为民族地区服务"始终是民族地区高职院校的办学宗旨。倡导高职院校大学生坚定不移做马克思主义民族理论与政策的信仰者、传播者和践行者,拥护中国共产党的民族政策。要解决好民族问题,促进民族团结,关键在宣传、贯彻、落实中国共产党的民族理论与政策。《关于加快发展民族教育的决定》中提出要在普高、高职院校开设党的民族理论和政策课程,在师范院校和民族院校设立马克思主义民族政策与理论专业。通过开设上述课程,加强学习贯彻党

---

[1]《国务院关于加快发展民族教育的决定》（国发〔2015〕46号）。

的民族理论与政策,使"三个离不开""五个认同"深入大学生内心,培养符合民族地区需求的专业性人才。通过开设民族医学、民族艺术、民族地区公共管理等基于民族地区发展建立起来的专业,以及注重田野调查等培养模式的创新,将民族地区发展的需求同教学科研相结合,职业院校不断向社会输出具有深厚民族感情、了解民族地区之需的人才,培养具有家国情怀的当代大学生,打牢中华民族共同体意识注入"血"和"脉"①。

（四）高职院校民族团结进步教育的不足

在实践中发现,中华民族共同体意识教育相关的民族理论与政策课程内容抽象、宽泛且宏大,无法与其他专业课程很好的衔接,然而中华民族共同体相关理论与政策是与人民生活、学习、工作及社会各领域息息相关,是深度融入社会生活方方面面的,指导着我们的社会生活和生产实践,应与专业课程产生互补融通的现象。同时,从学生学情分析来看,大多学生对上述内容理论基础薄弱,自主学习能力较差,专业课程的学习中,例如专业基础课法学课程学习与中华民族共同体意识学习割裂性较大,尚未形成交叉学科建设趋势,无法让学生在自身专业领域了解中华民族共同体的相关理论和实践,无法在专业课程中尤其是法学课程中深入、系统地阐述铸牢中华民族共同体意识这一概念,无法让学生体会这一中国智慧和中国方案的魅力所在。

二、高职院校法学课程开设情况

目前各边疆高职院校法学类课程学科建设规律、教学目标等方面因各职业院校侧重职业教育类别不同而有所不同。法学专业课的建设,大多以讲授法学专业知识,强调法治思维,以培养学生公平、正义的价值观和以法律"武器"维护自身权益为目标,在与专业领域相结合时,更多强调遵守职业道德底线,不触碰法律红线等,少有用较多篇幅强调法学与中华民族共同体意识相结合的内容。

例如:医学类职业院校法学课程,除思想道德与法治课程中部分法律章节外,

---

① 郭砚博等:《中华民族共同体意识"知识图谱分析》,《科学决策》2021 年第 6 期。

还会向医学专业学生开设卫生法学课程；其他如财经旅游、机电工程、信息技术等专业学生会开设职业道德与法律等课程，而这一类涉及法律专业知识的课程在有关民族法规政策、民族团结进步教育、铸牢中华民族共同体意识方面，散见于少数章节，知识点琐碎，不易系统掌握，在讲授中容易一带而过，无法达到中华民族共同体意识教育更加深入、细致地全方位学习和理解。

民族地区高职院校作为高等教育事业和民族团结进步事业完美结合而"诞生"的"优良产品"，为民族地区开展民族团结进步教育发挥了主渠道和主阵地的作用，是一个生动且成效卓著的民族团结进步教育事业的伟大实践。中华民族共同体意识不应被看作一个抽象的理念，在高职院校铸牢中华民族共同体意识不是几句口号、几张海报、几场活动就能实现的，而是要遵循一定的教育规律和实践逻辑，"将铸牢中华民族共同体意识贯穿整个民族高等教育体系之中"[①]。

三、法学教育与中华民族共同体意识教育融合路径

高职院校关于中华民族共同体意识的培养，需要让大学生发自内心认同、热爱祖国，并热爱人民、热爱中华民族，把个人命运与民族、国家命运结合起来，将个人梦与中国梦相统一，这需要双管齐下，内外并重，将法学教育与中华民族共同体意识教育融合便是路径之一。

（一）公共课和法学专业课程采用专题形式融入中华民族共同体意识教育

思想道德与法治课程，围绕青年学生的个人梦想融入中国梦，引导学生树立正确的三观，坚定理想信念，弘扬爱国主义精神，增强民族团结等。但仅通过理论、观点的阐述无法让学生真正感受"中华民族共同体意识"是国家意志的体现，而国家的意志将通过法律规范的形式体现，只有将这一理念以法律的形式呈现，以国家强制力保证实施，才能让每一位公民感受"中华民族共同体意识"的重要性。因此，可以将宪法第四条关于推进和保障各民族平等、团结、经济文化领域互助，禁止歧视，尊重习俗和语言，反对分裂；以及第三十四条关于各民族公民都有选举权和被

---

① 冯庭民：《论筑牢中华民族共同体意识在高校舞蹈教育中的实践》，《新疆艺术学院学报》，2021 年第 19 卷第 2 期。

选举权这一政治权利；以及第五十二条中华人民共和国公民有维护国家统一和全国各民族团结的义务提炼出来，结合党关于铸牢中华民族共同体意识时间推进表（表4-1），进行专题式讲解[①]。

表4-1　铸牢中华民族共同体意识时间推进表[②]

2017 年	党的十九大修订《中国共产党章程》，在《中国共产党章程》总纲部分新增"铸牢中华民族共同体意识"表述
2018 年	十三届全国人大一次会议通过《宪法修正案》，首次将"中华民族"写入宪法
2019 年	党的十九届四中全会"各民族一律平等，铸牢中华民族共同体意识，实现共同团结奋斗，共同繁荣发展"是我国国家治理制度体系的显著优势之一
	中共中央办公厅、国办印发《关于全面深入持久开展民族团结进步建设工作铸牢中华民族共同体意识的意见》
2020 年	中央第七次西藏座谈会上，习近平总书记强调"坚持稳中求进工作总基调，铸牢中华民族共同体意识"

在讲授卫生法课程时，首先，可以将第三章执业医师法律制度中关于国家法律大力支持民族医药队伍发展的相关法律规范，如考核制度、扶持措施提炼出来与中华民族共同体意识教育进行融合专题式讲解，将民族团结进步更好与自己未来执业规划相结合，增强民族认同感。其次，可以将第七章中医药法律制度中关于中医、民族医医疗机构与从业人员管理法律制度，中医与民族医药（尤其是四大民族医药：傣医、蒙医、彝医、藏医）教育与科研中体现保护、鼓励民族医药传承、创新的法律制度与中华民族共同体意识教育进行融合专题式讲解，并通过到有民族医药的医疗机构参观游学、实践实训等形式，让边疆少数民族地区高职院校学生更具象化地感受中华民族共同体意识通过法律、政策的形式为自己的少数民族医学职业规划保驾护航，以此来增强学生对中华民族共同体意识的认同感和参与感。

有关少数民族法律规范是对边疆各民族文化认同与保护，是对中华文化历史

---

① 龙丽波：《边疆治理现代化与筑牢中华民族共同体意识的互构理路》，《广西民族师范学院学报》2020 年第 5 期。

② 王广利、李晓玲：《新媒体时代边疆地区高校铸牢中华民族共同体意识研究》，《呼伦贝尔学院学报》2021 年第 3 期。

脉络的梳理，是培养学生爱国情怀的教学元素。在新时代背景之下，可以探寻出更多的渠道，将中华民族共同体意识教育与法学教育相融合，是我们教育工作者践行"立德树人"的根本任务。将民族相关的法规政策纳入法学专业课和德育课教学中，可以促进多领域边疆民族政策传播，是中华民族共同体意识教育的真实体现。

在专题教育中体现的现代中国国家治理形态完全摒弃了传统国家治理方式，确立了"人民做主"，追求人的自由全面发展的国家治理制度。"以人民为中心"的治国理念充分体现了我国的政治性，民族区域自治充分诠释了边疆治理的民主性和人民性，赋予和确保了边疆人民以平等的公民身份参与社会治理，确立了边疆各族人民在政治上的主体地位[①]。

（二）专题教育与实践活动相结合

增强校园文化感染力，将各类社会实践活动与专题教育实践相结合。例如，高校学生通过开展"三下乡""微电影""寒暑假社会实践""素质拓展训练""少数民族学生干部训练营""支教民族地区志愿活动""大学生党员进社区"等多项特色实践活动，一方面宣讲民族法律法规政策融入课堂专题所学专业法律知识，另一方面增进加深相互了解，组织高职院校学生到有民族医药的医疗机构参观游学、实践实训，从而增强"中华民族一家亲"的价值共识，加强中华民族共同体意识，增强学生的参与感和认同感。

例如，让边疆地区高职院校民族医药专业学生在学习中华民族共同体意识理论的同时，一方面，可以让中医专业、针灸推拿专业、傣医学专业的同学到当地医疗机构的傣医学科室、中医院或中医科室进行观摩学习，调研民间医生和民族医学，与前辈医师交流，了解民族医学执业的医师的职业资格、职业证照的取得，相关考核、评聘等领域的法律规范，让同学们思考民族医学领域国家有哪些政策和法律规范予以支持鼓励。在观摩、调研、交流后，分小组开展讨论，形成观摩报告、调研报告或心得体会，在增强法治意识和中华民族共同体意识的同时，帮助民族医药专业的同学奠定铸牢中华民族共同体意识的基础；另一方面，民族医药的保护、

---

① 商爱玲：《铸牢大学生的中华民族共同体意识》，《西南政法大学学报》2018年第1期。

创新与研发领域的保障专题理论学习之后,组织学生参与校内师生有关该领域的课题组,更加深入探讨如何将该领域的法律规范保障制度与中华民族共同体意识相结合,以便促进校内法学教育与中华民族共同体意识的融合课改。最后,在最后一年的学生实训实践环节,组织民族医学专业的同学到医疗机构及科研小组实践参与中医、民族医药的保护、创新与研发活动中,将中华民族共同体意识教育与法学教育融合落实落细,进一步增强学生对专业知识的理解和对中华民族共同体的认同。

（三）打造铸牢中华民族共同体意识的校园网络专栏

新时代信息技术高度发达,高校可以利用互联网技术,在学校官方网站、学习通等学习平台增添思想动态专栏,具体可开设如下四类专栏。

一是民族法规和民族政策的更新与落实,及时推送国家时事政治、重要会议精神的传播与宣传、相关民族法规和民族政策的动态与更新等专栏。二是民族团结进步事例宣传栏,形象生动诠释中华民族共同体的重要性。三是思想汇聚专栏,关注社会热点事件、了解学生思想动态、传递正能量。如党的二十大报告关于加强思想道德建设的相关详细论述,制作成双语甚至多语种模式。推送国家和学校开展的民族团结进步教育相关活动和内容。以德宏职业学院为例,可以将上述内容在网站、平台上通过五种世居少数民族语言（傣族、景颇族、傈僳族、德昂族、阿昌族）与汉语的形式呈现中华民族共同体意识教育的理论成果。四是知识专栏。推出有奖知识竞猜,教师可根据教授专业不同,设置不同专业领域民族法律规范知识组织学生答题,寓教于乐,同时让汉族同学和少数民族同学都意识到,对于形成中华民族共同体意识不仅仅是思想政策层面需要学习的,也是国家在法律层面提供强制力保证实施的。

（四）多渠道网络教学同时坚守网络舆论阵地

牢牢把握边疆地区高校学生关注的国内国际热点问题,及时掌握舆情动态,熟悉学生使用新媒体的习惯与特点,引导学生迅速鉴别新媒体中传播的错误言论、违法虚假信息和西方一些敌对势力的"西化"宣传。教育工作者必须政治立场坚定,态度明确,有宣传思想意识,具备抢占新媒体时代语境能力,守好高校意识形态

"责任田"。唯此，才能准确寻找舆论引导的方法，构建有效铸牢中华民族共同体意识话语体系。边疆地区高校要深刻把握铸牢中华民族共同体意识与培养社会主义核心价值观之间的逻辑框架，多渠道推动学习贯彻党的民族理论与民族政策，开展好民族团结进步教育和爱国主义教育工作，引导各民族学生树立相互尊重、平等交流、共同发展的观念①。

（五）专题教育中提升"五个认同"

将"五个认同"教育内容融入学生学习生活的方方面面，丰富教育内容，创新教育形式，通过对学习《反分裂国家法》《中华人民共和国国家安全法》，观看国家安全警示教育片，提升学生的总体国家安全观，让学生清楚各行业、领域都要有国家安全意识，强化"对伟大祖国的认同"；通过举办校园民族节日、宣传党和国家对民族法规和民族政策的相关内容，让边疆高职院校学生感受各民族亲如一家，谁也离不开谁，强化"对中华民族的认同"；通过观看纪录片和参观博物馆、感受少数民族非遗传承等活动，强化"对中华文化的认同"；例如让学生参观学习傣族非遗技艺剪纸，让他们感受中华民族的多彩灿烂文化强化对"中华文化"的认同；通过观看《觉醒年代》《长津湖》等红色影片，组织学生开展情景剧、话剧演绎，让他们感受党的百年奋斗史，强化"认同中国共产党的认同"；通过对各专业学生开展专业领域的法律规范教学，从法律制度层面强化"对中国特色社会主义的认同"。学校应不断强化边疆各民族学生对于"五个认同"的理解，实现教育从入眼、入耳到入心、入行，即内化于心、外化于行的转变。努力探索更适宜的形式与载体，让书本上刻板的概念鲜活起来，增强教育的感召力。

---

① 吕晓丽、张颖：《铸牢中华民族共同体意识视阈下高校边疆少数民族学生"五个认同"教育》，《中国冶金教育》2021年第2期。

第三节

传承弘扬"同心抗疫"精神

新型冠状病毒引发的疫情,严重威胁着人民群众的安全健康和社会稳定,是对国家治理体系、治理能力的一场重大考验。在党中央的坚强领导下,全国各族人民共同参与到抗击新冠疫情的人民战争中,发挥"全国一盘棋、集中力量办大事"的制度优势,有效阻断了疫情的传播蔓延。在抗击疫情的艰苦斗争中,中华民族发扬守望相助、共克时艰的光荣传统,"一方有难,八方支援",共同团结奋斗,取得了疫情防控的重大胜利。在中国的西南边陲,在境外疫情快速蔓延的复杂形势下,德宏各族人民团结协作,守护国门,全力投入到阻止疫情输入传播的防控阻击战中,为战胜疫情作出了重大贡献。

一、德宏州新冠疫情防控取得重大胜利

德宏傣族景颇族自治州三面与缅甸接壤,边境线长 503.8 公里,边境地区生活着傣族、景颇族、德昂族、阿昌族、傈僳族 5 种世居少数民族,4 个县市中有 25 个抵边乡镇,448 个抵边村民小组,有两个国家级口岸、两个省级口岸、9 条公路、24 个渡口、64 条民间商贸通道通往缅甸,再加上大量的民间便道,边民往来频繁,边境管控的难度极大。疫情发生以后,德宏州成为西南边境阻止境外疫情输入的第一道防线,特别是瑞丽市与缅甸村寨相连、阡陌交错,疫情防控任务艰巨。面对境外复杂的疫情传播形势,为了阻断疫情的输入传播,德宏各族人民在党委政府的坚强领导下,积极行动起来,构筑起边境疫情防控的铜墙铁壁。按照党中央、国务院和云南省委省政府的部署,在近三年的边境疫情防控中,德宏州认真落实"外防输入、内防反弹、严防外传"的防控策略,牢牢守住了不发生死亡病例、疫情不向州外扩散的底线,最大限度保障了人民群众的生命安全和身体健康,为全国全省的抗疫大局作出了重大贡献,德宏人民在疫情防控中作出的牺牲和贡献得到中央和省

委的充分肯定。

在 2020 年以来近三年艰苦的抗疫斗争中，德宏州及时有效处置了瑞丽"9·12""11·09""3·29""7·04""10·1"五轮疫情，陇川"7·14"疫情和多次散发性疫情，累计开展核酸检测 1226 万人次，转运隔离 4.1 万余人，完成疫苗接种 325 万剂次，1913 例阳性病例全部及时治愈出院；建立健全党政军警民合力强边固防工作机制，建成人防物防技防"三防融合"的边境立体化防控体系，把疫情牢牢控制在最小范围内，决不让其蔓延传播。[①] 在边境疫情防控工作中，德宏州各族干部群众发挥着主力军作用，上万名医务人员逆行出征、连续作战，2 万余名守边员夜以继日、镇守边关，2.8 万名网格员驻守 1.9 万个网络为民服务，他们是平凡而伟大的英雄，创造出了不起的英雄壮举。在 2020 年 12 月 28 日举行的云南省抗击新冠肺炎疫情表彰大会上，德宏州共有 23 人获"云南省抗击新冠肺炎疫情先进个人"称号，15 个单位获"云南省抗击新冠肺炎疫情先进集体"称号。

2022 年 11 月以来，我国疫情防控进入了新阶段。综合考虑病毒变异株致病性明显下降、疫苗接种率较高、疫情防控基础较好等因素，国家相继出台"二十条"和"新十条"优化措施，2023 年 1 月 8 日正式对新冠病毒感染实行"乙类乙管"，防控工作全面转入"保健康、防重症"阶段，我国疫情防控工作作出了一系列重大调整。面对疫情形势的发展变化，党和政府始终坚持人民至上、生命至上，坚持实事求是、尊重科学，不断因时因势优化完善防控措施。在全国人民的共同努力下，我国在较短时间内实现了疫情防控平稳转段，死亡率保持在全球最低水平，疫情防控取得重大决定性胜利，创造了人类文明史上人口大国成功走出疫情大流行的奇迹。

在疫情防控新阶段，德宏州在抓好科学精准防控的同时，推进复工复产复学，累计发放困难群众补助 57 万人次 3.1 亿元，开发临时性城乡公益性岗位 6529 个，重点企业复工复产率达 96.4%，办理增值税留抵退税 28.16 亿元，新增减税降费 2.41 亿元，缓缴税费 2.3 亿元，发放各类企业奖补资金 0.97 亿元，新增普惠小微贷

---

① 德宏州人民政府工作报告。

款 34.7 亿元,确保经济社会平稳运转和人民身体健康。[①] 在波澜壮阔的疫情防控战役中,德宏各族人民万众一心、众志成城,共同守护美好家园,谱写了"同心抗疫、共守国门"的壮丽史诗,取得了新冠疫情防控的重大胜利。

二、德宏州新冠疫情防控取得胜利的主要原因

德宏州委州政府把保障人民群众的安全健康作为疫情防控工作的出发点和落脚点,充分发挥基层干部群众的主动性和创造性,广泛动员边境一线的各族群众参与到疫情防控工作中。根据疫情形势的变化,及时优化调整防控政策措施,在保护人民生命安全和身体健康的同时保持了社会平稳运行,疫情防控取得了重大胜利。这一胜利的取得来之不易,可以归纳为五个方面的原因:中国共产党的坚强领导,中国特色社会主义的制度优势,"以人民为中心"的价值理念,各族人民的紧密团结和铸牢中华民族共同体意识产生的凝聚力、向心力。

(一)党的集中统一领导是战胜疫情的根本保证

中国共产党是当代中国最高政治领导力量,在国家各项工作中发挥着总揽全局、协调各方的领导核心作用。党的集中统一领导,是发挥"集中力量办大事"制度优势的政治前提,也是我国国家制度和国家治理体系的最大优势。疫情防控是一场必须充分调动全社会力量的总体战,既需要科学研判、整体部署和有效指挥,又需要及时反应、高效整合和坚决执行,还需要动态调整优化疫情政策措施,这些工作都离不开党的集中统一领导。[②] 以习近平同志为核心的党中央对疫情防控工作高度重视,把人民群众的生命安全和健康放在首位,树立坚决打赢疫情防控阻击战的目标和决心,成立中央应对疫情工作领导小组,集中统一领导疫情防控工作。在疫情防控斗争中,党中央始终发挥坚强的领导核心作用,采取科学策略,因时因势调整优化防控政策措施,高效统筹疫情防控和经济社会发展。

在边境疫情防控战役中,德宏州委州政府发挥着关键的领导作用。首先是整

---

① 德宏州人民政府工作报告。
② 马俊毅:《重大突发公共事件中的中华民族共同体意识及治理价值》,《贵州民族研究》2020 年第 9 期。

合各方力量,建立党政军警民合力强边固防体制机制,搭建了州、县、乡三级贯通、集中统一、高效顺畅的边境一线联防联控指挥体系,对边境疫情防控统一指挥、统一调度、统一研判、统一指令。其次是在党委政府的统一部署下,动员党政机关、企事业单位、解放军、公安、村组干部、民兵、护边员、边民等各方力量,全面参与边境疫情防控。再次是基层党组织在疫情防控工作中发挥着重要的战斗堡垒作用,承担着边境巡逻、疫情消杀、入户访查、物资转运的繁重任务,无数共产党员不畏艰险,战斗在最艰苦、最危险的疫情防控一线,成为疫情防控的骨干和中坚力量,凸显党与人民生死与共的血肉联系。中国共产党强大的政治优势、组织优势和密切联系群众的作风优势,转化为疫情防控的工作优势,充分证明了中国共产党是中华民族战胜风险挑战的主心骨和中流砥柱。有了党的集中统一领导,边境的稳定就有了坚实保障,各族人民才能齐心协力,构筑起疫情防控的牢固屏障。

（二）中国特色社会主义的制度优势是战胜疫情的重要法宝

集中力量办大事是中国特色社会主义的制度优势,也是战胜新冠疫情的重要法宝。新冠疫情属于重大突发公共卫生事件,对国家治理体系和治理能力构成了严峻考验。疫情发生以后,全国各地相互支援、紧密协作,各行业、各部门行动迅速、防控坚决、上下同心、配合默契,彰显了社会主义制度的效能优势。中国之所以能化危为机,在疫情防控工作中交出令人满意的答卷,正是源于集中力量办大事的举国体制优势。党中央坚持全国一盘棋,集中各方面力量,整合各方面资源,通过统筹协调将制度优势转化为国家治理效能优势,为战胜疫情汇聚了强大合力。[①]

为了守好国门,德宏州各级党委政府承担起疫情防控的主体责任,动员社会各界和各族群众广泛参与边境疫情防控,党政军警民同向发力,构筑起横向到边、纵向到底的边境一线联防联控体系。城乡基层治理体系在疫情防控中发挥着重要作用,边境村寨社区的基层党组织加强与人民群众的血肉联系,发挥强大的组织动员力和政策执行力,成为疫情防控的中坚力量；机关、学校、街道社区、村组等单位共同筑起联防联控、群防群治的坚强堡垒,确保了疫情防控形势下社会正常有序

---

① 王仕民、陈文婷:《弘扬伟大抗疫精神与铸牢中华民族共同体意识》,《西北工业大学学报（社会科学版）》2021年第2期。

的运转。中国特色社会主义制度把全社会力量都集中起来,把一切积极因素都调动起来,形成心往一处想,劲往一处使的集体行动,汇聚成战胜疫情的强大力量。德宏边境疫情防控的胜利,彰显了中国特色社会主义的制度优势。

（三）以人民为中心的价值理念是战胜疫情的基本遵循

以人民为中心的价值理念是我国开展疫情防控的基本遵循。党和政府把人民群众的生命安全和身体健康作为疫情防控的出发点和落脚点,坚持一切为了人民,全力保障最广大人民的生命权和健康权。为了让每个患者都能得到及时治疗,党和政府在全国范围内调集最优秀的医护人员、最先进的设备、最急需的资源,尽最大努力救治新冠患者,救治费用全部由国家承担。从刚出生的婴儿到年逾古稀的老人,无论是中国公民还是来华外国人员,每一个人的生命、健康和尊严都得到充分保护。

德宏州在疫情防控中,始终坚持人民至上、生命至上,把人民群众的生命安全和身体健康放在第一位,调动一切资源,不惜一切代价,全力以赴救治新冠患者,最大限度降低病患的重症率和死亡率。2021 年 11 月 19 日,全国首例新冠肺炎确诊三胞胎孕妇在瑞丽市新冠肺炎定点治疗医院隔离区顺利分娩。这名孕妇妊娠 28 周时确诊新冠肺炎入院,病情特殊复杂。为了让病人得到最好的治疗,国务院联防联控机制综合组赴云南工作组紧急部署,迅速安排联合会诊,从北京、南京、广州、昆明等地调派呼吸科、产科、儿科等 30 多位专家赶到瑞丽,组成孕产妇多学科联合诊疗专班,量身制定了三胞胎孕妇的诊治方案,确保了这名孕妇的顺利分娩,而且三名婴儿都没有感染新冠病毒。三个婴儿顺利出生后,母亲给他们取了小名:感感、谢谢、党党,以此向党和政府表达发自肺腑的感激之情。我国以人民为中心的疫情防控策略真正践行了生命、公平、正义等人类基本价值,体现了国家治理体系的价值优势。

（四）各族人民紧密团结是战胜疫情的力量源泉

疫情来势汹汹,没有谁可以置身事外。习近平总书记强调:"广泛动员群众、组织群众、凝聚群众,全面落实联防联控措施,构筑群防群治的严密防线。"人民群众是战胜疫情的真正英雄,各民族都为战胜疫情贡献出智慧和力量。党和政府在疫情防控中依靠人民，团结人民，充分调动各族人民的积极性、主动性、创造性。云南援鄂医疗队的 498 名白衣战士，由白、彝、哈尼、拉祜、纳西等 16 个民族组成；云南省各地支援德宏边境疫情防控的强边固防突击队中，也有来自不同民族的工作队员，56 个民族都为疫情防控的最终胜利作出了不可或缺的贡献。①

在德宏边境疫情防控中，各族人民同呼吸、共命运，像石榴籽一样紧紧抱在一起，组成了一个不可分割的整体。不管是汉族、傣族、景颇族、德昂族、阿昌族、傈僳族还是其他民族，大家都心往一处想，劲往一处使，共同承担起边境疫情防控的艰巨任务。与缅甸仅一河之隔的盈江县那邦镇，有 3 个村委会 9 个村民小组，生活着景颇、傈僳、阿昌等多个民族。虽然大家来自不同的民族，有不同的语言，风俗习惯也各不相同，但这些差异并没有把人们分隔开。各族群众紧密团结在一起，共同参与边境卡点值守、边境巡逻、排查登记、核酸检测、疫苗接种、防控宣传、保障民生等各项工作中，筑起了守护国门的铜墙铁壁。在疫情反复发生的瑞丽，不同民族的工作人员团结协作，承担起入户采样、场所消杀、人员转运的繁重工作。德宏州抵边村寨的各民族群众 34.5 万余人，不分白天黑夜坚守在边境一线，把疫情阻挡在国门之外，牢牢守住疫情不外传的底线。各族人民的紧密团结，是德宏战胜疫情最重要的力量源泉。

（五）中华民族共同体意识是战胜疫情的精神动力

中华民族在数千年的交往融合过程中，形成了休戚与共的中华民族命运共同体。近代以来，中华民族共同体意识成为中华民族战胜苦难、解决危机、实现复兴的强大内生动力，是中华民族生生不息、绵延发展的精神密码。经历了抗击新冠疫情的伟大斗争，中华民族日益成为包容性更大、凝聚力更强的命运共同体。抗疫过程中所呈现出的中国力量、中国精神、中国效率极大地提升了中国人民对伟大祖国、中华民族、中华文化、中国共产党、中国特色社会主义的认同，中华民族共同体意识攀升至新高度。②

---

① 李志伟等：《中国民族报》2020 年 9 月 8 日第 1 版。

② 《抗疫斗争彰显中华民族共同体意识新高度》，党建网，http://www.dangjian.com/djw2016sy/djw2016xxll/202005/t20200513_5570982.shtml。

在抗击疫情的斗争中,铸牢中华民族共同体意识所产生的凝聚力和向心力,鼓舞和激励着德宏各族人民顽强拼搏,汇聚成战胜疫情的磅礴伟力。盈江县昔马镇是一个位于山区的多民族边境乡镇,景颇族、傈僳族等少数民族人口占了总人口的近20%。为了做好疫情防控工作,昔马镇各族群众组建了"红袖标"志愿服务队,队员来自各村寨不同民族的群众,他们在党员干部的带领下进村入户,为村民宣传防疫措施,解读防疫政策,每日边防巡逻保障安全,排查外来人员。各族干部群众不分彼此,相互依靠,相互支持,积极行动起来,成为守护国门的忠诚卫士。德宏州各边境村寨建立起女子护边队、老年边境调解队、民兵联防队等群防力量,构筑起"村村是堡垒、家家是哨所、人人是哨兵、处处有防范"的边境防线。在疫情防控的实践中,德宏各族人民对铸牢中华民族共同体意识的认同不断加深,而铸牢中华民族共同体意识所产生的凝聚力和向心力又成为战胜疫情的精神动力。

三、"同心抗疫、共守国门"的精神内涵

德宏各族人民在艰苦的边境疫情防控中践行"生命至上、举国同心、舍生忘死、尊重科学、命运与共"伟大抗疫精神,顽强拼搏,战胜各种艰难险阻,涌现出大批奋不顾身、甘于奉献、不怕牺牲、迎难而上的抗疫英雄模范和先进事迹,在抗疫斗争中形成了"同心抗疫、共守国门"的宝贵精神。这一宝贵精神产生于新冠疫情防控的实践中,但从思想层面上追溯其根源,则来自各族人民对伟大祖国、对中华民族、对中华文化、对中国共产党、对中国特色社会主义的认同,这"五个认同"也是铸牢中华民族共同体意识的思想基础。

"同心抗疫、共守国门"宝贵精神不但体现了德宏各族人民在抗击疫情中"唇齿相依、手足相亲、肝胆相照、守望相助"的血肉联系,还深刻反映了德宏各民族在共同的历史发展中形成的命运共同体理念。正确认识和弘扬"同心抗疫、共守国门"宝贵精神,对于推动新时代德宏民族团结进步事业深入发展有着重要意义。

（一）唇齿相依——德宏各族人民相互依存

在漫长的历史发展和演变过程中,德宏各民族在分布上交错杂居、文化上兼收并蓄、经济上相互依存、情感上相互亲近,形成了你中有我、我中有你、谁也离

不开谁的多元一体格局。在德宏这片土地上，汉族、傣族、景颇族、德昂族、阿昌族、傈僳族等各族人民在经济、文化、社会方面的广泛交往交流交融，形成了相互依存、不可分割的命运共同体。德宏各民族虽然在语言文字、风俗习惯上各不相同，有各自的特点，但都有一个共同的信念：中华民族是一个大家庭，各民族都是大家庭的成员，各民族之间相互依存、相互扶持，谁也离不开谁。同舟共济，生死相依，这是深深融进中华民族灵魂的骨肉深情，也是德宏民族关系的真实写照。

（二）手足相亲——德宏各族人民和睦相处

中华民族与各民族的关系，形象地说，是一个大家庭和家庭成员的关系，各民族之间的关系是大家庭里不同成员的关系。中华人民共和国成立以后，德宏各民族之间和睦相处，像兄弟姐妹一样相亲相爱，相互学习、相互尊重、相互包容、相互欣赏，共同团结奋斗，共同繁荣发展，营造了团结友爱的良好氛围。《有一个美丽的地方》《月光下的凤尾竹》《景颇迎宾曲》等民族歌曲成为各族人民共同传唱的歌曲，泼水节、目瑙纵歌、阿露窝罗节等民族节日成为各民族共同欢度的节日，傣族剪纸、景颇族织锦、阿昌族户撒刀锻造技艺、德昂族酸茶等非物质文化遗产成为各民族共同的文化瑰宝。在德宏的许多村寨，不同民族的村民比邻而居，结伴而行，多元文化水乳交融，各民族共居、共学、共事、共乐，描绘出一幅各民族"多元一体、和谐共生"的美丽画卷。

（三）肝胆相照——德宏各族人民团结奋斗

1953年7月23日，云南省德宏傣族景颇族自治区正式宣告成立（1956年4月更名为德宏傣族景颇族自治州）。自治州成立70年来，德宏州始终坚持中国特色解决民族问题的正确道路，全面推进民族团结进步事业，推动本地区的经济社会发展。先后制定完善《云南省德宏傣族景颇族自治州自治条例》，制定《德宏傣族景颇族自治州民族教育条例》等7个单行条例和2个地方条例，出台《关于加强和改进新形势下民族工作的实施意见》等规范性文件，平等、团结、互助、和谐的社会主义民族关系不断巩固发展。德宏州以自治州立法的形式，将每年10月确定为全州民族团结月，迄今持续开展了38次民族团结月活动。70年来，德宏各民族团结奋斗，共建美好家园，经济文化社会各项事业快速发展，人民生活水平显著提高，从过去的"瘴疠之乡"转变为今天的"边陲明珠"，从昔日的"封闭末梢"变成了今天的"开放前沿"。全州地区生产总值从 1952 年的 2653 万元增至 2022 年的 587.1 亿元，义务教育阶段适龄入学率达到 99.6%，人均寿命由中华人民共和国成立初期的 28 岁增至 74.49 岁，这一切发展成就都是德宏各民族通过共同团结奋斗取得的。

（四）守望相助——德宏各族人民生死与共

德宏地处中国西南边疆，近代历史上曾发生过"马嘉理事件""修建滇缅公路""南侨机工回国服务""滇西全民抗战"等著名事件，德宏各族人民有着光荣的爱国主义传统。在外敌侵略的危急时刻，为了保卫国土，德宏各民族同仇敌忾，共御外侮，英勇抗击侵略者，用鲜血和生命捍卫了祖国的大好河山。历史的苦难记忆让我们深刻认识到，只有各民族相互帮助，相互扶持，自身的发展才有前途和保障。新中国成立以后，在党的领导下，各族人民守望相助，战胜了各种自然灾害，征服了崇山峻岭，开垦了广袤良田，结下了深厚友谊。在抗击新冠疫情的战役中，德宏各族人民"一方有难，八方支援"，把别人的困难看作是自己的困难，尽最大努力给予骨肉同胞无私的援助，凝聚成了生死与共的命运共同体。在全面推进社会主义现代化建设的新征程中，德宏各民族将继续守望相助，共建美好家园。

四、弘扬"同心抗疫、共守国门"的宝贵精神

尽管新冠疫情防控已经取得重大决定性胜利，社会生活秩序也已恢复正常，但德宏各族人民在新冠疫情防控中形成的"同心抗疫、共守国门"宝贵精神却并未过时，它是值得我们倍加珍惜的精神财富，在今天仍然焕发着光彩。这种宝贵精神激励和鼓舞着德宏各民族在新时代共同团结奋斗，共同繁荣发展，为铸牢中华民族共同体意识提供了精神支撑，具有重要的时代价值。那么今后应该如何进一步弘扬"同心抗疫、共守国门"宝贵精神呢？

首先，要讲好德宏各族人民不畏艰险、不怕牺牲，守护人民生命健康安全的抗疫故事。新冠疫情发生以来，德宏州广大公职人员、医务人员、公安干警、志愿者闻令即动、义无反顾，以"最美逆行者"姿态奋战在抗疫一线，用汗水乃至生命守

卫边疆,筑起了"外防输入、内防扩散"的安全屏障。要以德宏疫情防控中涌现的英雄人物和先进事迹为基础,充分挖掘、大力宣传那些可歌可泣的感人事迹,例如牺牲在抗疫一线的瑞丽市畹町镇混板村党总支委员吞静、瑞丽高速公路交巡警大队民警张峻珲等抗疫模范的先进事迹,展示德宏各族人民镇守边关、视死如归的决心意志和舍小家为大家的大局意识、奉献精神、牺牲精神,用疫情防控的生动实践对全州各族群众开展爱国主义教育。

其次,要讲好德宏各民族亲如一家、互帮互助的民族团结进步故事。在新冠疫情防控中,德宏各族人民像石榴籽一样紧紧拥抱在一起,共同承担起边境巡逻、排查登记、核酸检测、疫苗接种、入户采样、场所消杀、人员转运等艰巨任务,用双手构筑起祖国西南大门的安全屏障。没有各族人民的紧密团结,没有各民族的齐心协力,德宏就不可能取得疫情防控的最终胜利。要以德宏州边境线上的抵边村寨为典型,全景展现不同民族的干部群众共同参与疫情防控,共同守护美好家园的光辉事迹,增进各民族之间的亲情和友情,激发各族群众对铸牢中华民族共同体意识的认同,用疫情防控的生动实践对全州各族群众开展民族团结进步教育。

最后,要把弘扬"同心抗疫、共守国门"宝贵精神与铸牢中华民族共同体意识紧密结合起来。历史记忆是中华民族共同体得以形成与维持的重要纽带,疫情防控中各族人民的牺牲和奉献是铸牢中华民族共同体意识的重要载体。各族人民在疫情防控中交往交流交融更加深入,经济社会文化联系更加紧密,情感上更加亲近,为铸牢中华民族共同体意识奠定了坚实的思想基础。要以对新冠疫情防控的总结和纪念为契机,强化各民族共有精神家园的记忆建构。"同心抗疫、共守国门"宝贵精神,深刻反映了德宏各族人民"休戚与共、荣辱与共、生死与共、命运与共"的共同体理念。今后应该在村寨、社区、街道、学校、医院和机关单位开展形式多样、内容丰富的主题教育活动,以巡回报告、专题讲座、事迹展览、网络视频等形式,大力宣传"同心抗疫、共守国门"宝贵精神,使德宏各族人民在思想上、情感上和行动上更加紧密地团结在一起,让铸牢中华民族共同体意识牢牢扎根在德宏的土地上。

第四节

中国特色解决民族问题的正确道路在云南的实践

中国共产党在中国革命、建设和改革的漫长斗争中,把马克思主义民族理论同中国民族工作的具体实践相结合,探索出一整套解决中国民族问题的纲领、方针和政策,创造性地推进了马克思主义民族理论中国化时代化。中华人民共和国成立以来云南民族工作的发展历程表明,党的民族理论和民族政策在云南的民族工作中得到实践充分检验,取得了丰硕成果,成功探索出了坚持党的领导,坚持民族区域自治,坚持各民族共同团结奋斗、共同繁荣发展的中国特色解决民族问题的正确道路。

云南是全国民族工作任务最重的省份之一,中国共产党高度重视民族工作,从云南多民族边疆的基本省情出发,全面贯彻落实党的民族工作方针政策,不断深化民族团结进步教育,铸牢中华民族共同体意识,加强各民族交往交流交融,促进各民族像石榴籽一样紧紧抱在一起,共同团结奋斗,共同繁荣发展,帮助少数民族和民族地区经济社会发展、实现全面建成小康以及多样性文化和睦相处、人与自然和谐发展等方面作出了许多有益的探索,书写了一部中国特色解决民族问题的云南实践史。

一、云南民族工作的基本特点

（一）云南的人口和民族

云南各民族都是中华民族大家庭中的一员,全省总人口 4800 多万,少数民族人口 1596 万,占全省总人口的三分之一,具有人口增长速度快、农业人口比重大、分布不均匀、少数民族多的特点。

中华人民共和国成立以来,云南省先后建立了 8 个少数民族自治州、29 个民族自治县、152 个民族乡。云南有世居少数民族 25 个,跨境少数民族 16 个,特有少数民族 15 个,直过民族和人口较少民族 11 个。25 个世居少数民族中,有 18 个民族实行了区域自治。全省民族自治地方共 78 个县（市、区）,占全省 129 个县（市、区）的 60.5%；民族自治地方国土面积达 27.66 平方公里,占全省总面积的 70.2%。[①] 云南成为全国民族自治地方最多和实行区域自治民族最多的一个省份。

（二）云南少数民族特点

1. 少数民族分布特点

云南是我国少数民族最多的省份,堪称祖国多民族大家庭的缩影。云南 25 个少数民族分布比较复杂,主要特点是:第一,少数民族分布随地理环境、地形地貌的变化,呈现各民族立体分布。第二,各民族分布为大杂居与小聚居交错,以村寨为聚居点,也有少数村寨多民族杂居。彝族、回族在全省大多数县市均有分布。第三,人口较多的民族当中,多数人口相对集中在几个地区,少数人口分散在各地,全省没有单一的民族地区和州县。

2. 复杂多样的少数民族情况

云南有 25 个世居少数民族。世居少数民族是指世代居住在云南境内并形成村庄、街道等聚居群落的少数民族。云南是中国世居民族最多的省份,人口在 6000 人以上的世居少数民族有 25 个。其中有 16 个少数民族跨境而居；有 15 个云南特有少数民族和 8 个人口较少民族；有 11 个直过民族和人口较少民族,直过民族由原始社会或奴隶社会跨越几种社会形态直接过渡到社会主义社会,他们所居区域被划定为"民族直过区"。

二、云南民族工作的发展历程

（一）中华人民共和国成立前的艰难岁月

中华人民共和国成立前,云南各民族处在原始公社制和从原始公社制向阶级社会过渡的奴隶制、封建领主制、地主制等社会经济形态中,生活在边疆地区的一些民族仍处于原始社会末期或奴隶社会向封建社会过渡的阶段,生产力水平十分

---

① 《云南省情》编委会编:《云南省情（2008 年版）》,云南人民出版社 2009 年版。

低下,阶级压迫严重,民族矛盾突出,各民族同胞在艰难的岁月中缓慢前行。清朝光绪三十四年（1908）,湖南籍官员夏瑚被派往西南边境任职,写下《怒俅边隘详情》,记叙当时的云南:"土地无不肥沃,出产无不丰饶,人民无不强悍聪颖,惟主官无治、自相残杀,以致人烟稀少、稼桔不谐,道路梗塞,商旅不通,为可惜尔!"[①]这是1949年以前云南的真实写照。

（二）中华人民共和国成立带来新生曙光

1949年10月1日,毛泽东主席宣布:"我们的民族将再也不是一个被人侮辱的民族了,我们已经站起来了",新中国的成立标志着中华民族的新生。

中华人民共和国成立初期,全国上下百废待兴,毛泽东、周恩来等老一辈无产阶级革命家对云南民族工作作出重要指示,确立了"团结第一、工作第二"的工作方针及坚持"慎重稳进"的工作要求。1950年,在北京召开中共七届三中全会期间,毛泽东主席嘱托中共云南省委书记:云南是我国少数民族最多的一个省,上层知名人士也不少,在云南一定要注意掌握好民族政策和统战政策,团结一切可以团结的人,把云南工作搞好。中共云南省委、省政府按照党中央的要求,采取"和平协商""直接过渡"等特殊政策,分类引导各族人民走上社会主义道路。同时,通过设立民族事务管理机构、进行民族地区社会变革、开展少数民族识别、团结少数民族上层爱国人士等重要举措,云南民族地区生产不断发展,人民群众生活逐步改善,民族关系发生了根本变化,促进了边疆稳定。[②]毛泽东主席曾向西藏上层推荐云南"和平协商"和"直接过渡"的做法,西藏上层由帕巴拉·格列朗杰带队赴滇参观学习。

1951年1月1日,在宁洱红场召开数千人大会,举行了传统的"剽牛""喝咒水"仪式,普洱区48位土司、头人、各族代表和党政军领导用汉文、傣文、拉祜文郑重签下自己的名字,共同立下了"民族团结誓词碑"。碑文为:"我们二十六种民族（注:系自称）的代表,代表全普洱区各族同胞,慎重地于此举行了剽牛、喝了

---

① 吴光范:《怒江地区历史上的九部地情书校注》,云南人民出版社2014年版。
② 中共云南省委党史研究室:《中国共产党云南历史·第二卷,1950—1978》,云南人民出版社2018年版。

咒水，从此我们一心一德，团结到底，在中国共产党的领导下，誓为建设平等自由幸福的大家庭而奋斗！此誓。""民族团结誓词碑"先后被云南省人民政府、国务院列为云南省文物保护单位、全国重点文物保护单位，2006年被国家民委命名为"全国民族团结进步教育基地"。

（三）云南民族工作的曲折发展

"大跃进"和"文化大革命"时期，云南民族工作经历很大曲折，在"建设政治边防"中伤害了不少干部群众，甚至彻底否定中华人民共和国成立17年来的云南民族工作，撤销民族自治机关和民族工作部门，云南民族工作陷入困境。"文化大革命"期间，大多数民族语言机构撤销，民族文字报刊停办，专业人员被迫改行；许多民族古籍和民间文艺被诬为"封、资、修"，遭到批判、查封，甚至销毁，民族文化经历了空前浩劫，云南省民族工作遭遇严重挫折。

1978年，党的十一届三中全会胜利召开，中国步入了改革开放的春天。1984年《中华人民共和国民族区域自治法》颁布，党中央出台了一系列促进少数民族和民族地区经济社会发展的政策，云南省围绕党和国家各个时期的中心工作，将党和国家民族工作的大政方针与云南的实际紧密结合，不断加大对少数民族和民族地区差别化扶持政策的制定和实施，始终沿着中国特色解决民族问题的正确道路不断前进。

（四）云南民族工作踏上新征程

党的十八大以来，云南全面开启了"建设成为我国民族团结进步、边疆繁荣稳定示范区"的新征程。2015年1月，习近平总书记考察云南时强调指出，云南是全国民族工作任务最重的省份之一，把云南建设成为我国民族团结进步示范区，这仍是云南民族工作的总任务。补齐少数民族和民族地区全面建成小康社会的短板、增强少数民族和民族地区跨越发展的动力、促进民族团结和宗教和谐，是云南发展面临的迫切需要。习近平总书记曾指出："做好云南民族工作最大的挑战是少数民族发展普遍比较滞后。"[1]解决云南各族人民日益增长的美好生活需要和不平衡

---

[1] 陈豪：《奋力谱写中国梦的云南篇章》，求是网，https://baijiahao.baidu.com/s?id=16545794 70715054998&wfr=spider&for=pc。

不充分的发展之间的矛盾成为云南省民族团结进步示范区建设和"两个一百年"奋斗目标实现的前提。

三、云南民族团结进步事业硕果累累

中华人民共和国成立后,云南各族人民在中国共产党的领导下、和睦相处、和衷共济、和谐发展,从封闭走向开放,从落后走向进步,在经济建设、政治建设、文化建设、社会建设、生态文明建设中取得显著成绩,谱写了中华民族伟大复兴的中国梦云南篇章。

(一)经济发展加快向好

党和国家始终重视少数民族和民族地区的发展问题,坚持各民族共享改革发展成果。云南把民族地区发展融入全省发展大局中,不断增强民族地区自我发展能力,各族群众获得感、幸福感、安全感不断增强,形成了民族团结、边疆稳定、社会和谐的良好局面。主要表现为:第一,综合经济实力大幅增强;第二,脱贫攻坚成效显著;第三,基础设施逐步完善;第四,特色产业迅速发展。

(二)政治建设不断进步

民族工作涉及方方面面,方方面面都有民族工作。云南始终坚持党对民族工作的全面领导,坚持中国特色解决民族问题的正确道路,多年来没有发生因民族宗教因素而引发的重大群体性事件,巩固和发展了平等团结互助和谐的社会主义民族关系。主要表现为:第一,民族区域自治制度日臻完善。民族区域自治制度是我国解决民族问题的一项基本政治制度。在全国率先出台《云南省实施〈中华人民共和国民族区域自治法〉办法》,云南先后出台了 37 个自治条例、170 个单行条例、6 个变通规定和 7 部地方性法规,初步形成了一个以《中华人民共和国宪法》为基础,以《中华人民共和国民族区域自治法》为核心,由地方性法规、行政规章、自治条例、单行条例、补充或变通规定组成的,具有云南特色的地方性法律法规体系。第二,民族事务工作体制机制日趋健全。中共云南省委、省人民政府高度重视民族工作机构和体系的建设,形成了党委领导、政府负责、有关部门协同配合、全社会通力合作的民族工作格局。1950 年 7 月云南省人民政府设立民族事务委员会,

1978 年 5 月省委决定恢复云南省民族事务委员会，2014 年 8 月组建云南省民族宗教事务委员会。省、州（市）、县各级党委成立了民族工作领导小组，建立和完善了民族工作机构。第三，民族干部人才队伍不断壮大。多年来，云南省培养选拔了一批"明辨大是大非的立场特别清醒、维护民族团结的行动特别坚定、热爱各族群众的感情特别真诚"的少数民族干部。仅 2012 年至 2017 年，少数民族公务员及参公管理人员比例便由 32.44% 增长为 33.33%，少数民族专业技术人才队伍增长33000 余人。从 20 世纪 90 年代起，民族理论和民族政策成为各级党校、行政干部学校学员的必修课，一批具有高素质专业化的少数民族干部成长起来。

（三）建设各民族共有精神家园

习近平总书记考察云南时强调："云南少数民族文化是中华文化的重要瑰宝，要积极加以支持和发展"[1]。云南历来重视少数民族文化的保护、传承与发展工作，以社会主义核心价值观为引领，用"民族团结誓词碑"等民族精神凝聚群众，用《阿佤人民唱新歌》《五朵金花》等民族文化鼓舞群众，引导各族人民牢固树立"三个离不开"思想，不断增强"五个认同"，倡导"各美其美、美人之美、美美与共"，坚持包容互鉴、传承创新，共同繁荣进步，共创美好生活。

1. 民族关系亲密融洽

云南多民族共存聚合，是我国世居少数民族最多、特有民族最多、人口较少民族最多、民族自治地方最多、实行民族区域自治的民族最多的省份。全省多宗教并存，五大宗教俱全。在历史长河中，形成了"大杂居、小聚居"的格局，各民族共生共存，各宗教和谐共处，呈现出民族团结、宗教和顺的良好局面。

2. 民族文化保护传承工作日益完善

近年来，云南省相继制定出台了《云南省非物质文化遗产保护条例》《云南省少数民族语言文字工作条例》等一系列政策法规，对少数民族文化保护工作进行了进一步的安排部署。例如，云南的 25 个世居少数民族中，有 22 个民族使用着 26种语言，有 14 个民族使用 23 种文字；目前已收集整理民族歌曲 2 万多首，民族舞

---

[1]《守好民族团结这条生命线——三论认真学习贯彻习近平总书记考察云南重要讲话精神》，中国政府网，https://www.gov.cn/xinwen/2015-02/03/content_2813777.htm。

蹈 1500 余支,民族器乐 300 余种,民族戏剧（包括地方戏)2000 余部;整理规范民间叙事长诗 50 多部,民族节庆 230 多个,传统体育项目 300 多项。各民族文化繁荣发展的过程成为各民族相知、相亲、相惜的过程,成为民族团结的润滑剂、催化剂、黏合剂。

3.民族文化产业发展

第一,对民族文化的创造性转化和创新性发展。为了扩大民族文化影响力,云南充分挖掘传统民族文化的独特价值和鲜明特色,汲取云南优秀传统民族文化的思想精髓,赋予其新的时代内涵和现代表达形式,把传承弘扬优秀民族民间文化融入新型城镇化、新农村和美丽宜居乡村建设,发展有历史记忆、地域特色、民族特点的美丽城镇、美丽宜居乡村。创新对外传播、文化交流、文化贸易方式,讲好民族故事,传播云南声音。第二,建立民族传统文化保护区。目前,全省共有 66 个少数民族聚居村寨被列为省级民族传统文化保护区,"大理文化生态保护实验区"和"迪庆民族文化生态保护区"被列为国家级文化生态保护实验区,是全国同时拥有两个国家级文化生态保护实验区的唯一省份。全省建立了阿诗玛创世史诗、彝族海菜腔、傣族制陶、藏族锅庄、彝族刺绣、白族扎染、傈僳族民歌等以少数民族传统文化为内容的传承基地,整体开展保护传承工作。实施少数民族特色村寨建设,至今已实施了 283 个民族特色村寨建设项目,每个世居民族都有了本民族的特色村寨,其中 41 个村被国家民族事务委员会纳入《首批中国少数民族特色村寨命名挂牌名录名单》。

4.优秀民族文化弘扬传播

云南少数民族丰富多彩的优秀传统文化,唱响全国、蜚声世界。在民族演艺方面,云南先后打造了《云南映象》《丽水金沙》《印象丽江》《孔雀》等 20 多台演艺节目,引起了较大反响和赞誉,提升了云南民族文化的艺术魅力;《木府风云》《茶颂》《香格里拉》《舞乐传奇》等为代表的一批云南民族题材、云南民族故事的影视剧,在影视界形成了较大反响;由云南省文投集团推出的《吴哥的微笑》《辉煌新加坡》《雨林童话》等精品剧目在柬埔寨、新加坡、法国成功商演,取得了较好市场效益;云南还积极组织参加少数民族文学创作"骏马奖"评奖、少数民族戏剧展演、少数民族舞蹈比赛等活动。

5. 民族体育蒸蒸日上

云南少数民族体育资源丰富，已从民族民间挖掘、整理出可推广的各民族传统体育项目达 386 项，占《中华民族传统体育名录》的 40% 以上。在 2015 年举行的第十届全国民族运动会上，云南省参赛的竞赛项目共获 18 个一等奖、42 个二等奖、27 个三等奖，表演项目共获 8 个一等奖、2 个二等奖，获奖总数位居全国前列，充分体现了云南省民族体育的发展水平。

（四）社会事业成就显著

党始终以人民为中心，把人民对美好生活的向往作为奋斗目标，始终正视少数民族和民族地区发展不平衡、不充分、不协调的现实，注重改善民生，补齐短板，全力推进公共服务均等化，持续增进民生福祉，中华人民共和国成立 70 多年来，云南各族人民幸福感、获得感不断增强。

1. 民族教育蓬勃发展

截至 2017 年底，云南正式挂牌的民族中小学近 500 所，认定省定民族中小学 41 所，民族地区寄宿制学校 4000 多所，民族中专 6 所，民族大学 1 所，少数民族在校生达 348.29 万人，占全省在校生总数的 36.19%。

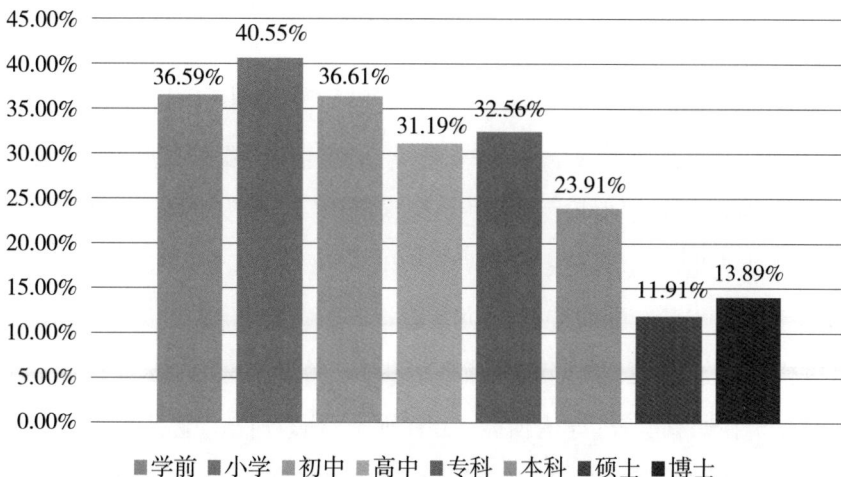

图 4-1　2017 年云南省少数民族学生占全省各级在校生比例

2000 年云南省在边境地区实施免费（免书费、杂费和文具费）义务教育。2014 年开始,实施迪庆州怒江州中等职业农村学生免费教育全覆盖试点。云南少数民族地区的孩子上学有了经济和制度的保障。

2. 民族科技日新月异

目前云南省已经建立了科技管理机构、群众科技组织和科技推广服务机构,初步形成了相对完善的科技体系。推广现代农业、启动实施"云南边疆解五难"惠民、"少数民族劳动者素质提高"等工程;大理高新区、楚雄技术开发区、红河工业园区等一批高新技术产业开发区落地民族自治地方。形成了中高级科技骨干人才、龙头企业科技人员、科技特派员、科技辅导员、科技带头人、种养大户、科技示范户等为代表的科技人才队伍。

3. 医疗卫生水平显著提高

2017 年,云南省有独立设置的民族医疗机构已达 40 余个,民族医药科研机构 10 余个,省部级重点学科 4 个。云南民族自治地方城乡居民基本医疗和大病保险参保率达 98% 以上。实施了民族医药文献整理和院内制剂研发项目,近五年共支持 50 余部民族医药文献整理和 110 余个院内制剂研发,获省部级科研奖励 10 余项。在全国最早培养民族药学硕士,开展民族医药博士培养,并启动了彝族医药古籍文献整理、编纂工作及彝医本科教材编写工作,为彝医执业医师资格考试开考做了大量积极有效的基础性工作。

4. 社会保障体系逐步完善

云南现已基本建成覆盖全民、城乡统筹、权责清晰、保障适度、可持续的多层次社会保障体系,构筑了少数民族和民族地区社会保障的安全网。2017 年民族自治地方财政民生支出占地方一般公共预算支出的 70% 以上,民族自治地方城乡居民基本医疗和大病保险参保率稳定在 98% 以上;农村养老保险政策实现全覆盖;城镇和农村居民最低生活平均保障标准不断提高,2017 年较 2016 年平均提高 10% 以上。确保了在幼有所育、学有所教、劳有所得、病有所医、老有所养、住有所居、弱有所扶上不断取得新进展,保证全体人民在共建共享发展中有更多获得感。

（五）生态文明建设成果丰硕

习近平指出，生态环境是云南的宝贵财富，也是全国的宝贵财富，一定要世世代代保护好。云南各族人民牢记习近平总书记的嘱咐，主动作为，积极行动，坚决保护好云南的绿水青山、蓝天白云，努力成为生态文明建设排头兵，全面建设美丽云南、生态云南。主要表现为：

1. 天生丽质，走绿色发展的路子

云南是国家西南生态安全屏障。近年来，云南以建设中国最美丽省份为目标，积极开展绿色经济试验示范和绿色创建，推进美丽县城、美丽乡村、美丽公路、美丽景区、美丽湖泊建设。2012年到2018年，全省森林覆盖率从50.03%提高到60.3%，地级以上城市空气质量优良天数比率一直在98%以上，九大高原湖泊水质明显提高，抚仙湖、泸沽湖水质保持Ⅰ类，洱海水质2015年以来持续保持优良，滇池水质从劣Ⅴ类转变为Ⅳ类，达30年来最好水平，全省90%以上的典型生态系统和85%以上的重点保护野生动植物物种得到有效保护。云南坚定绿色发展理念，不以牺牲环境为代价去换取一时的经济增长，走出了一条生产发展、生活富裕、生态良好的绿色发展道路。

2. 留住青山绿水，建设美丽乡村

各民族地区将生态文明与美丽乡村建设相结合，打造优势富民产业，群众收入大幅度增加，宜居宜业、民富村美人和谐的美丽乡村如雨后春笋蓬勃发展。"绿水青山就是金山银山"作为一种发展理念、一种生态文化贯穿于云南民族地区经济发展的始终，不只看"经济"的脸色，更重视"自然"的气色，各族群众生活在一个天格外蓝、云格外白、山格外青、水格外秀、阳光格外明媚、空气格外新鲜的人间乐土。

在党的领导下，云南民族工作始终坚持从云南边疆和多民族的基本省情出发，牢牢把握"各民族共同团结奋斗、共同繁荣发展"的主题，坚持"在云南，不谋民族工作就不足以谋全局""各民族都是一家人，一家人都要过上好日子"的工作理念，始终坚持"三个离不开""五个认同""五个维护""九个坚持"，创造性贯彻党和国家民族工作大政方针，开创了各民族和睦相处、和衷共济、和谐发展的良好局面,创造了民族团结和谐的"云南模式"和"云南现象"。进入新时代,云南各族人民始终坚持党的坚强领导,始终坚持民族团结进步,始终坚持以发展为中心,坚持依法管理民族事务,坚持壮大民族事业骨干力量,与全国人民共同构建同呼吸、共命运、心连心的中华民族共同体,坚持实现中华民族伟大复兴的中国梦,续写云南光辉未来。云南民族工作的生动实践证明"党的光辉照边疆、边疆人民心向党",云南将为中国特色解决民族问题的正确道路作出新贡献。

第五章

地域探究：构建思政新特色

德宏州作为云南省的边境少数民族自治州，是国家重要的西南生态屏障和安全屏障，在全州各族群众中铸牢中华民族共同体意识，促进民族团结进步事业，关系到边防稳固、边疆繁荣、社会稳定。德众职业学院立足地域特色，探索系统、有效、扎实开展铸牢中华民族共同体意识教育的实践路径，教育和引导各族师生铸牢中华民族共同体意识，巩固拓展脱贫攻坚成果，建设乡村振兴示范区、沿边开放示范区、民族团结进步示范区，与全国人民共同为中华民族伟大复兴而团结奋斗，形成了鲜明的思政课教学特色。

第一节

德宏州各民族的文化认同

从社会角度而言,中华民族文化共同体的形成首先需要每个人自觉认同社会个体对自己的身份以及群体归属的界定。马克思主义认为,社会性是人的本质属性,作为社会中的人,每个个体都需要对自己的身份及群体归属进行认知和界定。人的认同有多种方面,其中文化认同是人的社会属性的外在表现。文化认同是构成族群认同与国家认同的中介形式,"作为中介认同形式,文化认同就必须一方面与族群认同有交叠的部分,另一方面与国家认同有交叠的部分,同时与全球认同(有人提出所谓"世界公民"的概念)有交叠的内容。"[①] 因此探讨文化认同对今天中国公民国家认同的增强具有深刻意义,对德宏这样一个边境少数民族自治州具有重要的现实价值。

云南省德宏州是一个边境少数民族自治州,与缅甸接壤,国境线长,边境无天然屏障,在中国西南的发展、稳定和安全大局中具有重要战略地位。中华人民共和国成立后,德宏各族人民在党的领导下,和睦相处、和衷共济、和谐发展,从封闭走向开放,从落后走向进步。进入新时代,德宏州在经济、政治、文化、社会、生态文明建设中取得显著成绩。在中华民族伟大复兴的关键时期,挖掘德宏州历史上各民族文化认同的形成过程与内涵,对新时代德宏州各民族人心归聚、精神相依,构建各民族共有的精神家园,推动中华民族共同体建设,促进中华民族大团结具有重大现实意义。

一、在德宏历史演变过程中逐步形成的文化认同

(一)德宏古代历史发展中形成的文化认同

早在新石器时代,德宏地区就有人类生活的痕迹,到公元前 364 年,傣族先民

---

① 韩震:《全球化时代的公民教育与国家认同及文化认同》,《社会科学战线》2010 年第 5 期。

在今瑞丽江流域建立了勐果占壁王国（傣语称"勐卯弄"）；公元前 4 世纪，德宏成为中国历史上最早通往缅甸、印度、巴基斯坦、阿富汗等国的陆路商贸交通线"蜀身毒道"的必经之地；东汉时期德宏属永昌郡哀劳县（今盈江县），唐代德宏属南诏国永昌节度和丽水节度，宋代属云南大理国永昌、腾越金齿部地，到元代时，朝廷进一步加强对边远地区的管辖，在德宏设置茫施路（今芒市）、镇西路（今盈江）、平缅路（今陇川）、麓川路（今瑞丽）四路及南甸军民府（今梁河），隶属金齿宣抚司六路军民总管府；到明代，德宏与内地关系进一步密切，明朝廷在德宏建立土司制度，设立了南甸、干崖、陇川宣抚司和盏达（原莲山）、遮放副宣抚司，芒市、勐卯（瑞丽）安抚司，隶属永昌府腾越州。清朝政府沿明制增设了腊撒、户撒（今陇川户撒）两个长官司和勐板（今潞西边勐戛、法帕）土千总，隶属龙陵厅管辖，德宏一带由此形成了 10 个土司并立的局面。土司职位世袭相传，这种封建领主制度自明代 1382 年以来，到 1956 年民主改革彻底废止。[①]

从上述历史发展看，"蜀身毒道"（西南丝路）是一条商贸之路，让蜀锦、茶叶远销外域；它又是一条交流之路，将四川、云南、印度一线相连；同时它还是一条文化之路，中原文明、三星堆文明、古代南亚文明等文化在这里相交、相融，德宏作为"蜀身毒道"的必经之路，在商贸交流、文化碰撞中受到中原文化的深刻影响。秦汉两朝开疆辟土，奠定了中华民族的疆域基础，使边疆与内地、"中国"与"四夷"相统一的观念得到加强，同时还创造过中华各民族同为一体的"华夷一统"的历史现实，强化了各民族统一于中华民族的民族认同，"大一统"思想自此成为历代王朝"中国观念"的核心。自东汉起，历代王朝从来没有停止过对西南边疆的治理活动，德宏与西南边疆其他地区一样，在渐进发展过程中，形成了"中国"观念。"中国"概念出自华夏，华夏孕育"中国"，又不断为"中国"所超越与涵括，从而演化出一个"大中国"的历史概念[②]。中原王朝对中国边疆的明确认识和定位，就是中国之内、华夏之外的"四裔"所居之地[③]。在中国传统观念中，边疆的基本功能和主

---

① 资料来自德宏州档案馆、德宏州博物馆，经作者整理。

② 姚大力：《中国边疆的基本特性》，《学术月刊》2019 年第 2 期。

③ 宋才发：《中华民族共同体意识是国家凝聚力的精神纽带》，《社会科学家》2021 年第 5 期。

要职责是"守在四方"。秉承"大中国"观念，包括德宏在内的西南边疆，在保障西南地区疆域安全、建立统一多民族国家等方面作出了积极贡献；在发展国家的对外政治、经济、外交关系方面也发挥了至关重要的作用。此外，古代的德宏地区各民族一直保持同内地各民族的友好往来，不曾受到域外势力的引诱、破坏和干扰；由于地处偏僻山区，与外界沟通较少，德宏地区宗教种类比较齐全，也没有受到外域宗教势力的操纵，各宗教之间能够相安共处。经过汉、唐、宋、元、明、清几个朝代的民族融合，中华民族的整体观念和"大一统"思想在德宏地区得到深入和普及。

（二）德宏近代以来中华民族意识觉醒下的文化认同

近代以来，处于西南边疆的德宏面临着深重的现实危机。面对外侮，各族人民奋起反击，谱写了德宏各族儿女的爱国诗篇。1942年初，日寇自缅甸进攻滇西地区。我国云南省怒江以西的腾龙边区（即今腾冲市、龙陵县及德宏州大部）共两万余平方公里的国土迅速沦于日军的铁蹄。1944年底，滇西抗战进入最后阶段，远征军一路追歼顽敌。经过近30天的血战，远征军在今瑞丽黑山门攻下了日军在滇西境内的最后一个据点黑山门，将日本侵略者彻底赶出国土。1945年1月27日，中国远征军与中国驻印军在畹町附近的芒友胜利会师。

在抗日战争中，中华民族的整体性得到了前所未有的凸显，各族同胞在历史的发展过程中深刻认识到中华民族是一个不可分割的整体，明确了中华民族是多元一体的民族实体。德宏的少数民族爱国人士在认同中华民族整体性的前提下无畏生死、不惧艰难，竭尽全力为抗日战争奉献一切。在这一历史进程中，德宏各民族与全国人民共同凝聚了伟大民族精神，在文化认同和价值认同基础上，形成了高度的民族认同和国家认同。

截至1950年5月15日，解放军第41师121团和122团先后进驻潞西、梁河、盈江、莲山、陇川、瑞丽，至此，德宏全境和平解放。1953年7月18日，德宏傣族景颇族自治区首届各族各界代表会议在芒市举行，406名民族代表出席会议。会议一致通过自治区名称为"德宏傣族景颇族自治区"。1956年4月25日，德宏傣族景颇族自治州第一届人民代表大会第一次会议召开。同月，第五次会议通过决定将德宏傣族景颇族"自治区"更名为"自治州"。

中华人民共和国成立后,中国共产党对西南边疆民族地区实施治理的主要途径之一是派遣中央访问团,传达中央政府的关怀,宣传共同纲领,争取及团结少数民族,构建新型的中央与地方关系;主要途径之二是建立民族自治区或联合政权,实行区域自治,在少数民族自治区开展科教文卫事业,从而大大提高了少数民族地区经济社会发展水平,各民族心向北京、心向党中央,德宏州各民族歌曲、舞蹈、文学、风俗习惯等文化符号也深深烙上了新中国的印记,在各民族共同团结奋斗中形成深度的文化融合,增强了少数民族的爱国主义精神、树立了祖国观念、形成并强化了中华民族一家人的共同意识。

二、在德宏古代文化遗迹中折射出的文化认同

（一）古代德宏各民族交往交流中的文化互融

德宏新石器时代距今已有 4—5 千年。历年来,州内先后出土的新石器时期实物也有数千件。德宏地区历史悠久,数千年前就有人类在此繁衍生息,是古代各族群向南亚、东南亚迁徙的重要陆上"桥梁"。根据考古发现,德宏境内具有大批新石器时代的遗址和采集点,其中一个重要的考古遗址是勐约棒遗址,在这里,考古人员发现了数量众多的陶窑以及与制陶、烧陶有关的圆形大坑、灰坑等。这些遗迹现象说明,该遗址是一处较大规模的陶器烧造场地。遗址中还有不少类似的圆形大坑,制作规整,有考古学者认为它主要被用于某种祭祀环节。这处遗址共计出土陶器、石器和铜器 1077 件。这些精美的石英、石斧和磨制石环,说明当时的居民已经有了一定的审美观念。

西汉时期,西域一带的匈奴部落民族经常袭扰居住在中原一带的王朝百姓,汉武帝刘彻为靖边保土,消灭匈奴势力,遣使"四道并出"寻找大月支部落,联合抗击匈奴。一路使臣在大理洱海地区受阻,但发现了"蜀身毒道"古道的存在,并打听到"其西千余里有乘象国,名曰滇越",也即如今的德宏,从而促进了地方交流。另外,在四川、贵州、云南多个地方的古墓中都出土过早期西南丝绸之路上的重要货币之一印度洋环纹货贝,这也印证了贸易活动的发生。同时,古现代德宏的很多民族都将它作为衣服的饰品,这是各民族审美观念"共性"的体现。

德宏州博物馆曾展出过一件镇馆之宝,这也是该博物馆唯一的国家一级文物——龙江型不对称铜钺。不对称铜钺是古代遍及中国南方和东南亚的一种典型的青铜器,种类繁多,纹饰精美。有学者指出"青铜钺为越族之器"。百越民族即古越人,具有断发文身、傍水而居、乘象、干栏建筑、种植水稻等文化特征,他们曾广泛分布于中国南方,因民族部落繁多故称百越。百越民族是今天壮、傣、水、侗等民族的先民,在我们熟知的卧薪尝胆的故事中,越王勾践所属的越国也是百越之一。这件铜钺长 10 厘米,宽 6.8 厘米,为青铜质,器身均薄,刃面大致呈半圆形,銎口下凹。銎上有斜方格纹和乳钉纹装饰,铸造工艺精湛,是德宏特有的一种古代社会中与政治、王权、宗教有关的重要礼器。因保存完好,纹饰精美,这件铜钺成为国家一级珍贵文物。博物馆中还有一对石范,就是当时铸造铜钺的范模,它出土于龙江江畔,说明钺形器物在德宏史前文化中具有一定的时间连续性,也揭示了德宏各民族文化认同的历史渊源。

德宏州博物馆还展示了盈江县旧城出土的汉代朱提堂狼器:鱼纹铜洗、铜鍪、东汉环首铁刀以及州内其他地方出土的铜针、铜箭镞。朱提就是如今的曲靖、昭通等地区,这一批器物证明,早在汉代,德宏就与云南其他地区有经济、文化、商贸往来。同样发现于陇川县户撒乡的象耕图石雕,在构图上,前面是一只憨态可掬的小象,后面是一个穿着蓑衣戴着斗笠的农夫挥着皮鞭驱赶小象耕田。在唐代《蛮书》中曾记载"土俗养象以耕田",这个象耕图也是唯一可以证明象耕习俗的一件实物。总体而言,汉代和唐代德宏与其他地区的交往体现在经济、文化、商贸各方面,这种交往对于民族文化认同的形成有着积极的推动作用。

元代,马可·波罗随元军征缅,途经德宏地区,他在其游记中记载了在德宏的见闻,把德宏一带称为"金齿州"。而在德宏民间也一直流传着滇西地区曾有过一个强大的"金齿国"的传说。为此,元代统治者进一步开发金齿地区,设立了"六路一赕",其辖区包括今德宏全境。然而同一时期,缅甸境内的蒲甘王朝正处于强盛时期。1276 年,缅国拥象骑数万,掠金齿南甸,准备侵袭大理。元军突与蒲甘大军遭遇,于太平江发生了一次大战,史称"牙嵩延之战"。历史记载,元军七百打败了缅军四万,此战之后缅军心胆俱寒,不敢再侵犯金齿地区。在元代对金齿地区的开发管理中,各民族在共同经济生活和政治生活中,加深了各民族的交往、交流、交融,进一步形成了对本民族和中华民族的文化认同。

元代以来,德宏傣族部落不断发展壮大,建立了以今瑞丽一带为中心的"麓川王国"。明朝正统年间,麓川多次侵入云南内地,1438年至1446年,明朝三次派大军对其进行讨伐,史称"三征麓川"之役,它是明代由盛转衰的重要历史因素之一。明万历二十二年,为巩固边防,云南巡抚陈用宾在今天德宏州的盈江县、陇川县、瑞丽市等边境要塞修筑八关和平麓城,设置隘口驻兵防守。八关分上四关和下四关,上四关是神户关、万仞关、巨石关、铜壁关;下四关是铁壁关、虎踞关、汉龙关、天马关,这些关隘的设立对明清两代至民国云南边疆的安定起了重要作用。明清政府还专门招募当地傈僳族人守卫在盈江境内的神户关、万仞关、巨石关、铜壁关。守关中,傈僳族与当地各族群众也逐渐形成了共同的心理认同。

（二）土司制度和山官制度中的中华文化元素

土司制度源自两汉的羁縻制度,源于元朝,发展于明清时期,是中央王朝在少数民族地区利用当地民族上层进行统治的一种制度。明清两代在今德宏州境内分别建立了十个土司,此格局一直维持到中华人民共和国1955年民主改革之前。清代中央王朝发给土司官印,赋予其在本区域内绝对的独裁权。土司一般实行一夫多妻制,正室必是贵族出身,土司的官印也由正妻保管,民间将其称为印太。这种正妻制度与中原地区类似,可见德宏的土司制度沿袭了中原文化和传统,受中原文化的影响极深。

全国重点文物保护单位梁河县南甸宣抚司署始建于清咸丰元年（1851）,历经三代南甸土司84年不断地扩建和修缮。总占地面积10625平方米,建筑面积7780平方米。整个建筑群由4个主院落,10个旁院落,共计149间房屋组成。它严格按照汉式衙署建筑的形式修建,在装饰中融入大量的傣族文化元素,是中国土司建筑中的珍品,素有"傣族小故宫"之称。南甸宣抚司署具有浓厚的汉式文化气息,也是德宏地区历史上中原文化与少数民族文化交融的产物。

山官制度是指在等级制度的基础上,以山官、寨头等为统治者,在一定辖区内行使独立权力、管理景颇族村社的一种政治制度。15世纪初,明王朝在西南各省实行土司制,授予各族首领以宣慰使、宣抚使、长官、土知府、土知县等官职。在寻传地区（今滇西一带）,明朝政府先后设立了茶山、里麻两个长官司。《永昌府志》卷二十八《武备志·边防》中记载:"明永乐三年（公元1405年）,孟养纠上江刀孟永叛,夷目早章不附。五年（1407年）授长官司。"天启《滇志》也记载,在明成祖永乐五年,"夷目早章……诣阙下,赐印,授早章为茶山长官。"（明天启《滇志》卷三十《属夷》、康熙《云南通志》卷二十七）。根据《明史·土司传》记载,早章是景颇族山官,也是景颇族最早的土司。茶山长官司先属金齿军民指挥使司,后改属永昌卫永乐六年（1408年）,又设"里麻长官司,……隶云南都司,以刀思放腾族为长官"。在这两个长官司内,都有景颇族人受其管辖,且直接由本族的山官统领。可见至少在元、明时,景颇族已有山官。中华人民共和国成立后,在实现民族区域自治和向社会主义过渡的过程中,山官制度废止,成为景颇族独特的社会历史记忆。山官可用九柱大铓,铓是景颇族传统的重要礼器之一,也是其权力的象征,其上的柱凸,有人认为是乳房的变形,是景颇族社会生育崇拜印记。山官的日常用具和武器以及山官所穿的衣服既有景颇族深厚的民族传统习惯和文化印记,又有中原文化影响的痕迹。这都体现了景颇族文化的"自性"与中华文化的"共性"。

三、德宏近代以来的重大历史事件和重要人物事迹中蕴含的文化认同

近代以来,处于西南边疆的德宏地区民族危机深重。面对外侮,各族人民奋起反击,谱写了德宏各族儿女的爱国诗篇。马嘉理事件、早乐东抗英、滇西民族抗战、刀安仁、李根源、杨思敬等重要历史事件和重要历史人物,是德宏各族人民共同的历史记忆。

马嘉理事件与早乐东抗英。19世纪70年代,英法等国在打开了中国沿海及长江门户后,又想打开中国内陆的"后门"。1875年2月,英国驻华使馆翻译马嘉理引领英军由缅甸八莫进入云南德宏盈江县,在芒允一带遭遇前来阻止的当地各族群众,马嘉理先开枪打死一人,后当地各族群众将马嘉里和几名随行成员杀死,史称"马嘉理事件"或"滇案"。事后,清政府不仅逮捕并杀害了二十余名景颇族爱国勇士,还与英国签订了丧权辱国的中英《烟台条约》,加速了中国沦为半殖民地

半封建社会的进程。早乐东是清末陇川王子树乡的景颇族爱国山官，在清末中缅勘界过程中，早乐东率各族群众奋起抗争，成功阻止了侵略者对陇川章凤街的入侵，他的事迹也被记录到《辞海》中。在马嘉理事件、早乐东抗英中体现的德宏各族人民的爱国之热忱，成为中华民族千百年来民族精神的组成部分，折射出明、清中央王朝对西南边疆大统一政策的政治文化感召，以及中原文化的辐射和影响，在近代与各民族共同抵御外侵的重大历史过程中，德宏景颇族和其他少数民族的文化认同由族群认同上升为国家认同，文化认同向更高层次升华，使德宏各民族的政治文化具备了良性发展的基础。

傣族资产阶级民主革命的第一位先行者——刀安仁。刀安仁的土司家族经历明清两代 600 余年。1891 年，刀安仁承袭父制，任干崖宣抚司宣抚使，他开创了王族子弟和女子参加戏剧表演的先河，为傣剧的发展奠定了基础。早在青年时期，刀安仁就曾率领各族群众在铁壁关与英军进行了长达 8 年的抗争，后来他游历东南亚，萌发了实业救国、革新政治的想法，并从新加坡带回了中国的第一棵橡胶母树。1905 年，刀安仁带领十多名傣族青年，东渡日本求学，在秦历山的介绍下，他结识了孙中山先生，并加入了同盟会，成为云南少数民族第一批加入同盟会的成员。归国后，他大力发展地方实业，革新地方文化，积极筹备反清活动。1911 年，辛亥革命武昌起义爆发，由刀安仁、张文光领导的腾越起义打响了滇西反清的第一枪，终结了清王朝在腾越地区的统治。1913 年 3 月，刀安仁病逝于北京，孙中山先生盛赞其为"边塞伟男 中华精英"。刀安仁在家乡实业救国、革新政治的举措，及其发起民主革命的壮举，不仅对傣族群众、也对德宏各族群众民族共同体精神的形成产生了极大影响。

德宏民众参与修筑滇缅公路。1937 年 8 月，日本全面侵华战争开始后，考虑日军可能会切断中国的国际交通线，国民政府决定修筑一条从云南昆明到缅甸腊戍的公路，确保西南后方对外交通的畅通。在修筑滇缅公路的过程中，干崖土司刀京版，陇川宣抚司多氏兄弟以及众多山官，动员组织各族群众积极参与修路，并主动提供粮食、医疗等物资援助，如期保证了南天门——畹町路段的顺利修筑。经过九个月的艰苦奋斗，滇西 20 万民众使用最原始的劳动工具，甚至是自己的双手，一寸一寸抠出了这一条抗战运输的"生命线"。在民族危亡时刻，德宏各族人民与滇西民众万众一心，团结抗战，为中国抗日战争的胜利作出了不可磨灭的贡献。德宏各族群众参与修筑滇缅公路的壮举，体现了德宏人民对民族、对国家的强烈认同，这是文化认同的高度升华。

赤子功勋，南侨机工。为支援滇缅公路抗战物资运输，应爱国侨领陈嘉庚先生的招募，3192 名华侨青年于 1939 年分 15 批，舍家前来，成为滇缅路上的南侨机工。至 1945 年 8 月 15 日，日本无条件投降，近 7 年时间，南侨机工抢运各类抗战物资达 50 余万吨。抗战胜利后，机工奉国民政府之命遣散，部分回南洋，部分滞留国内，而牺牲失踪者计有 1800 余名之多。南侨机工舍家为国、勇于牺牲的精神在德宏大地上影响了一代又一代人，在各民族心中凝聚成共同的家国意识和中华民族命运共同体意识。

德宏全民抗战。1937 年，日军发动全面侵华战争后，杭州笕桥中央飞机制造厂（位于今杭州市江干区笕桥镇横塘村）被迫内迁至当时处于大后方的中缅边境的德宏地区瑞丽设置局雷允村（今德宏州瑞丽市雷允村）。它是抗日战争时期我国最大的飞机制造厂，检修了大批飞虎队及英国驻缅战斗机，汇集了各方航空界人才，其中就有从美国招募来华的"飞虎队"。这家制造厂为中国的航空事业培养了大批骨干，也是德宏地区在解放前最大的企业。1942 初，日寇自缅甸进攻滇西地区，我国云南省怒江以西的腾龙边区（即今腾冲市、龙陵县及德宏州大部）共约两万余平方公里的国土迅速沦陷。在长达两年零八个月的滇西抗战中，滇西各族人民包括各家土司、山官、头人积极配合远征军及国民政府游击队，与侵略者进行了英勇顽强的反抗斗争，有力打击了日本侵略者的嚣张气焰，为滇西抗战的最终胜利作出了巨大贡献。滇西沦陷期间，德宏各族人民同仇敌忾、一致对外，爱国主义热情空前高涨，民族凝聚力空前增强。

滇西抗战中的民族英雄。在 1942 年日军入侵滇西、国破家亡之际，李根源先生亲自奔赴前线，襄助军务，发表了《告滇西父老书》，积极鼓励军民坚决抗战，他从 1939 年开始出任云贵监察使，时年已 63 岁。德宏沦陷期间，德宏各地土司、山官组织自卫武装，保家卫国，与日本侵略者作殊死斗争。从 1942 年 5 月滇西沦陷，到 1945 年 1 月中国军民将日本侵略者逐出国门，在两年零八个月的艰苦斗争中，滇西各族儿女不畏牺牲，顽强奋战，涌现出了以刀京版、朱家锡、杨思敬、尚自贵、赵宝忠、张问德为代表的抗日英雄人物，他们组织和开展敌后游击战，给予日寇沉重打击，为滇西抗战的最终胜利作出了杰出贡献。滇西沦陷区的各族人民通过组织敌后抗日游击队、民众武装、人民自卫队、参与抗日远征军滇西大反攻等形式，与日本侵略者进行了殊死的浴血奋战，表现了崇高的民族气节和为国捐躯的大无畏牺牲精神，涌现了许多可歌可泣的英雄事迹，谱写了一曲中华民族反抗侵略的悲壮颂歌。

德宏解放与第一个党组织的成立。1950 年 5 月 15 日，解放军第 41 师 121 团和 122 团先后进驻潞西、梁河、盈江、莲山、陇川、瑞丽，至此，德宏全境和平解放。1950 年 1 月，德宏地区第一个党组织中共梁河特别区委员会成立，德宏大地升起了第一缕曙光，从此，德宏人民在党的领导下走上了光明的道路，德宏人民从文化认同发展为民族认同，再深化为政治认同，铸牢中华民族共同体意识日渐增强。

中央民族访问团到德宏。1950 年秋，中央民族访问团到达芒市，广泛与芒市各族各界群众代表、民族上层人士等进行接触，大力宣传党和国家的民族政策，并带来了毛主席亲笔题写的"中华人民共和国各民族团结起来"的锦旗。1954 年，边疆各族人民向党中央毛主席赠送了一面傣锦，表达了对祖国、对共产党、对毛主席的热爱。

电影《勐垅沙》原型。1952 年 6 月，云南省委组建民族工作队大队，分赴各地开展民族工作。民族工作者杨庆锁，自 1953 年加入中国共产党后，边防团党委安排他以部队民族工作队员的身份，带领部队到瑞丽姐相区货（贺）腮乡①做民族工作，他也因此被称为"远方飞来的金孔雀"。后来他的事迹被拍成了电影《勐垅沙》，这部电影是党的光辉照边疆、边疆人民心向党的生动写照。

德宏傣族景颇族自治区成立。1953 年 7 月 18 日，德宏傣族景颇族自治区首届各族各界代表会议在芒市举行，406 名民族代表出席会议。会议一致通过自治区名

① 此为 1953 年地名，现为瑞丽市姐相乡贺腮村。

称为"德宏傣族景颇族自治区"。1956年4月25日,德宏傣族景颇族自治州第一届人民代表大会第一次会议召开。同月,第五次会议通过决定将德宏傣族景颇族"自治区"改为"自治州"。山官雷春国当选为副主席后,激动地表示:"我们是各族人民选出来的,要全心全意为各族人民服务。"这是德宏历史上的大事件,是德宏人民文化认同、心理认同、价值认同、政治认同的现实体现。

"和平协商土改"与民主改革。1953年12月,中共云南省委批准,同意德宏景颇、傈僳、德昂等民族地区不再进行土地改革,直接过渡到社会主义,简称为"直过区"。随后德宏坝区实施"和平协商土改"政策,景颇、傈僳、德昂等民族通过民主改革,一跃跨千年,直接过渡到社会主义,成为德宏历史上的重大转折。从此以后,各民族从鬼灵迷信的精神束缚下解放出来,相信共产党的正确领导和群众的力量,用自己的双手改变家乡贫困落后的面貌。民族上层人士也受到了党的关怀、爱护和周到照顾,这是党长期团结各民族政策的真实体现。

四、在改革开放时期与新时代民族交流中促进的文化认同

每个民族都有区别于其他民族的独特文化,各民族之间只有充分开展交往、交流、交融活动,才能从根源上了解其他民族的文化及其产生的背景,从而增进各民族之间的相互学习和认可。德宏州五种世居少数民族与其他生活在这片土地上的各民族群众,在长期的经济社会交往中产生了丰富多样的文化融合,这不但增进了彼此之间的理解和尊重,而且推动了语言、风俗、节日等方面的广泛互动交融,使各民族的关系越来越密切。

（一）语言融合

语言上,民族间在文化方面的交流突出表现在语言文字上。语言是文化的载体和重要表现形式,语言会受到不同文化的影响,进而随之发生变化。德宏五种世居少数民族受环境和其他民族文化的影响,在本族的语言词汇方面会发生不同程度的变化,通过田野调查,我们发现,景颇族日常词汇中就融入了许多傣语、德昂语、汉语等语言的词汇,而五种世居少数民族语言中均不同程度地融入了汉语词汇,反映出各民族文化中逐步形成共同的中华文化心理。

（二）风俗交织

风俗上，由于德宏州五种世居少数民族在生产生活、宗教信仰等方面的差异，其风俗习惯也呈现出了明显的不同。随着各民族之间的交往不断深入，一些民族聚居区现已呈现出民间信仰交融的现象。如：历史上，傣族信仰南传佛教，而阿昌族在过去主要信仰原始宗教，但由于阿昌族长期与汉族、傣族等民族杂居，伴随着外来宗教的不断渗入，现如今已形成了不同程度地融合原始宗教、道教、佛教等信仰的多元宗教体系。

（三）节庆文化互赏互鉴

节日互庆上，随着日常生活中交往、交流、交融程度的扩大，德宏州五种世居少数民族在传统节庆活动中表现出许多文化交融的现象。比如傣族的泼水节，与当地阿昌族、德昂族的风俗略有不同，但阿昌族、德昂族也会过泼水节，以此祈求平安吉祥；各少数民族都会过春节、中秋节、端午节等传统节日。发展到今天，各民族对其他民族的节庆的了解程度也在不断深入，各民族会积极参与其他民族的节庆活动，各民族间的节庆文化上的交往、交流也在不断加深，增强了各民族之间节庆文化的互相欣赏、互相认同。

各民族的交往、交流、交融，不仅促进了民族之间的经济交往、文化交流，并且伴随着各民族交往交流交融的不断加强，社会结构方面的互嵌也越来越深入，各民族间成为朋友的意愿和各民族间民族节日互庆的意愿都得到了增强。民族节庆活动生动展示了各民族关系的平等、团结、互助、和谐，增强了各民族对中国特色社会主义的认同。

德宏各民族在学习和生活中混杂分布，这使他们在现实生活中有了和其他民族进行广泛接触、相互了解和合作的机会，各民族对其他民族都保持开放态度，不断密切交往，有助于在各民族间形成和而不同、互相尊重、互帮互助的双向认同机理，构建德宏各民族"你中有我，我中有你"的和谐场景。

以民族节庆活动为例，德宏五种世居少数民族节庆活动内容丰富、形式多样、民族特色鲜明，是民族文化的一个关键符号，凝聚了民族意识和民族精神，弘扬了民族文化，推动了经济发展，提高了民族自信，促进了民族团结，是联结民族群体与各民族交往交流交融的精神纽带。从参与的广泛性、活动的丰富性和文化的传承性等特点来看,这些节庆活动对增进民族团结和传承民族文化具有重要作用,蕴含着深厚的铸牢中华民族共同体意识。

文化认同的核心是对一个民族的基本价值的认同,是凝聚这个民族共同体的精神纽带,是这个民族共同体生命延续的精神基础。习近平总书记深刻指出:"文化认同是最深层次的认同,是民族团结之根、民族和睦之魂。文化认知问题解决了对伟大祖国、对中华民族、对中国特色社会主义道路的认同才能巩固。"[1] 文化认同作为一个群体乃至一个民族的向心力的有机联合体,是凝聚这个群体和民族精神力量的根基。如果缺失了文化认同,社会语境便会趋于焦虑,人们的价值取向也会迷失。因此,相对于政治认同和社会认同而言,文化认同具有更基础的意义和更深远的价值。在百年未有之大变局下,在全面建设社会主义现代化国家的新征程上,作为民族的认同和国家的认同的重要基础的文化认同、价值认同,不仅没有失去其深远意义,且愈加成为综合国力竞争中最重要的"软实力"。从德宏的古代历史、近代历史直至新时代各民族的经济社会文化生活来看,人们在几千年的交往交流中,经济社会生活相互融合,文化上交流互鉴,形成了对中华文化高度的认同,其中最核心的部分就是中华文化的向心力,这是建设中华民族共同体的根基,能够历经千年而不散。挖掘、阐释德宏各民族历史上文化认同的形成路径和核心内涵,能够为新时代德宏各民族人心归聚、精神相依、团结奋进提供强大的精神纽带。

---

① 李婉芝:《增进新时代中国青年的文化认同》,《光明日报》2022 年 9 月 21 日第 6 版。

第二节

云南边境各族群众中华民族共同体意识现状

进入新时代,面对世界百年未有之大变局,我国民族工作实践时刻发展变化,德宏傣族景颇族自治州这样一个集边境、民族、宗教、"直过"为一体的民族自治地区,面临经济文化发展不平衡、不充分所带来的不稳定因素和新的风险挑战,必然要使民族工作在新的起点上既要守正又要创新。当前调查及探讨群众铸牢中华民族共同体意识的现状,探究纷繁复杂的影响因素等工作显得尤为重要。

一、研究假设

如果性别、年龄、民族、文化程度、家庭情况等人口学变量对德宏州民众的中华民族共同体意识有影响,那么中华民族共同体意识的量表得分在这些人口学变量上应该存在显著的差异。

二、研究方法及对象

选用由中国人民大学心理学教授陈立鹏主编的《中华民族共同体意识量表》,总量表的内部一致性信度为 0.90,认知维度的内部一致性信度为 0.82,情感维度的内部一致性信度为 0.67,意志维度的内部一致性信度为 0.88。此量表具有较好的内部一致性信度。

《中华民族共同体意识量表》共 18 道题目,包括认知、情感、意志三大维度,每个维度有六个题目。量表采用 Likert 五点计分方式,即 1 代表"非常不认同",2 代表"比较不认同",3 代表"不确定",4 代表"比较认同",5 代表"非常认同"。得分越高代表中华民族共同体意识越强。

本研究选取德宏州芒市、瑞丽、陇川、盈江等中缅边境地区的约 21 个乡镇、38 个村寨展开调研。调研采用线上线下问卷调查和实地访谈相结合的形式,共收集有效样本 462 份。其基本信息如下：

按照性别分类，男性占 44.4%，女性占 55.6%；按年龄分类，18 周岁以下年龄层次占 2.4%，18—35 周岁年龄层次占 54.1%，36—60 周岁年龄层次占 39.4%，60 周岁以上年龄层次占 4.1%；民族层次占比中，傣族占 12.8%，景颇族占 10.2%，阿昌族占 18.6%，傈僳族占 0.6%，德昂族占 0.6%，汉族占 53.5%，其他少数民族占 3.7%；文化程度主要集中于初中学历和大学专科，分别占比 26.2% 和 23.6%，其次是高中 / 中专 / 技校占比 19.3%，大学本科占比 17.9%，最后是小学及以下占比 11.9%，硕士研究生及以上占比 1.1%；政治面貌以群众为主，约占 51.7%；职业层次分布较广，公务员、事业单位专业技术人员、国有 / 民营 / 私营企业人员、农民 / 农民工或打零工、个体经营者 / 承包商、自由职业、事业或无业、退休或养老、在校学生均有涉及，其中农民 / 农民工或打零工人员占比 26.4%，在校学生占比 19.9%；家庭年收入主要集中于 2 万以下和 3—5 万元，分别占比 39.4% 和 36.8%；家中人口数多为 3—6 人，占比 87.0%；目前工作或生活所属地主要集中于农村，占比 56.7%。

三、研究结果与分析

（一）中华民族共同体意识培育总体情况

表 5-1　中华民族共同体意识整体情况统计（N=462）

	Min	Max	M	SD
中华民族共同体意识总分	18	90	85.39	12.95
认知维度	6	30	28.36	4.37
情感维度	6	30	28.40	4.44
意志维度	6	30	28.63	4.39

表 5-1 显示，总体上德宏州民众的整体中华民族共同体意识处于中上水平，平均分为 85.39，整体情况处于中上水平，说明被试整体的中华民族共同体意识较高。认知维度平均分为 28.36，表明调研对象对中华民族价值观、中华民族身份的认识

较好；情感维度平均分为 28.40,表明调研对象所具有的中华民族的团结、统一、平等意识较好,也表明其对中华民族的归属感较强；意志维度平均分为 28.63,表明其对实现中华民族伟大复兴具有较强的使命感和更多的自觉性行为。

中华民族共同体意识不仅是中华优秀传统文化滋养的发展结果,也是社会主义核心价值观影响下的生成元素。从这个意义上说,推进德宏州中华民族共同体意识培育与发展,既要把握不同因素对中华民族共同体意识的影响,也要密切关注不同主体的特点,从而使中华民族共同体意识培育的结构化过程有规可循。本研究的研究结果显示,总体上德宏州民众的中华民族共同体意识处于中上水平,说明中华民族共同体意识培育态势良好。

（二）中华民族共同体意识在人口学变量上的差异

首先,不同的性别、年龄、民族、文化程度、政治面貌、职业、家庭人数、城乡等因素在中华民族共同体意识总分和三个维度上均不存在显著性差异。

其次,中华民族共同体意识在不同的家庭年收入水平及不同县市中存在显著性差异。统计分析结果如表所示：

（三）中华民族共同体意识在家庭年收入上的差异

表 5-2 中华民族共同体意识在家庭年收入上的差异统计

项目	家庭年收入	M ± SD	F	P	LSD
中华民族共同体意识总分	2 万元及以下	82.67 ± 16.12	6.489***	0.000	2>1,4 3>1,4
	3—5 万元	87.26 ± 8.59			
	6—10 万元	88.58 ± 3.44			
	11—20 万元	81.04 ± 23.78			
认知维度	2 万元及以下	27.35 ± 5.36	7.754***	0.000	2>1,4 3>1,4
	3—5 万元	29.04 ± 3.01			
	6—10 万元	29.56 ± 1.18			
	11—20 万元	26.88 ± 7.91			

项目	家庭年收入	M ± SD	F	P	LSD
情感维度	2 万元及以下	27.49 ± 5.52	6.000**	0.001	2>1,4 3>1,4
	3—5 万元	29.01 ± 3.02			
	6—10 万元	29.47 ± 1.35			
	11—20 万元	27.04 ± 7.94			
意志维度	2 万元及以下	27.84 ± 5.51	5.181**	0.002	2>1,4 3>1,4
	3—5 万元	29.21 ± 2.90			
	6—10 万元	29.56 ± 1.28			
	11—20 万元	27.12 ± 7.96			

综合上表得出,不同的家庭年收入在中华民族共同体意识总分、认知维度、情感维度、意志维度上均存在显著差异（$P<0.05$）,进一步通过 LSD 事后两两比较可知:家庭年收入 3—5 万元的群体在中华民族共同体意识的总分和各维度得分均显著高于家庭年收入 2 万元及以下和年收入 11—20 万元的群体;家庭年收入 6—10 万元在中华民族共同体意识的总分和各维度得分均显著高于家庭年收入 2 万元及以下和年收入 11—20 万元的群体。

（四）中华民族共同体意识在不同县市的差异

表 5-3　中华民族共同体意识在不同县市上的差异统计

项目	家庭人口	M ± SD	F	P	LSD
中华民族共同体意识总分	芒市	83.83 ± 16.19	3.561**	0.007	3>1,4 5>1,4
	瑞丽	86.22 ± 14.22			
	盈江	89.27 ± 1.85			
	梁河	83.23 ± 13.95			
	陇川	88.36 ± 3.95			

项目	家庭人口	M ± SD	F	P	LSD
认知维度	芒市	27.77 ± 5.44	4.189**	0.002	3>1,4 5>1,4
	瑞丽	28.69 ± 4.77			
	盈江	29.73 ± 0.60			
	梁河	27.60 ± 4.71			
	陇川	29.45 ± 1.31			
情感维度	芒市	27.96 ± 5.54	3.526**	0.008	3>4 5>1,4
	瑞丽	28.69 ± 4.76			
	盈江	29.77 ± 0.65			
	梁河	27.55 ± 4.72			
	陇川	29.37 ± 1.71			
意志维度	芒市	28.10 ± 5.52	2.735*	0.029	5>1,4
	瑞丽	28.84 ± 4.74			
	盈江	29.77 ± 0.71			
	梁河	28.08 ± 4.75			
	陇川	29.53 ± 1.30			

综合上表得出，不同的县市在中华民族共同体意识总分、认知维度、情感维度、意志维度上均存在显著差异（P<0.05），进一步通过 LSD 事后两两比较可知：陇川地区在中华民族共同体意识总分和认知维度、情感维度、意志维度得分均显著高于芒市和梁河地区；盈江地区在中华民族共同体意识的总分和认知维度得分也显著高于芒市和梁河地区；盈江地区在情感维度的得分显著高于梁河地区。

（五）德宏民众中华民族共同体意识的潜剖面分析

1. 潜在剖面分析

潜在剖面分析是新兴的统计分析方法，从类型学的角度进行研究，可以通过潜在类别变量来解释外部连续变量之间的关联，实现外显变量之间的局部独立，并且能够利用相关的统计指标权衡分类的准确性以及有效性,还可以进一步考察不同类别与其他变量间的关系。现今,潜在剖面分析在国内外主要应用于心理学和社会学等领域。本研究采用潜在剖面分析,关注德宏州民众中华民族共同体意识的差异,旨在进一步探索德宏州民众中华民族共同体意识的类别、与人口学变量之间的关系等问题,进而完善德宏州民众中华民族共同体意识的研究。

2. 研究目的与研究假设

(1)研究目的

本研究选取潜在剖面分析方法对德宏州民众中华民族共同体意识组别进行探索,分析中华民族共同体意识不同类别的民众与其人口学变量的关系,并使学界对德宏州民众中华民族共同体意识与人口学变量的关系的认识更加深入。

(2)研究假设

假设 1:对德宏州民众中华民族共同体意识的类型进行探索,其中华民族共同体意识可能存在不同类别;

假设 2:德宏州民众中华民族共同体意识的不同类型在统计学特征中存在差异;

3. 数据处理及结果评估

采用 Mplus7.4 和 SPSS23.0 软件。首先,使用中华民族共同体意识的 28 个条目进行潜剖面分析,从初始模型逐步增加模型中的类别数目,直至找到具有最优拟合数据的模型;其次,在保留最优类别模型的基础上加入性别、年龄、民族、文化程度、政治面貌、职业、家庭年收入、家庭人口数、不同县市和所在地预测变量,采用 R3STEP 法预测潜类别变量。

4. 研究结果与分析

(1)德宏民众中华民族共同体意识的潜剖面分析

分别选取 1—7 个潜在剖面模型,结果显示(表 5-4):AIC、BIC 和 aBIC 值随着分类数目的增大而不断减小;LMR 和 BLRT 两个指标表明,2 类模型拟合良好;在 2 类时 Entropy 值为 1。故 2 个潜在类别(C1,C2)的分类模型为最优模型,其归属概率的矩阵见表 5-5。由表 5-5 可知,每个类别中的民众归属于每个类别的概率为 1，这表明 2 个类别的模型结果是可信的。在此基础上，进一步获得 2 个潜在类别在 18 个条目上的应答概率图（图 5-1）。

表 5-4　德宏州民众中华民族共同体意识的潜剖面模型拟合指标

模型	K	AIC	BIC	ABIC	Entropy	LMR	BLRT	类别概率 /%
1	36	19760.188	19909.068	19794.814				
2	55	8248.562	8476.018	8301.463	1	0.006	0.000	96.753%/3.247%
3	74	3716.997	4023.029	3788.173	1	0.570	0.000	3.247%/90.26%/6.494%
4	93	2627.528	3012.136	2716.979	0.998	0.781	0.000	3.247%/81.385%/6.061%/9.307%
5	112	1806.024	2269.207	1913.749	0.999	0.445	0.000	3.247%/5.628%/4.978%/82.251%/3.896%
6	131	1314.253	1856.012	1440.252	0.999	0.8845	0.000	3.247%/4.978%/6.710%/2.597%/80.736%/1.732%
7	150	768.107	1388.442	912.382	0.999	0.809	0.000	3.030%/0.433%/6.494%/1.732%/6.926%/81.385%/0.000%

表 5-5　不同潜在类别被试的平均归属概率 /%

类别	归属概率	
	C1	C2
C1	1.000	0.000
C2	0.000	1.000

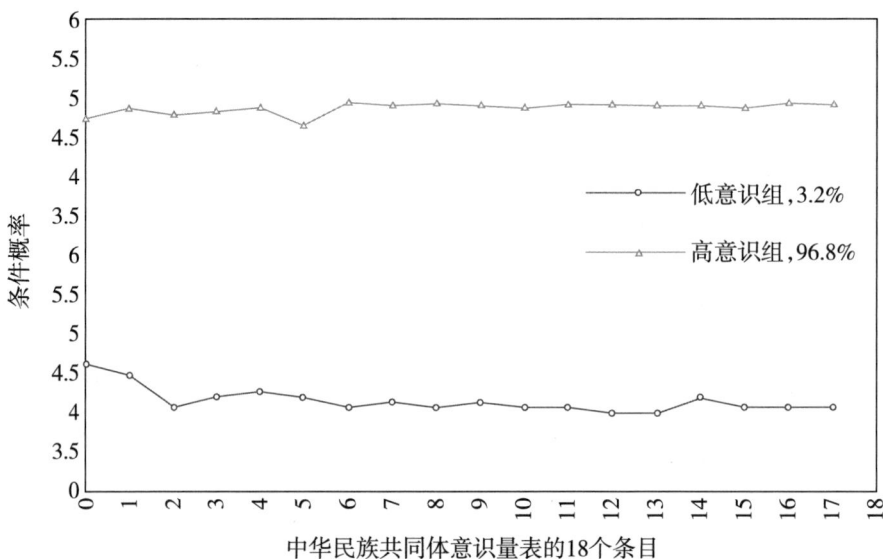

图 5-1　德宏州民众中华民族共同体意识两个潜类别在中华民族共同体意识量表 18 个条目上的得分概率

从图 5-1 可知,2 个潜在类别在中华民族共同体意识 18 个条目上的得分概率差异明显,表现出不同的特征。C1 类别在每个条目上的得分概率明显低于 C2,约占全体被试的 3.2%,根据其得分特征,将这一类别命名为"低意识型"。C2 类别在 18 个条目上的得分概率明显更高,约占全体被试的 96.8%,将这一类型命名为"高意识型"。

（2）人口学变量对中华民族共同体意识潜在类别的影响

采用 R3STEP 法,以中华民族共同体意识 2 个潜在类别为因变量,以性别、年龄、民族、文化程度、政治面貌、职业、家庭年收入、家庭人口数、不同县市和所在地为自变量进行多项 logistic 回归分析,并把高意识型作为参照组。结果表明（表 5-6）,文化程度、所在县市、所在地均有助于预测德宏州民众所属的类别组,其他人口学变量对德宏州民众中华民族共同体意识潜类别分组无显著影响。相对于高意识型而言,随"文化程度"由小学及以下、初中、高中 / 中专 / 技校、大学专科、大学本科、到硕士研究生及以上的变化,低意识型民众的发生比增加了 115.11%;

随"所在县市"由芒市、瑞丽、盈江、梁河到陇川的变化，低意识型的发生比降低
了43.39%；随着"所在地"由城市、乡镇到农村的变化，低意识型的发生比增加了
95.03%。

表5-6 以中华民族共同体意识潜类别为因变量（以性别、年龄、民族、文化程度、政治面
貌、职业、家庭年收入、家庭人口、所在县市、所在地为自变量）的多项式logistic回归（N=462）

自变量	β	SE	t	P
性别	−0.699	0.548	−1.275	0.202
年龄	0.622	0.409	1.521	0.128
民族	−0.112	0.117	−0.957	0.338
文化程度	0.766	0.210	3.642	0.000
政治面貌	0.206	0.208	0.993	0.321
职业	−0.111	0.079	−1.408	0.159
家庭年收入	−0.622	0.336	−1.850	0.064
家庭人口	0.201	0.591	0.340	0.734
所在县市	−0.569	0.210	−2.704	0.007
所在地	0.668	0.320	2.091	0.037

5. 讨论与分析

本研究根据中华民族共同体意识量表得分，采用LPA探索德宏州民众在中
华民族共同体意识上的潜在类别结构，结合相关指标，最终选定两个潜在类别的
模型，两种类别中，"高意识型"人数更多，"低意识型"人数更少。其中，"高意识
型"民众在认知、情感和意志维度上都有较高的条件概率，且所有项目的条件概
率都明显高于"低意识型"类别，即该组在所有维度上都具有较高的中华民族共
同体意识。

多项式回归分析显示，文化程度、所在县市和所在地对不同中华民族共同体
意识类别的民众具有明显差异的影响。以"高意识型"民众为参考，随"文化程度"
由小学及以下、初中、高中/中专/技校、大学专科、大学本科、到硕士研究生及以

上的变化"低意识型"民众的发生比增加了115.11%,这可能与不同文化程度所能接触到的思想观念不同有关。我国民族众多,民族关系纷繁复杂,受地理环境和传统观念的影响,不同民族之间的发展存在一定差距,这导致各民族人民容易产生心理落差。中华民族作为一个庞大的整体,不可避免会受到各种因素的影响,而恰逢西方国家趁全球化时机宣扬历史虚无主义、极端民族主义等不良思想观念,使高校学生的民族观念受到一定影响。高校内汇聚了不同民族的青年大学生,开展铸牢中华民族共同体意识教育是高校思想政治工作的重要任务,对实现中华民族伟大复兴具有重大意义。因此,应通过强力的保障机制形成德宏高校学生的铸牢中华民族共同体意识培育机制,发挥好高校思政课的关键作用,利用好每一个铸牢中华民族共同体意识的教育契机,做到持续创新与完善。

以"高意识型"民众为参考,随"所在县市"由芒市、瑞丽、盈江、梁河到陇川的变化,"低意识型"的发生比降低了43.39%,这可能与不同县市的铸牢中华民族共同体意识宣传和培育落实差异有关。云南边境地区各个民族和县市的历史较为复杂,表现为相对集中而又交错杂居的分布格局,我国始终坚持发展是解决民族地区各种问题的总钥匙,从边境民族地区的经济高速发展、民生的大幅改善已为铸牢中华民族共同体意识打下了坚实的经济基础,但各地区民众的中华民族共同体意识的思想基础仍存在差异。因此,应在中华民族共同体意识总体相对较低的地区,如芒市、梁河等,常态化开展铸牢中华民族共同体意识的宣传培育工作,学校把民族团结纳入教育教学计划,推动民族理论、政策、法律法规进课堂、进生活,同时发挥互联网的优势,把握主动权和主导权,通过广泛深入的宣传工作,推动中华民族共同体意识进一步深入人心。

以"高意识型"民众为参考,随着"所在地"由城市、乡镇到农村的变化,"低意识型"的发生比增加了95.03%,这可能与城市、乡镇和农村的培育方式与培育资源差异有关。实施乡村振兴战略是根本、长远的系统性工程,要加强中华民族共同体意识在农村、乡镇的培育,就必须把铸牢中华民族共同体意识的目标贯穿于乡村振兴工作的各领域、全过程。不仅要加快缩小乡镇、农村与城市之间的差异,也要打通地区性联结的通道,促进中华民族共同体意识培育方式和培育资源的循环式双向交往,实现农村中华民族共同体意识的培育保障。

6.结论

（1）德宏民众中华民族共同体意识的潜剖面分析情况

对德宏民众中华民族共同体意识进行潜剖面分析,最后发现,2个潜在类别在中华民族共同体意识18个条目上的得分概率差异明显,表现出不同的特征,且优于其他数量的潜在类别。C1类别在每个条目上的得分概率明显低于C2,约占全体被试的3.2%,根据其得分特征,将这一类别命名为"低意识型",即中华民族共同体意识认同程度更低的群体。C2类别在18个条目上的得分概率明显更高,约占全体被试的96.8%,将这一类型命名为"高意识型"。

（2）人口学变量对中华民族共同体意识潜在类别的影响情况

文化程度、所在县市、所在地等因素均有助于预测德宏州民众所属的类别组,其他人口学变量对德宏州民众中华民族共同体意识潜类别分组则无显著影响。相对于"高意识型"而言,随"文化程度"由小学及以下、初中、高中/中专/技校、大学专科、大学本科、到硕士研究生及以上的变化,"低意识型"民众的发生比增加了115.11%;随"所在县市"由芒市、瑞丽、盈江、梁河到陇川的变化,"低意识型"的发生比降低了43.39%;随着"所在地"由城市、乡镇到农村的变化,"低意识型"的发生比增加了95.03%。

（六）德宏民众中华民族共同体意识现状的质性研究

此部分研究随机选取了63名德宏民众,对中华民族共同体意识相关问题进行半结构化深度访谈,以重点探寻中华民族共同体意识在不同个案上的体现的差异、深入了解德宏州民众对中华民族共同体意识的认识以及在中华民族共同体意识培育中可能出现的影响。

首先,对半结构化访谈结果进行内容分析。其次,采用协商一致的质性的研究方法。通过协商一致的质性研究方法对访谈内容进行研究,确定德宏民众对中华民族共同体意识的认识。并在此基础上,进一步探究中华民族共同体意识的培育路径以及可能存在的影响因素。

操作步骤

数据收集：

对 63 名德宏州民众进行半结构化深度访谈。

转录：

将材料均转化成电子文档以便于进行更好的编码和分析。

数据分析：

采用协商一致的质的研究方法（CQR）对数据进行分析。第一步，采用自下而上质性研究思路，以句子为分析单位，将收集的访谈材料编上序号。第二步，采用自上而下质性研究思路，初步建立访谈内容的初步编码系统。第三步，将每类访谈内容的信息精炼成核心观点。第四步，将所有类别的核心观点放在一起做交叉分析，找出其中的共同类别，从而聚成不同的类别，最终形成研究结果。

主题编码：

将数据中所有与访谈问题相关的内容信息划分为几个类别；最初的主题编码采用自下而上的思路，根据所查阅的相关资料暂时进行拟定，然后采用自下而上的方式，从数据中逐渐提炼出访谈内容的类别。

在分析过程中，数据首先会被划分到初步拟定的类别之下。每个小组成员独立进行资料的类别划分，再采用 NVIVO 的质性研究软件，将相关类别数据划到不同的主题中（在 NVIVO 软件中被称为"节点"）。小组成员一起讨论每一条记录的划分，并对主题的划分和定义方式进行修改，直到达成一致，再将达成一致的划分结果交给核查员核查，最后在小组讨论会上确定最终结果。质性研究是一个不断重复的过程，所有的分析完成后才算是初步建立了主题编码系统。

提炼核心观点：

在提炼核心观点这一环节中，小组每个成员都要独自根据已有的关于访谈内容的定义，对每类素材的内容进行概括、提炼，汇聚成核心观点。再在小组讨论会上，对各个核心观点的表述进行讨论并达成一致，最后写出摘要。

交叉分析：

在交叉分析这一环节中，首先，将每一种分类的所有核心内容进行汇总。其次,小组成员统一反复阅读,所有组员一起讨论分类及其命名,并对每个核心观点的归属进行讨论,直到全部达成一致。最后,将最终主题与子类的结果提交给审核员审核,并根据审核员意见进行修改并达成一致。

稳定性检查:

在稳定性检查这一环节中,小组成员一起用最终建立的访谈素材编码系统,对其他资料进行编码,检验所得主题以及子类是否适用于新的资料。若结果显示没有新增主题与子类,则说明结果稳定可靠。

统计频次:

统计每个主题下各类别在资料中出现的频率,分析结果通常以表格的形式呈现。

1. 研究资料

本研究中研究资料来源于开放式访谈结果,采用自编的中华民族共同体意识访谈提纲对德宏州民众进行深度访谈。本研究中的访谈内容全部由课题组研究者独立完成,访谈数据由录音音频转为 word 文档,依据本研究所探讨的角度,将以访谈主题频次的方式呈现并作进一步讨论。

2. 研究结果与分析

（1）对来自民众访谈资料的分析结果

Q1：对中华民族共同体意识的认识程度。

此部分调查以"您在日常的生活、工作、学习中是否听说、了解过中华民族、中华民族共同体或中华民族共同体意识？"为问题展开讨论,此部分每一项目用A1、A2、A3、A4……表示。具体资料分析和讨论结果如下：

表 5-7 对中华民族共同体意识的认识程度频次表

编码	关键词项目	频次	百分比
A1	是、听说过、听过	33	52.38
A2	经常听到	6	9.52
A3	了解	21	33.33

编码	关键词项目	频次	百分比
A4	国家之基	1	1.59
A5	否、没有	2	3.17

由上表可知，日常生活中96.83%的民众都接触过中华民族共同体意识，且有33.33%的受访民众对中华民族共同体意识表示了解。但仍有3.17%的受访民众表示从未听说过中华民族共同体意识。因此，总体而言，中华民族共同体意识在德宏州的培育状况较好。

Q2：中华民族共同体意识的接触途径。

此部分调查以"您是通过哪些途径（方式）接触到（学习到）中华民族、中华民族共同体或中华民族共同体意识相关内容的？（可提示：宣传标语、电视、网络（如微信、微博、学习APP）、文艺演出、村寨红色教育场馆或学习基地、理论宣讲等）"为问题展开讨论，同时，把民众和民众的观点进行编码和区别，根据自下而上的质性研究思路，初步建立编码系统。此部分每一项目用B1、B2、B3、B4……表示，每个访谈对象可存在一个或多个关键词编码。具体资料分析和讨论结果如下：

表5-8　中华民族共同体意识的接触途径频次表

编码	关键词项目	频次	百分比
B1	网络、手机	28	44.44
B2	电视、收音机、广播、报刊	42	66.67
B3	宣传标语	19	30.16
B4	文艺演出、民族风俗	12	19.05
B5	村寨红色教育场馆或学习基地、教育活动	9	14.29
B6	理论宣讲、讲座	13	20.63
B7	党员学习	7	11.11
B8	学校教育、课本	6	9.52
B9	否	1	1.59

由表 5-8 可知，德宏州民众接触中华民族共同体意识的途径较多，其中最常见的方式为电视、收音机、广播、报刊，有 66.67% 的受访民众通过这种途径了解到中华民族共同体意识；其次为网络 / 手机，有 44.44% 的受访民众通过手机或电脑上网了解中华民族共同体意识；30.16% 的受访民众看过中华民族共同体意识的宣传标语；20.63% 的受访民众参与过中华民族共同体意识的理论宣讲或讲座；19.05% 的受访民众在文艺演出或民族风俗活动中接触过中华民族共同体意识；14.29% 的民众在村寨红色教育场馆或学习基地或教育活动中接触过中华民族共同体意识；11.11% 的受访民众在党员学习中接触到中华民族共同体意识；9.52% 的民众在学校教育或课本中接触过中华民族共同体意识；1.59% 的民众没有接触过中华民族共同体意识。总体来看，中华民族共同体意识的接触途径较多，宣传效果比较到位，德宏地区也采取了多方面、多角度的方式对德宏州民众进行中华民族共同体意识培育。

Q3：中华民族共同体意识的主要印象。

此部分调查以"关于中华民族、中华共同体或中华民族共同体意识，您印象最深的是哪些内容？（字词、标语、图片、物等）"为问题展开讨论。具体资料分析和讨论结果如下：

表 5-9　中华民族共同体意识的主要印象的节点编码频次表

一级节点	二级节点	三级节点（参考点）数	累计参考点数	百分比
字词	相关字词	4	9	14.29
	核心价值观	1		
	学习或会议中字词	3		
	广播	1		
标语	相关标语 / 村寨标语	18	43	68.25
	民族团结	18		
	时代建设	3		
	扶贫	2		
	疫情	2		

续表

一级节点	二级节点	三级节点（参考点）数	累计参考点数	百分比
图片	相关图片	10	10	15.87
物	相关物	1	13	20.63
	新闻 / 电视	7		
	图册	1		
	国歌	3		
	五星红旗	1		
节日	传统节日	5	5	7.94
无	否	1	1	1.59

由表 5-9 可知德宏州民众对中华民族共同体意识的主要印象来自标语。约 68.25% 的民众对中华民族共同体意识的印象都为宣传标语，如中华民族一家亲、民族团结等标语；20.63% 的民众对中华民族共同体意识的印象来自物，如新闻、图册、国歌等物；15.87% 的民众对中华民族共同体意识的主要印象在于相关图片；14.29% 的民众对中华民族共同体意识的印象在于相关字词，如广播或会议中的字词；7.94% 的民众对中华民族共同体意识的主要印象在于传统节日；1.59% 的民众对中华民族共同体意识无印象。总体来看，大部分民众对中华民族共同体意识的主要印象在于宣传标语和相关物，因此，在对德宏州民众进行中华民族共同体意识培育的方式中，标语和相关物的培育材料能够起到较大影响。

Q4：德宏州民众对中华民族共同体意识的宣传方式偏好。

此部分调查以"您比较喜欢的中华民族共同体意识（或民族团结）的宣传教育方式有哪些？为什么？（可提示：宣传标语、电视、网络（如微信、微博、学习 APP）、文艺演出、村寨红色教育场馆或学习基地、理论宣讲等）"为问题展开讨论，此部分每一项目用 D1、D2、D3、D4……表示，每个访谈对象可存在一个或多个关键词编码。具体资料分析和讨论结果如下：

表 5-10　中华民族共同体意识宣传方式偏好频次表

编码	关键词项目	频次	百分比
D1	宣传标语	18	28.57
D2	电视、广播、报刊	31	49.21
D3	网络	27	42.86
D4	文艺演出	19	30.16
D5	村寨红色教育场馆、学习基地	14	22.22
D6	理论宣讲	11	17.46
D7	否	1	1.59

由表 5-10 可知，电视 / 广播 / 报刊和网络是德宏州民众对中华民族共同体意识宣传的偏好方式，分别占比 49.21% 和 42.86%；其次偏好于文艺演出和宣传标语的宣传方式，分别占比 30.16% 和 28.57%；偏好理论宣讲方式和村寨红色教育场馆或学习基地的民众分别占 17.46% 和 22.22%；1.59% 的民众无偏好方式。总体看来，大部分民众对中华民族共同体意识的宣传方式更偏好方便、快捷的电视 / 广播 / 报刊和网络，其次是宣传标语和文艺演出等此类易引人注意的方式，而偏好理论宣讲和村寨红色教育唱歌或学习基地方式的民众较少。

Q5：德宏州民众对中华民族传统节日的偏好。

此部分调查以"您认为最重要（最喜欢）的传统节日排序依次是：（标序号 1.2.3.4.5 即可）A. 泼水节，B. 目瑙纵歌节，C. 阿露窝罗节，D. 阔时节，E. 浇花节 F. 春节、中秋节、端午节、清明节等中国传统节日 G，其他节日"为问题展开讨论，此部分每一项目用 E1、E2、E3、E4……表示，每个访谈对象可存在一个或多个关键词编码。具体资料分析和讨论结果如下：

表 5-11　中华民族传统节日偏好频次表

编码	关键词项目	频次	百分比
E1	泼水节	48	76.19
E2	目瑙纵歌节	45	71.43

续表

编码	关键词项目	频次	百分比
E3	阿露窝罗节	44	69.84
E4	阔时节	33	52.38
E5	浇花节	38	60.32
E6	春节、中秋节、端午节、清明节等中国传统节日	61	96.83
E7	其他节日	35	55.56

由表 5-11 可知,96.83% 的民众把春节、中秋节、端午节、清明节等中国传统节日视为重要的传统节日;76.19% 的民众将泼水节视为重要的传统节日;71.43% 的民众将目瑙纵歌节视为重要的传统节日;69.84% 的民众将阿露窝罗节视为重要的传统节日;60.32% 的民众将浇花节视为重要的传统节日;52.38% 的民众将阔时节视为重要的传统节日;55.56% 的民众认为还有其他节日是重要的中华民族传统节日。总体而言,大部分德宏州民众在传统节日上与其他地区民众一样将中国传统节日视为重要的节日,同时仍保留了本民族地区的特色节日。

Q6:德宏州民众对民族关系的看法。

此部分调查以"您如何看待本民族和中华民族的关系?(及本民族文化和中华优秀文化之间的关系)"为问题展开讨论,此部分每一项目用 F1、F2、F3、F4……表示,每个访谈对象可存在一个或多个关键词编码。具体资料分析和讨论结果如下:

表 5-12 德宏州民众对民族关系的看法编码频次表

编码	关键词项目	频次	百分比
F1	离不开、不可分割、组成部分、共同体、共同 构成、缺一不可、紧密相连、密不可分、不可或缺	23	36.51
F2	大家庭、一家、同胞、团结、统一、坚不可摧、母与子	22	34.92
F3	认同感、归属感	2	3.17
F4	关系特别好、关系很好、和谐	11	17.46

续表

编码	关键词项目	频次	百分比
F5	有福同享有难同当、互相帮助、互相学习	4	6.35
F6	息息相关、集合关系	2	3.17
F7	大国风范	1	1.59
F8	未相处	1	1.59
F9	其他	1	1.59

由表 5-12 可知，在大部分德宏州民众看来，自己民族和中华民族是不可分割的共同体，是团结的大家庭，他们对中华民族具有强烈的认同感和归属感，认为各民族之间的关系应和谐友爱，各民族之间有福同享、有难同当，仅有 1.59% 的受访民众与中华民族无相处经验。总体来看，德宏州民众对民族关系的看法十分团结积极，可通过促进不同民族间的交流活动进行中华民族共同体意识的培育。

Q7：德宏州民族关系现状、体现与印象。

此部分调查以"您所在的地方各民族的关系如何？主要体现在哪些方面？您对他们（其他民族）的印象（评价）是（您喜欢跟他们一起交往、做事聊天、通婚吗）？"为问题展开讨论，在表格中，民族关系现状部分的每一项目用 G1、G2、G3、G4……表示；民族关系体现部分的每一项目用 H1、H2、H3、H4……表示；民族印象/评价部分的每一项目用 I1、I2、I3、I4……表示，每个访谈对象可存在零个或多个关键词编码。具体资料分析和讨论结果如下：

表 5-13 德宏州民族关系现状频次表

编码	关键词项目	频次
G1	特别好、很好、挺好、好	14
G2	良好	9
G3	和谐、和睦、融洽、友好、团结	20
G4	亲兄弟、亲如一家	8
G5	同等同级、无民族差距	2

表 5-14　德宏州民族关系的体现频次表

编码	关键词项目	频次
H1	民族风情、民族风俗、特色、节日（赶摆等）	14
H2	民族文化、语言、文字	6
H3	一家亲	2
H4	平常、日常、生活、交流、做客	13
H5	赶集	1
H6	工作	5
H7	遇到困难	3

表 5-15　德宏州民族关系的印象／评价频次表

编码	关键词项目	频次
I1	一起交往、共处	13
I2	做事聊天、工作交流	22
I3	通婚、儿媳妇	15
I4	传统节日、活动	5
I5	热情、互相帮助、奉献精神	16
I6	喜欢	7
I7	很少交流	1

　　由表可知，在德宏州民众访谈中，民族关系现状较好。由上表可知，德宏州民众关系的体现主要在各民族的风俗节日以及日常生活中。特色节日可以让不同民族的民众了解到其他民族的风情与魅力，此外，日常生活和交流也体现了各民族之间的友好关系。由表 5-15 可知，民众对民族关系的印象和评价主要来自交往共处、工作交流，且通婚现象也较常见，留下了较多热情、互相帮助的印象与评价。总体而言，德宏州的各民族关系较好，这种关系既体现在民族风俗中也体现在日常生活里，各民族间都对彼此有较好的印象和评价。

Q8：德宏州民众对所处环境的满意度。

此部分调查以"您对自己的生存生活工作环境（硬环境、软环境）是否满意（满足）？为什么？（追问对党的领导、国家民族政策、脱贫攻坚、乡村振兴等的了解和满意度等）"为问题展开讨论，此部分满意项目用 K1、K2、K3、K4……表示，原因用 L1、L2、L3、L4……表示，每个访谈对象可存在一个或多个关键词编码。具体资料分析和讨论结果如下：

表 5–16　德宏州民众对所处环境的满意度频次表

编码	关键词项目	频次	百分比
K1	满意、满足	63	100.00

表 5–17　德宏州民众对所处环境满意度的原因频次表

编码	关键词项目	频次	百分比
L1	国家政策（乡村振兴、脱贫攻坚）、民族政策、地区政策（建档立卡、贫困补贴）、政策	31	49.21
L2	党的领导、党的政策	10	15.87
L3	建设、发展	4	6.35
L4	福利、便利、照顾、生活、生活水平	18	28.57
L5	民族团结	1	1.59
L6	中国人、感到骄傲	3	4.76

由表 5–16、5–17 可知，所有受访民众都对目前的生活、工作环境感到满意，德宏州的环境建设基本达到民众需求。由上表可知，受访民众对所处环境满意度较高的原因主要在于国家政策的实施以及福利和生活水平的提升，这两项原因分别占比 49.21% 和 28.57%，同时党的领导和地区的建设、发展也是重要原因，分别占比 15.87% 和 6.35%。总体而言，德宏州民众对当前的生活环境感到满意，主要可归因于党的领导、国家的政策支持、生活水平的提高、基础设施的改善等。

Q9：德宏州民众对普及通用语言的看法。

此部分调查以"您如何看待推广普及国家通用语言文字这一政策？对于本民

族的语言和普通话的关系,您希望都掌握还是有其他观点?"为问题展开讨论,对普及语言的看法项目用 M1、M2、M3、M4……表示,对本民族语言和普通话关系的观点用 N1、N2、N3、N4……表示,每个访谈对象可存在零个或多个关键词编码。具体资料分析和讨论结果如下:

表 5-18 德宏州民众对普及通用语言的看法频次表

编码	关键词项目	频次	百分比
M1	赞成、支持、很好、更好、发扬、推广	43	68.25
M2	可以、掌握、一致、应该接受、一起发展	14	22.22
M3	可选择性、本民族语言	2	3.17

表 5-19 德宏州民众对本民族语言和普通话的关系观点频次表

编码	关键词项目	频次	百分比
N1	推广国家通用语言、接受普通话教育、普及、推广、学习普通话、会讲普通话、更方便、通俗易懂	15	23.81
N2	普通话为主、普通话为常用 / 通用	7	11.11
N3	掌握、都掌握、同时掌握	40	63.49
N4	本民族语言为主、首先会自己的语言	2	3.17
N5	选择性、尊重各民族语言	3	4.76
N6	无	1	1.59

由表 5-18 可知,68.25% 的民众赞成通用语言的普及,22.22% 的民众对普及通用语言持积极态度,部分民众希望通用语言与民族语言共同发展,3.17% 的民众更倾向于可选择性的使用语言。

由表 5-19 可知,63.49% 的民众希望同时掌握本民族语言和普通话,23.81% 的民众支持推广和普及普通话,11.11% 的民众希望以普通话为通用语言,3.17% 的民众希望以本民族语言为主或能自主选择使用语言。

总体而言,普及通用语言政策在德宏州的实施情况较为乐观,大部分民众持支持态度,而在本民族语言和普通话的关系中,大部分民众希望能同时掌握两种语言,支持在发展的同时保留民族本身的文化。

Q10：德宏州民众中华民族共同体意识的产生及影响因素。

此部分调查以"您何时开始意识到自己是中华民族一员的？通过什么样的方式意识到的？（或受什么启发）在什么情况下（什么时候,什么事情影响下）觉得自己对祖国的感情最深、为自己是中华民族一员而感到骄傲？"为问题展开讨论,本研究中编码是关键词项目,在表格中,共同体意识产生时间部分的每一项目用O1、O2、O3、O4……表示；产生方式部分的每一项目用P1、P2、P3、P4……表示；受到启发部分的每一项目用Q1、Q2、Q3、Q4……表示；影响情境部分的每一项目用R1、R2、R3、R4……表示,每个访谈对象可存在零个或多个关键词编码。具体资料分析和讨论结果如下：

表5-20　德宏州民族民众中华民族共同体意识的产生时间频次表

编码	关键词项目	频次
O1	一直意识、从始至终	16
O2	从小、小时候、从有印象、从记事以来、开始接受教育、读书、五岁、七岁、小学	22
O3	坐在中国、日常生活	2
O4	上政治课	1
O5	重阳节	2
O6	庄严宣誓、升国旗	2

表5-21　德宏州民众中华民族共同体意识的产生方式频次表

编码	关键词项目	频次
P1	电视、新闻、广播、电影	9
P2	网络、手机	2
P3	政策	2
P4	民族风俗、文化活动、民族活动	6
P5	教育、读书、学习、上政治课、上学	14

编码	关键词项目	频次
P6	党员活动	2
P7	村里宣传、开会	3
P8	子女、儿女	2

表 5-22　德宏州民族民众中华民族共同体意识的启发频次表

编码	关键词项目	频次
Q1	民族团结	8
Q2	大家庭、中华民族的一员、中国人	9
Q3	伟大复兴、不断强大	4
Q4	国家为我们、国家政策	2
Q5	认同感	1

表 5-23　德宏州民众中华民族共同体意识感情的影响情境频次表

编码	关键词项目	频次
R1	困难、问题	4
R2	时刻、随时、无论何时	5
R3	疫情、灾害	8
R4	安居乐业、生活、团圆	3
R5	变化、近况、现在、今天、过去、曾经、战争年代	5
R6	福利、政策、助学贷款	8
R7	热血沸腾的画面、奥运、英雄、看剧、为国争光	5
R8	缅甸	3

由表可知,在德宏州,民众产生中华民族共同体意识的时间主要在小时候或读书上学时,也有部分民众是在节日或日常生活中产生中华民族共同体意识。由表5-21可知,大部分民众产生中华民族共同体意识的方式是受教育和电视广播宣传

等途径,也有部分民众是通过民族活动、村里宣传、网络和政策而产生中华民族共同体意识。

大部分民众萌发中华民族共同体意识,认为自己属于中华民族的一员,要拥护民族团结,实现中华民族伟大复兴。

当人民群众面对疫情挑战和接受国家政策、福利时,首先是受到的中华民族共同体意识情感影响最多,其次是时时刻刻、回忆今昔变化、面对困难、看到为国争光的画面或电视剧时受到的感情影响最多。此外还有部分民众在安居乐业以及想到周边的缅甸时,对国家感情最深或感到骄傲。

总体而言,中华民族共同体意识的产生较早,且教育和电视宣传方式对中华民族共同体意识的产生有较大影响。大部分德宏州民众在面对疫情、困难以及获得国家政策福利照顾时受到中华民族共同体意识的情感影响较深,并在回忆过往以及与周边国家做对比时也会受到中华民族共同体意识的情感影响。

（2）分析与讨论

本研究依据中华民族共同体意识访谈提纲,进行半结构化深度访谈,对63名德宏州民众的中华民族共同体意识的认识、相关印象、接触途径及影响因素进行调查与深入了解。

第一,根据民众访谈资料的分析结果可知,大部分云南边境地区民众都接触过中华民族共同体意识,接触途径主要是电视、收音机、广播、报刊以及网络,部分民众经由中华民族共同体意识的宣传标语和宣讲讲座了解到中华民族共同体意识。因此,中华民族共同体意识在德宏州的普及情况较好,虽采取了多方面的宣传与培育方式,但区域宣传仍需加强。根据访谈结果可知,一位年龄在60岁及以上的老人并没有接触过中华民族共同体意识这一思想观念,因此,云南边境地区中华民族共同体意识培育的针对性宣传应当加强,尤其是针对老年人的中华民族共同体意识培育方式应与面向年轻人的培育方式有所不同,针对年长者的中华民族共同体意识培育方式应更切合当地民族地区的老年人习惯。

第二,根据民众访谈资料结果可得,大部分德宏州民众对中华民族共同体意识的印象来自宣传标语,因此,宣传标语可能是给民众印象最深、最常见的宣传方式,进而产生易得性启发。在中华民族共同体意识的宣传方式偏好的访谈资料中,首先最受德宏州民众欢迎的宣传方式是电视、广播、网络,其次是文艺演出和宣传标语。因此,宣传标语可能是云南边境地区较为实用的宣传方式之一,在对德宏州民众进行中华民族共同体意识培育时,除了要关注在新闻和网络上的培育宣传,也需要关注宣传标语这一培育方式。

第三,根据对中华民族传统节日偏好的访谈频次结果可知,大部分的民众已将春节、中秋节等中国传统节日视为重要的节日,同时也非常重视自己本民族的独特节日。因此,德宏州在传统文化方面的中华民族共同体意识培育状况较好。同时,在对民族关系的看法进行调查时我们也发现,大部分民众认为自己本民族和中华民族是不可分割的共同体,对中华民族具有强烈的认同感和归属感,对中华传统文化的宣传与融合更加深各民族民众的中华民族共同体意识。

第四,对地区民族关系现状的访谈调查中可知,德宏州各民族相处和谐融洽,在民族节日、日常生活和交流中都相处较好,存在大量交往、共事和通婚的现象。因此,德宏州各民族之间的关系较好,而促进各民族之间多交流来往,创造共处和互相了解的机会是德宏州民众中华民族共同体意识培育的有效方式之一。

第五,本研究中的所有受访民众都对目前的生活、工作环境感到满意,而满意度较高的原因主要是国家政策和社会福利的实施以及生活水平的提升。因此,目前看来,德宏州的经济发展和民生改善已为铸牢德宏州民众中华民族共同体意识打下了坚实的经济基础。

第六,在普及通用语言的访谈调查中发现,大部分的民众都赞成普通话的推广与普及,并且希望保留自己本民族的语言。大部分德宏州民众对通用语言推广的接受程度较高,认为通用语言的彻底普及能促进各民族之间的沟通与交流,使生活更便利。因此,就语言文化方面看来,在德宏州普及国家通用语言能将中华民族共同体意识融入教育体系,形成铸牢中华民族共同体意识的保障机制。

第七,根据民众的中华民族共同体意识的产生和影响因素的访谈资料可知,大部分民众产生中华民族共同体意识的时间较早,基本上产生于小时候,且主要通过接受教育和电视广播等途径了解到中华民族共同体意识,进而产生了自己属于中华民族中一员的启发。因此，在中华民族共同体意识培育中不可忽视教育和新闻传播带来的影响，而中华民族共同体意识的培育也应从小开始。此外，根据访谈资料可知，大部分民众群众在面对疫情的挑战和享受国家的政策、福利时，深刻体会到自己对祖国的情感；其次是对比当下与过往的发展变化时，他们最能感受到国家为人民的奉献。因此，社会问题、经济发展、为民政策和福利都可能是影响中华民族共同体意识发展的重要因素。在全面建设社会主义现代化国家的征程上，更应将中华民族共同体意识深度融入人民的教育与生活中，贯穿人才培养过程，筑牢各族人民共同团结奋斗、共同繁荣发展的思想基础。

（3）云南边境民族地区群众中华民族共同体意识以及民族关系质性研究结论

第一，中华民族共同体意识的普及情况较好。大部分德宏州民众都接触过中华民族共同体意识，接触途径主要是电视、收音机、广播以及网络，部分民众经由宣传标语和讲座了解到中华民族共同体意识。

第二，大部分云南边境民族地区民众对中华民族共同体意识的印象来自宣传标语，而大部分民众对中华民族共同体意识的宣传方式更偏好于电视、广播、网络、文艺演出和宣传标语。

第三，春节、中秋节等中国传统节日已被大部分民众视为重要的节日，同时各民族的传统节日也受到重视。大部分民众认为自己的民族和中华民族是不可分割的共同体，对中华民族具有强烈的认同感和归属感。

第四，云南边境民族地区民族关系较好，各民族之间相处融洽，存在大量交往、共事和通婚的现象。

第五，所有受访民众都对目前的生活和工作环境感到满意，满意度较高的原因主要是国家政策和福利的实施以及生活水平的提升。

第六，大部分民众都赞成普通话的推广与普及，并希望保留自己本民族的语言，最好能够同时使用两种语言，并希望自己的子女能掌握好普通话。

第七，云南边境民族地区民众的中华民族共同体意识产生时间较早，大部分在幼年时期，主要通过受教育、电视和广播等途径产生。大部分民众受到中华民族共同体意识的启发后更加坚定自己属于中华民族中的一员。同时，在面对疫情、享受国家政策和福利以及对比当今与过往的变化时对祖国的感情最深。

四、云南边境民族地区民众中华民族共同体意识培育对策

本研究通过对德宏州民众的中华民族共同体意识进行问卷调查、量表施测和半结构化访谈，对该地区民众的中华民族共同体意识现状及影响因素有了深入了解。面对各种制约因素，如何增强德宏州民众的"五个认同"，进一步铸牢中华民族共同体意识，本研究对云南边境民族地区民众中华民族共同体意识培育对策展开了进一步的探究。

（一）加强和完善中华民族共同体意识的宣传机制

铸牢中华民族共同体意识离不开对民族团结观念、中华文化的有力宣传和爱国教育的深入开展。根据本调查研究，德宏州民众对中华民族共同体意识的了解和主要印象来自媒体和所在村寨的宣传活动。因此，各地区对中华民族共同体意识的宣传必不可少，且需要针对不同群体采取一定的宣传机制。

首先，从宣传方式而言，电视、网络、宣传标语和文艺演出是德宏州民众接触最多的方式，从目前研究现状来看宣传效果较好，但仍存在不足。电视、网络和宣传标语都是从认知维度对中华民族共同体意识进行宣传，传递中华民族共同体意识的信息、认识和价值观，但这种宣传方式并不适合年长或不识字的老人，在质性研究的调查结果中我们发现，部分年龄在 60 岁及以上的老人并没有接触过中华民族共同体意识这一思想观念。因此，针对不同年龄段群体应采取更具适应性的宣传方式，尤其是应不断完善面向老年人或文化程度较低民众的宣传机制。认知水平较低的民众对新闻或宣传标语的信息处理能力有限，对中华民族共同体意识的认知缺乏或只停留在浅表层面，因此，当地可以通过文艺演出，唤起他们的积极情感，促进民众对中华民族共同体意识的认识，进而影响认知，最终影响行为，自觉能动地保护民族团结，维护民族团结一家亲的原则。

其次，就宣传内容而言，本研究结果表明，大部分民众群众在面对疫情、享受国家政策和福利时感到对祖国的情感最深，对比当今与过往的发展变化时，最能感受到国家为人民的奉献。就中华民族共同体意识的情感维度而言，民族情感对铸

牢中华民族共同体意识具有重要意义。因此，在对中华民族共同体意识进行宣传时，可以加强对各民族互相帮助的事迹、国家为民政策、利民福利的宣传，同时加强对过往与改革发展的变化的对比宣传，使民众深入了解党和国家的各项方针政策的落实与成果。大力增加与民众息息相关的宣传内容，让中华民族共同体意识更加深入人心，各族人民更加热爱伟大祖国、中华民族、中华文化。

最后，就宣传地区而言，本研究中结果表明，在不同县市，民众中华民族共同体意识存在显著差异。例如在芒市和梁河地区的民众中华民族共同体意识显著低于盈江、陇川等地区。并且，随着所在地由城市、乡镇到农村的变化，"低意识型"民众的发生比增加。因此，在对德宏州进行中华民族共同体意识宣传时，应密切关注宣传的方式方法是否在不同民众之间存在不同的偏好和差异，在城市与农村这样发展存在差异的地区宣传是否同样落实到位，是否存在宣传方式受限和资源受限的情况，以及是否需要针对不同地区民众采取不同的适应性宣传方式和内容。

（二）推进大中小学铸牢中华民族共同体意识教育一体化建设

本研究结果显示，随文化程度升高，"低意识型"民众的发生比增加。因此，对不同文化程度民众的中华民族共同体意识培育应有针对性地采取不同的培育方式与培育内容。当前，德宏州各级各类学校在铸牢中华民族共同体意识教育方面合力不足，未形成协同育人效应。因此，德宏州应形成州委统一领导，教育部门牵头组织，各级各校落实执行，全社会共同参与的长效教育机制，根据各阶段学生的学习特点、认知水平，结合教育目的，制订教学计划及综合、全面、科学的教育效果考核评价机制，坚持课堂主阵地，使学校成为开展铸牢中华民族共同体意识教育的最重要场所之一。

（三）树立典型，发挥榜样示范引领作用

铸牢中华民族共同体意识教育，多采用榜样示范法，特别是要充分挖掘德宏本地的历史伟人、民族英雄、革命前辈、抗疫英雄等榜样资源，以其高尚思想、模范行为、卓越成就等影响受教育者的思想、感情和行为。在电视、网络、村寨广播和宣讲中，把抽象、高深的政治思想原理通过人物和事件具体化、人格化、生动化，从而影响受众心理，引发共情，使教育更有吸引力、说服力和感染力。

（四）加强实体认知教育，最大程度激发中华民族共同体意识

调研发现，在偏远农村地区，部分老人及文化水平较低的民众对中华民族共同体意识了解不深，政治信息接触有限，针对这些地区的民众，可采用物化的方式，发放家居装饰品、张贴宣传海报，如中国地图、五星红旗、中国历史及人物、国家政策海报等；另外，示范村的人居环境正不断得到改善，在村容村貌打造过程中，关于民族团结进步教育和铸牢中华民族共同体意识的元素设计，也是民众喜好的重要学习途径。

（五）持续推进新时代良好家风建设

新时代家风建设吸收了中华优秀传统文化的思想精髓，"家是最小国，国是千万家"。习近平总书记在全国教育大会上也作出了重要讲话："家庭是人生的第一所学校，家长是孩子的第一任老师，要给孩子讲好人生第一课，帮助扣好人生第一粒扣子。"受访调查显示，在步入学校之前，孩子以家庭为圆心开展学习活动，获取认知。家庭作为学生成长启蒙的先发之地，其在中华民族共同体意识培育过程中的重要性毋庸置疑。此外，在受访家庭中，以村寨集体形成文化圈，随着年龄的增长，青少年群体中的"同辈效应"也在不断扩大。因此，在幼童初期，家庭父母首先应注重家风引导培育，以优秀的中华民族传统文化树立正确价值导向，糅合吸收本民族的优秀少数民族文化，做好"习得与传承"。家长在"习得与传承"中华优秀传统文化中，也应做到好教育示范的正面作用，通过家族群体的集体生活、活动，引导青少年的价值观，让孩子在"习得与传承"中充分感受中华民族共同体意识的内涵的魅力。因此，德宏州应挖掘好少数民族优秀传统文化，注重家庭教育与家风建设，以优良家风引导新时代云南边境民族地区民众进一步铸牢中华民族共同体意识。

（六）推进队伍建设，形成不同层级、不同类型的教育工作队伍

配齐建强德宏州铸牢中华民族共同体意识的教育工作队伍，形成不同层级、不同类型的教育宣传队伍。如宣讲队伍、科研队伍、文艺宣传队伍、融媒体队伍等，形成一支专职为主、专兼结合的教育工作队伍。

（七）创新活动载体，推动铸牢中华民族共同体意识教育进基层

铸牢中华民族共同体意识的关键在基层，工作难点也在基层。针对基层群众对铸牢中华民族共同体意识教育活动了解不够、参与度不高的问题，当地应积极营造氛围，创新活动载体，寓教于乐，通过形式新颖的学习教育活动，满足广大基层群众的精神文化需求。目前抖音、快手等网络平台的短视频在基层群众中非常流行，已成为社交领域的新潮流。为了提高学习教育活动的影响力，宣传部门可以在乡镇、学校、企业、社区村寨举办"流量之星"大赛，鼓励基层群众制作、传播以"民族团结进步"为主题的短视频，吸引广大基层群众，特别是青少年群体踊跃参与，使中华民族共同体意识在基层群众中深入人心，生根发芽，打造德宏州铸牢中华民族共同体意识的网络文化品牌。

（八）加大对失业待业者和家庭年收入较低者的帮扶力度

通过调研发现，失业待业者的"五个认同"程度相对较低。家庭年收入越高的民众，"五个认同"程度也越高。针对这一现象，各县市应积极帮助失业者和低收入家庭，进一步了解具体原因，进行有针对性的帮扶，为其增加就业机会、增加收入，坚持两手都要抓，两手都要硬原则，既要管肚子，又要管脑子，不断有效提升失业者、低收入家庭的中华民族共同体意识。

（九）坚定不移加大国家通用语言文字的推广普及力度

语言认同是民族认同和国家认同的重要影响因素。民族交流最大的阻碍之一就是语言不通。随着民族交往程度日益加深，共同语言的使用已成为各民族的共同需要。在铸牢中华民族共同体意识的进程中，要正确对待国家通用语言和民族语言的关系，在保护民族特色的前提下，提高国家通用语言的使用频率。

调研发现，云南边境民族地区村寨60岁以下群体普通话普及率很高，但60岁及以上老年人、跨境婚姻家庭妇女的普通话普及率并不高。这两部分人群属于农村留守群体（农村留守的妇女、儿童、老人群体）的主体，也是农业生产的主力军。因此，当地应以老年群体日常生活为抓手，大力开展普通话学习进社区、进村寨、进家庭的宣传活动，营造浓厚的普通话学习和使用的社会氛围。同时，打造"小手拉大手"的普通话推广普及模式，深入开展"小手拉大手，共学普通话"的推

普进家庭活动,塑造普通话学习的家庭氛围,充分发挥青少年在普通话推广普及中的重要作用,提升家庭中老年人及跨境婚姻家庭妇女的普通话读、写、听、说能力,为他们充分理解我国的国家重大方针政策,深刻认识中国特色社会主义道路、制度和文化提供支撑。如强调普通话在各行各业中的重要性,鼓励其在公共场合使用国家通用语言。同时,也需要重视各民族成员的非语言交流,积极宣传不同民族表示友好的非语言方式。

第三节

民族节庆促"交往交流交融"

2014 年 9 月,第四次中央民族工作会议系统阐述了民族"交往交流交融"理念,强调各民族"交往交流交融"是历史趋势,有利于促进民族团结、增强中华民族凝聚力。民族节日承载着一个民族发展的历史渊源与文化脉络,各民族通过节日互庆、文化交流、互帮互助等方式不断加强民族间的交往交流交融,进而促进各民族像石榴籽一样紧紧抱在一起,生动演绎出共同团结奋斗、共同繁荣发展的和谐民族关系。合理开发利用民族节日对增进民族间的交往交流交融,强化民族认同,促进民族团结,铸牢中华民族共同体意识具有重要的推动作用。

德宏傣族景颇族自治州位于云南省西部,辖 5 个县（市）,州内居住着汉族、傣族、景颇族、阿昌族、傈僳族、德昂族等各民族儿女,少数民族人口占 45.9%。其中傣族 35.98 万人、比重为 27.24%,景颇族 13.49 万人、比重为 10.21%,阿昌族 3.12 万人、比重为 2.36%,傈僳族 3.46 万人、比重为 2.62%,德昂族 1.45 万人、比重为 1.10%,五种少数民族合计 57.51 万人、比重为 43.53%。[1] 近年来,民族节日活动已经成为德宏州展现民族传统、传承民族文化、加强民族团结、推动民族地区发展的综合性盛会。"泼水节""目瑙纵歌节""阿露窝罗节"等民族节庆活动,成为德宏各民族增进团结、不分彼此、同欢共乐的共同节日,营造出各民族深层次交往交流交融的社会环境,形成了"你中有我、我中有你、谁也离不开谁"的大交融格局。

戴庆中认为,当今的经济发展中,民俗文化是一种经济资源,并且极具潜在价值。[2] 充分利用德宏的民族文化资源,在民族节庆活动的开展中,促进民族的交往

---

[1] 戴庆中:《文化视野中的贫困与发展:贫困地区发展的非经济因素研究》,贵州人民出版社 2001 年版。

[2] 戴庆中:《文化视野中的贫困与发展:贫困地区发展的非经济因素研究》,贵州人民出版社 2001 年版。

交流和交融,不仅能展现德宏民族文化的浓厚内涵,传承创新特色民族文化;还能够打响德宏旅游的知名度,从而形成旅游规模经济,带动地方经济的发展。

一、节庆活动中各民族交往交流交融的经济效应

德宏在组织策划民族节庆活动的过程中,开展了一系列文化展示和文艺展演活动,在传承传统民族节俗文化的同时,也赋予其更多的现代表达,让民族节庆活动与国家民族的发展更加契合。与此同时,将旅游与民族节俗文化融合,开展农产品展销、招商引资等活动,成为拉动经济发展的引擎,提供具有商业价值的民族文化产品并且通过旅游带动消费。

（一）在节庆活动中产生的民族文化产品

物质文化产品方面。主要有民族特色饮食、民族服饰、民族文创等,满足人们对物质的需求。节庆活动期间,当地的餐馆和小吃摊贩都会迎来生意的高峰。特色的民族食品,如傣族的糯米糕、景颇族的酸竹笋、德昂族的手抓饭等,都受到了游客的喜爱。德宏的手工艺品,如刺绣、竹编和陶瓷等,其销售情况都会在节日期间达到高峰。游客通常会购买这些手工艺品作为纪念品或礼物带回家。节日期间,当地的农产品如水果、蔬菜和特色农产品也会有良好的销售情况。许多农民会在节日期间设置摊位,销售自己生产的产品。在 2023 年德宏州泼水节期间,国内游客喜欢的旅游商品主要以土特产品、工艺美术品和旅游纪念品为主,占比分别为24%、22% 和 18%。其次是一般用品、日用品,占比 9%,占比最小为其他商品,占比5%,详见下图。[①]

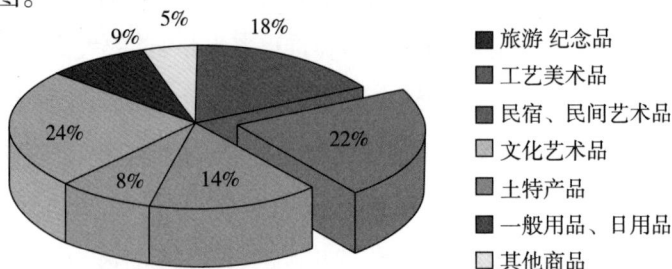

图 5-2　德宏州泼水节期间国内游客喜欢的商品

① 数据来源:德宏州文化和旅游局。

精神文化产品方面。主要有民族节庆活动开展时表演的舞蹈、演奏的音乐及各项比赛活动，满足人们听觉、视觉和情感的需求。在此基础上带动相关行业的发展。产业化是民族文化传承与保护的重要方式之一，少数民族地区可以把民族文化转化为文化产品的形式，通过市场化运作，不断挖掘其潜在的经济价值。德宏通过近十年开展民族节庆活动，不但提升了地方人气，同时还利用节庆活动进行招商引资、商品展示和售卖等活动，实现了民族文化传承与经济发展共同促进，共同发展。

（二）民族节庆活动带动旅游消费

傣族的泼水节和景颇族的目瑙纵歌节是德宏政府重点打造的节庆活动，在多年的发展后，积累了深厚的人气基础，节庆期间的旅游消费表现明显，形成了集"吃、住、行、游、购、娱"的全产业链条。德宏的民族节庆吸引了大量的国内外游客。酒店、客栈和家庭旅馆都会在这段时间内被预订一空。同时，当地的旅行社和导游也会从中受益，并更加积极地推出各种节庆主题的旅游套餐。节日期间，德宏的公路和机场都会迎来客流高峰，其中不仅有来德宏旅游的游客，还有德宏本地居民前往其他地方参加节庆的人流。据德宏州文化和旅游局数据显示，2023年参与体验泼水节的游客人数达57万余人次，实现收入约5.89亿元；参与体验目瑙纵歌的游客人数达66万余人次，实现收入约4.89亿元。民族节庆促"三交"的开展带动了周边美食、文创、会展和工艺品等商贸活动的发展，其产生的经济效益是不能只用交易额的多少来进行评估的。

二、民族节庆活动各参与主体的经济交往状况

（一）政府主体

传统民族节庆文化的背后存在着一条"民族文化产业链"，民族文艺展演、信息和交通服务、民族服饰、民族食品和节日旅游都可以成为拉动经济增长的元素。当前，各级政府都面临着大力发展地方经济的诉求，举办民族节庆活动成为政府部门利用本地人文资源，发展经济的重要举措。在市场经济的推动下，德宏少数民族的节庆活动因其独特性和原生态等特征，成为德宏当地政府推动民族经济发展的重要杠杆。大部分德宏少数民族节庆活动在策划举办的过程中都有政府的身影，

不再只是传统的习俗或庆祝活动,其社会功能和现代意义在注入商业性质的过程中被进一步强化,从而释放出文化和经济的价值。

近十年来,德宏每年都要举办大型的民族节庆活动,一般年份为双数年则举办景颇族的目瑙纵歌节,年份为单数时则举办傣族的泼水节。这种大型的节庆活动基本由政府主办,其他相关部门协办,政府在整个节庆活动中发挥主导作用。例如2023年的泼水节,主办单位是云南省人民对外友好协会和德宏州人民政府,指导单位为中国人民对外友好协会,支持单位为缅甸驻昆明总领馆。民族节庆活动的资金来源分为财政拨款,商业化运作和社会捐赠三种方式。2018年以前的活动资金来源以财政资金投入为主,例如2018年预算投入资金800余万元,市场运作等其他资金来源仅为近200万元,其余均为财政资金。2023年泼水节的资金来源则发生了较大变化,以市场化运作为主,其方式是芒市政府与云南中云文旅发展有限公司合作,活动经费总预算为1500多万元,投入的财政经费近200万元,其余部分以市场化运作的方式解决。在每年的大型节庆活动中,政府部门都会组织招商推介活动,且效果显著。2023年的国际泼水节将节庆资源和招商引资工作有效结合,泼水节期间,芒市共签约项目6个,签约金额达26亿元。

德宏州各县(市)所开展的民族节庆活动,每年会在不同的少数民族聚居的村镇轮流举行,由各县(市)或乡(镇)的少数民族学会主办,乡(镇)政府承办,有时还会有企业协办。经费根据举办规模的大小为20万元到60万元不等。一般资金来源也是以财政拨款为主,企业赞助和收取部分摊位费为辅。

(二)企业主体

企业是民族节庆促"三交"的主要参与者。随着人们生活水平的提高和经济社会的不断发展,以市场为导向的民族节庆旅游不断发展起来。德宏企业在少数民族节庆活动中参与了"吃、住、行、游、购、娱"全产业链条的每一个环节,在每个年度举行的大型民族节庆活动期间,各相关的企业主体收入大幅度增加,经济效益明显。2023年的傣族德昂族泼水狂欢节创新了活动举办模式,采取了市场化运作方式,芒市政府与云南中云文旅发展有限公司展开合作,大部分活动经费以市场化运作的方式解决,有效缓解了财政压力、整合了各方资源;公司主要承担民族节庆的运营,包括策划和推广等一系列工作。这种模式进一步优化了民族节庆举办模式,扩大了民族节庆促"三交"的影响力,进而取得更好的经济利益。此外,企业的商业赞助也是民族节庆活动的主要资金来源。

德宏区位优势独特,三面与缅甸接壤,是中缅经济走廊建设的门户枢纽。在每年度的大型民族节庆活动期间,参与节庆活动的企业不但有本地企业,还有很多外地企业,甚至还有来自缅甸的企业。例如,2018年国际目瑙纵歌节的招商推介会有70余家企业参与,签约10个项目,协议投资金额为19.6亿元。德宏借助民族节庆活动,推动了来自各方的企业间的交往和交流,不断整合不同民族间的经济资源,最终实现各民族在经济、社会和文化方面的交融。

（三）游客主体

随着人们生活水平的不断提高,传统单一的观光旅游模式已经不能满足游客旅游的需求,丰富的体验感也是游客希望在旅游的过程中获得的重要价值。德宏有丰富的民族节庆文化资源,可以为游客提供大量内涵丰富、特色鲜明、可深度参与和体验的旅游产品。从而增强外地游客与本地少数民族的交往和交流,进而达到交融的目的。据调查,参加民族节庆促"三交"的外地游客平均每天的花费为244.31元,最高消费每天为1000元、最低为70元。

疫情以后,到德宏参加民族节庆活动的游客规模大幅度增加,2023年的泼水节和目瑙纵歌节的人数达到120多万人,参与各县（市）和村寨的民族节庆活动的游客少则几千人,多则上万人。2023年在目瑙纵歌之乡的陇川朋生村举行的目瑙纵歌节中,参与人次达21万,外省的房车就有三十多辆。据德宏州文化和旅游局数据,游客平均每人每天的花费为715.59元,其花费主要以交通、餐饮、购物和住宿等方面为主。如下图所示。

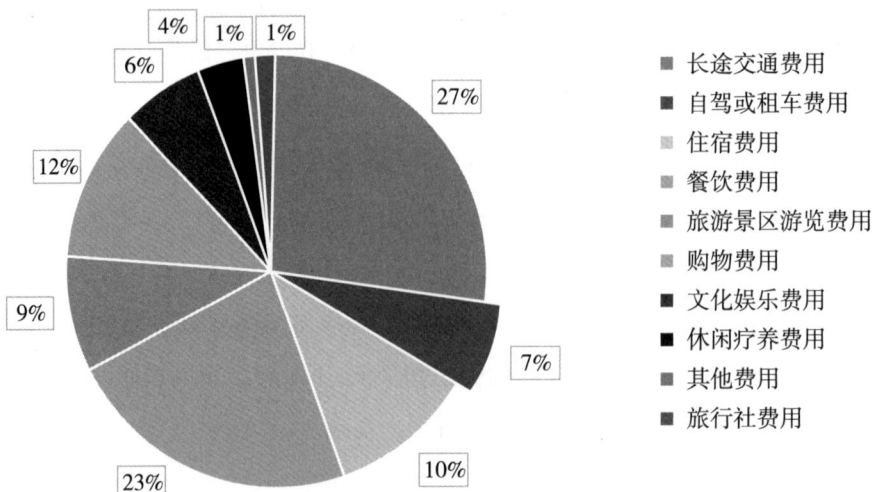

图 5-3　外地游客在民族节庆期间的消费结构

　　农业是德宏州五种世居少数民族的主要生计方式,其市场经济意识相对缺乏,外地游客在参与民族节庆活动的过程中,也与当地的企业和客商建立了互利互补的商贸关系,通过经济活动加深了彼此间的相互了解和信任,增强了当地少数民族的市场经济意识。在目瑙纵歌之乡陇川调研时,一位景颇族的村民颇有遗憾地说:"目瑙纵歌节期间来做生意的多为外地人,景颇族不会做生意,钱都被外地人赚走了。"村民的话也表达了当地景颇族经济意识的觉醒。

　　（四）本地民众主体

　　本地各族民众是民族节庆促"三交"最传统,也是最主要的参与者。德宏传统的民族节庆活动为不同民族宗教信仰的聚集提供契机,通过舞蹈、唱歌和祭祀等约定俗成的行为,表达族群对各自的祖先、信仰和历史的礼赞,以及对美好生活的向往。在旧社会,民族节庆活动基本由各民族的贵族在盘剥劳动人民的基础上出资举办,如今,政府对大多数民族节庆活动都有所资助,在这种情况下,本地民众参与节庆活动的花费和开支不多（如图 5-4 所示）,多数本地民众在参加节庆活动时会回家或到亲朋好友家住宿,用餐则以现场小吃为主,因此花费较少。在没有政府资助的情况下,会由本地较有威信的长者（当地称特殊先生）组织规模较小的活动,同时不同的村落间也会送礼或回礼。

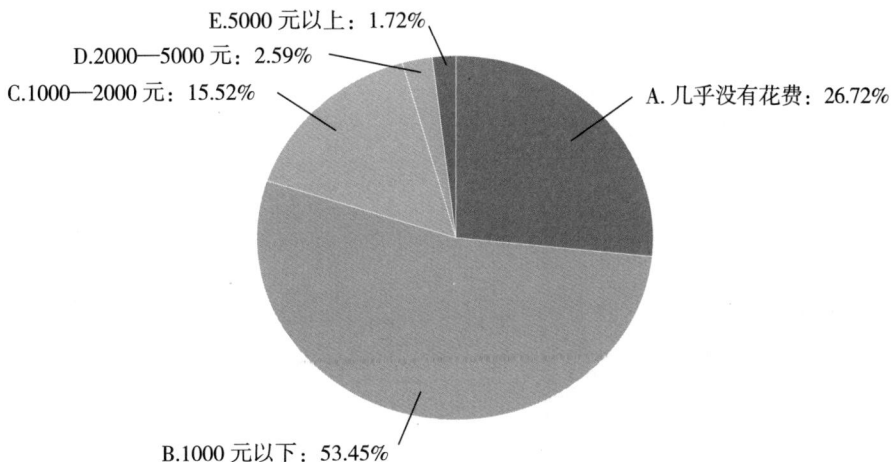

图 5-4　本地民众在民族节庆活动期间的花费情况

　　民族节庆活动是民族传统文化的重要表征形式,节庆活动的开展,不仅能增强本民族的凝聚力,强化民族文化的自觉与自信,还能推动经济的发展。在调研的过程中,大部分调查对象认为本地民族节庆活动的开展除了能促进各民族的相互联系和精神文化上的相互交流外,还能够在经济上互利共赢(如图 5-4 所示)。并且90% 以上的调查对象认为各民族的交往交流和交融与本地的经济发展相关或密切相关(如图 5-5 所示)。

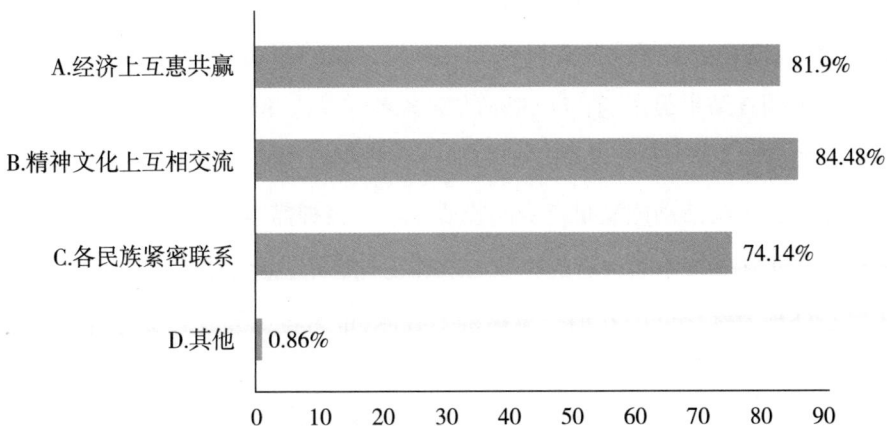

图 5-5　本地民族节庆活动对民族交往交流和交融的作用

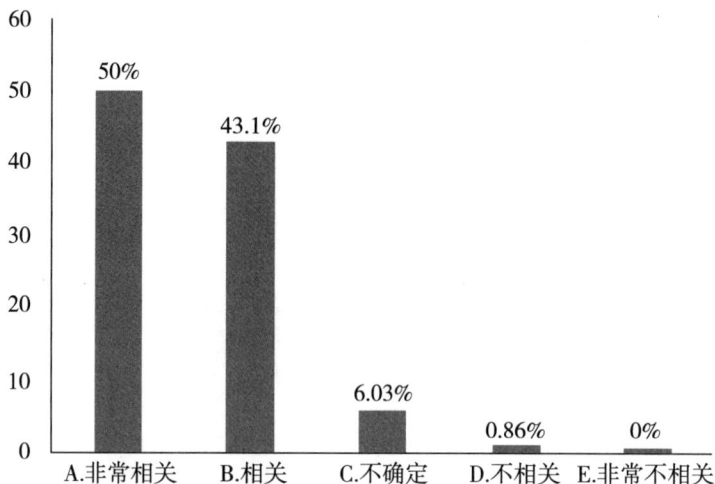

图 5-6　本地经济与民族交往交流和交融的关系

三、构建具有内在规律的外部经济互嵌

在乡村振兴背景下,许多民族节庆活动的经济贸易功能越来越突出,特别是对少数民族聚居的德宏州而言,民族节庆是推动本州民族交往交流交融、经济发展、文化熏陶的重要推手。通过举办各民族节庆活动,传统节庆与旅游业能够相互结合,使民族节庆活动不仅成为民族文化的传承者、宣传者,更成为当地一张响亮的文化名片,由此形成内生逻辑与动力。反过来,民族节庆活动不仅带动了当地旅游业的发展,也使经济发展成为各民族交往交流交融的驱动力之一。据外地游客所填写的问卷调查结果显示,有 73.17% 的游客之所以选择来到德宏旅游,是因为被当地浓厚的民族文化吸引。来到当地参加民族节庆活动后,48.78% 的游客表示,来德宏参加民族节庆活动能满足自身的物质需求和精神需求,24.39% 表示德宏的民族节庆活动非常能够满足自身的物质需求和精神需求,可见,民族节庆活动既为当地居民与外地游客之间的互动交流提供了载体,也为各民族及其文化的相互接纳和交融增添了契机。

经济互嵌是民族互嵌的物质基础和利益纽带,对地区的发展具有基础性、资源性的意义,因此,充分利用民族节庆活动,加快构建具有内在规律的经济互嵌结构具有十分重要的战略意义。一是增加就业机会，拓宽行业类型。具体表现为打造具有本地民族特色的民宿。现代人们在新时代价值观的引领下，相较于大城市的车水马龙，更喜欢保留着原始风土人情的环境资源。因此，可以在本村内建设民宿，以每家每户为单位，根据各自的经济情况在家经营，这样一方面可以完整地呈现本地特有的民族风俗，另一方面成本较低，在旅游淡季（节庆活动开展之外）时可以另作他用。二是完善村落产业链。据调研，横路村在开展阿露窝罗节时，来此售卖东西的大多是其他地方的人，而非本村村民。这一部分收入并不能很好地流入村民手中。因此，可以在村落内完善产业链，旅游旺季时本村村民可以就近售卖具有本地民族特色的食品，这一来可以带动当地经济增长，二来可以将本地具有民族特色的食品推广出去。

四、创新开展民族节庆活动

发挥政府的主导作用，引入知名文旅企业，打造德宏民族节庆品牌。一是以构建差异性为核心，提高当地竞争优势。西双版纳、普洱等地每年会举办盛大的泼水节活动，德宏州要避免同质化带来的吸引力和影响力的下降，可以把傣族泼水节和德昂族浇花节的元素进行融合和创新，打造独具德宏韵味的泼水节品牌。二是着力宣传打造景颇族的目瑙纵歌节。德宏州是我国唯一能大规模举办目瑙纵歌节的地区，"目瑙纵歌"被列入第一批"国家级非物质文化遗产名录"，具有较强的群众性和文化性，每年"目瑙纵歌"节举办的时间，恰是我国的法定假日和学生寒假的时间，因此，具有得天独厚的开发条件和较强的旅游开发价值。

节日需要通过节庆活动呈现，节庆活动能够凸显其文化内涵。促进经济发展是民族节庆活动的又一重要内容。在各民族的节庆活动期间，可进一步策划出独具傣族、德昂族特色的民族文化活动，如民族美食品鉴、民族体育活动体验、非遗项目体验等活动，通过拓展时空来持续发展德宏旅游产业，打造能够带动观光、餐饮、住宿、购物等行业发展的一体化模式。在不断提升文化旅游水平的基础上，促进经济发展。在意识到节庆活动能够带来经济效益后，当地人也更愿意参与节日活动并将更积极地传承民族传统文化。同时，丰富多彩的节日活动还能吸引国内外的游客前来旅游,德宏本地少数民族群众在与游客的交流过程中,将进一步凝聚共识,促进认同,增强中华民族共同体意识。

第四节

云南边疆高职院校爱国主义教育

"中华民族抗日战争史"是高校进行爱国主义教育的重要内容。抗日战争的历史在中小学阶段已经有所传授，对此大学生们并不陌生，因此，如何更好地运用地方抗日战争史的相关资源，丰富和提升云南边疆高职院校大学生爱国主义教育内容质量，激发广大边疆学子的历史使命感和社会责任感，是云南边疆高职院校思想政治教育的关键点之一。在思想政治理论课堂教学中，结合史实讲解课程内容，学生能够对抗战史实有一定的理解与把握，并增强爱国主义情感，但深层次的教学目的还有待进一步实现。如何切实增强抗日战争史实在爱国主义教育教学中的实效性，以笔者所在学校为例，依托德宏州芒市抗战历史文化资源，加强云南边疆高职院校爱国主义教育，提升大学生的历史使命感和社会责任感是较为实际和实用的方式。

一、德宏州芒市抗战历史文化资源

德宏州芒市地区的抗战历史文化资源主要有专题园区、包含抗战内容的场馆、记载日军侵华历史及滔天暴行的建筑物、抗日名人故事、相关战役等。一是专题园区。如"滇西抗战纪念碑"，纪念碑及其周边主要设施简明记载了"滇西抗战历史"，给后人留下了宝贵直观的抗战史实资料，对后人有良好的警示和纪念作用，现在参观瞻仰的人仍络绎不绝。二是包含抗战内容的场馆。如笔者所在学校德宏职业学院的"党建文化长廊"，在党建文化长廊的抗战主题专场里鲜明地呈现着德宏抗战历史资源等，其视觉冲击力强烈和情感震撼力强，主要系统介绍了德宏地区抗战历史等；主题专场贯穿着德宏抗战的典型史实，时间线索清晰，生动地再现了日寇侵华德宏沦陷前后边疆军民同仇敌忾英勇抗战的场景。三是记载了日军侵华历史和滔天暴行的建筑物。如日军侵华期间留下的碉堡罪证，坐落于芒市政府大院内的原日军侵华碉堡遗址。1944年滇西溃败之际到潞西（现在芒市）光复期间,丧心病狂的侵华日军在潞西等相寨子培育、繁殖、施放鼠疫细菌,做活人实验,加剧了鼠疫在潞西地区的流行,德宏上千余人惨遭迫害,当地人民群众深受其害。四是抗日名人故事。如杨思敬积极主动联合当地多方力量有效抗日等。名人故事在芒市抗日文化资源中是比较特殊的一类,其将个人的活动与爱国情怀充分融入抗战时期的历史岁月,对今天高校"00后"的青年学子具有优秀的教育意义。五是在芒市地区发生的抗日主要战役。如三台山战役、桐果园战役、红崖山战役等,其胜利为潞西全境的解放奠定了坚实基础,"中国远征军"滇西抗战历史也为中华民族抗日战争的胜利留下了不可磨灭的功勋。

二、芒市抗战历史文化资源在云南边疆高职院校爱国主义教育中的运用现状

（一）芒市抗战历史文化资源运用程度参差不齐

以笔者所在学校为例,爱国主义教育的教学实践多为组织或建议学生去"滇西抗战纪念碑""学校党建文化长廊·德宏抗战主题专场"等地参观并感受中华民族抗战的悲壮。如笔者曾多次组织带领学生进行英烈纪念碑祭扫、瞻仰等大学生社会实践活动,2019年以来,笔者多次带领学生参加学校党建文化主题专场实践活动,通过多年来的常规团学活动和思政课教学实践活动,进一步激发学生的历史使命感和社会责任感,让与芒市相关的抗战历史文化资源较好融入爱国主义教育中。但由于大学生实践活动时间有限,芒市其他抗战历史文化资源的运用效果还存在不足。

（二）总体宣讲介绍多,主题钻研不足

结合教学教育要求,按照实践方案,教师在建议或组织学生参观某一抗战历史文化资源时,明确了学生实践的目标,学生们通过参观学习、撰写实践报告,从总体上把握了爱国主义教育案例,凝练了爱国主义精神,但是由于参观时间有限,实践时间安排有限,后续主题钻研还有待加强,以达到更好更长效的教育教学效果。

（三）整体宏观上历史叙事多,局部微观上史实运用不足

在"爱国主义"教育中运用芒市地区抗战历史文化资源的过程中,存在着只

重视抗战史中具有典型意义的实物遗存,忽略了一些局部微观层面的史实的情况。如在组织学生参观抗战历史文化资源的过程中,滇西抗战纪念碑等最容易被选中推荐,而建议和组织学生去了解日军碉堡及其历史、寻访抗日名人故事及名人故居和走访调研"等相"(原日军繁殖施放鼠疫基地)的比例相对较小。实际上,这些抗战期间的局部史实也是增强学生历史认知、加强爱国主义教育的一个良好渠道,因此,将二者有机结合才能取得更有效的教育效果。

三、在云南边疆高职院校爱国主义教育中充分运用芒市抗战历史文化资源的思考

（一）推进芒市抗战历史文化资源的运用,加强爱国主义教育

芒市抗战历史文化资源丰富,我们的教育教学团队正在积极努力地收集整理,为后续开展爱国主义教育提供大量资源,部分典型资源已在教育教学中得到运用,取得了较好的教育效果;多年来形成的常规精品团学活动也在有序开展。但是,鉴于芒市抗战历史文化资源的丰富性,在现有运用基础上,学校还可以进一步拓展使用范围与方式,把"滇西抗战纪念碑""学校党建文化长廊(德宏抗战专场)"以外的更多资源也充分运用起来,丰富和发展教育资源库,进一步加强云南边疆高职院校的爱国主义教育。

（二）加强芒市抗战历史文化资源的主题引导,拓展爱国主义教育

德宏高职院校的绝大部分学生来自外地,对芒市的历史文化了解有限,即使是本地学生,对芒市历史文化资源的认识和理解程度也有待加强。大学生们在学习生活中应充分了解和认识芒市的历史文化,如此,他们才能更好融入学校生活,愉快学习、快乐生活,充分展现云南边疆大学生昂扬奋进的精神风貌。因此,在爱国主义教育中,学校可以结合学生的认知需要,科学引导学生对芒市抗战历史文化资源的认识与把握。让学生通过实践活动,结合课程内容,总结讨论并撰写实践报告,帮助学生针对某一要点,形成具体深刻的认识。因此,进一步加强对学生运用抗战历史文化资源的指导,是在爱国主义教育中充分利用芒市抗战历史文化资源的有效保证。在利用芒市抗战历史文化资源的过程中,最直接的形式是参观历史

遗址。直观性地观看与感悟，能够形成富有震撼力的认识效果。若要深化教育，在活动前则应充分进行动员准备，并在活动后总结撰写主题实践报告、交流讨论分享的基础上，进一步组织学生开展相关主题或就某一个具体知识点开展后续深入的研究，并申报学校支持的研究或者项目课题，以更好地将爱国主义教育内化于心、外化于行。

（三）将抗战历史文化资源融入大学生社会实践，深化爱国主义教育

爱国主义教育作为高校思想政治教育的重要组成部分，其教育与宣传的意义深远重大，然而，在开展教育教学期间实现对芒市抗战历史文化资源的有效运用仍有一定难度。因此，在组织学生开展社会实践的过程中应因时而异、因地制宜。既可以进行有组织有计划的集体大学生社会实践活动，在大学生社会实践选题中精选抗战历史文化主题，让学生在规定的时间开展社会实践；也可以建议学生结合"熟识芒市"出行安排，让学生根据自己的时间结伴而行，走访相关抗战历史文化资源，如走访和考察抗日名人杨思敬的故里勐戛、原日军繁殖施放鼠疫基地等相村、芒市日军碉堡，三台山、桐果园、红崖山抗战时期的战斗遗址等，再让学生根据见闻所思，撰写心得体会或专题讨论交流分享。这种亲身探访的方式，让学生增进了对抗战史实的了解，加深对理论知识的理解，巩固历史记忆，增强教育效果。加强对芒市抗战历史文化资源的运用和对学生思想的引导，以笔者所在学校为例，进一步将学校周边便于到达的芒市抗战历史文化资源充分融入大学生教育教学实践、小伙伴探访出行等，加强和完善云南边疆高职院校的爱国主义教育，多渠道、多形式深化爱国主义教育建设。

爱国主义教育始终是思想政治教育的重要内容，地方抗战历史文化资源有着独特的运用优势，在云南边疆高职院校爱国主义教育及其实践中，我们的教育团队正在进一步整理运用相关资源与理论知识，以深化爱国主义教育。2019年以来，德宏职业学院马克思主义学院教育部示范优秀教学团队建设项目组对此作出了探索，不仅实现了团队教育教学科研成果的发展，带领广大青年教师成长进步，还为广大滇西抗战历史文化研究学者作出了优秀的经验示范。

第五节

"四史"教育与铸牢中华民族共同体意识

云南是一个多民族的省份,其民族团结进步事业关系到国家安全、边疆繁荣、社会稳定。德宏州作为云南省的边境少数民族自治州之一,其国境线长503.8公里,边境无天然屏障,与缅甸接壤,战略地位十分重要,是西方及境外敌对势力对我国进行意识形态渗透的高风险领域。德宏州以"四史"教育为契机,坚持系统、有效、扎实地开展和铸牢中华民族共同体意识教育,引导和教育各族群众铸牢中华民族共同体意识,在完成脱贫攻坚与全面小康基础上,奠定思想基础,提供精神动力,与全国人民共同为中华民族伟大复兴目标而奋斗。本课题组针对德宏州各族群众"四史"教育情况、铸牢中华民族共同体意识状况进行问卷调查,分别收到"四史"教育有效学生问卷1807份,群众问卷284份;"铸牢中华民族共同体意识教育"有效学生问卷1740份,群众问卷486份。课题组还从德宏州相关党政部门了解到开展党史教育的具体情况,并抽取了部分群众进行访谈。调研发现,德宏州"四史"教育开展生动有序,取得了明显成效,中华民族共同体意识教育越来越受到人们的重视,"四史"教育有力促进了中华民族共同体意识。调研中也发现了"四史"教育与铸牢中华民族共同体意识教育中存在的一些问题,并针对这些问题提出了相关的对策建议。

一、德宏州"四史"教育与铸牢中华民族共同体意识教育现状

(一)"四史"教育现状

第一,周密部署、组织到位、有序推进。按照党中央、省委的安排部署,德宏州周密部署、组织到位、有序推进以党史为重点的"四史"教育活动:一是各级党组织自上而下全面强化党史学习的组织领导、精心部署,德宏州各级党组织、党员领导干部和广大党员带头学党史;二是组织落实到位、丰富载体、挂图作战;三是重

视学思践悟、引导全员参与。

第二,形式多样、内容丰富、效果明显。一是通过读书班、专题党课、研讨交流等形式开展"四史"教育;因疫情防控需要,结合"线上 + 线下"学习平台,以小型化、分众化、网络化、机动化、灵活化等形式,配送党史学习教育图书进边境疫情防控点,使其成为党史学习教育的"前沿阵地";二是用好红色资源,打造并提升州级红色旅游示范线路,引导各族群众积极参与,用鲜活红色史料讲好党史故事;三是发挥融媒体作用,在报纸、广播、电视、网站和"两微一端"全媒体平台多视角、多维度、多形式、多语种进行党史教育;四是通过组建师生党史学习教育宣讲团、青少年宣讲队,坚持课堂主阵地,利用多种校园活动形式对青少年学生开展党史(四史)教育和铸牢中华民族共同体意识的教育;五是把云南党史、德宏地方党史、边疆民族历史等作为学习内容,编印《党史学习教育知识要点》"口袋书"发放给领导干部学习使用,并翻印成傣、景颇、载瓦、傈僳四种民语供农村少数民族党员学习,编制《中国共产党德宏历史青少年读本(试行)》乡土教材在全州5所初中学校试用。

(二)铸牢中华民族共同体意识教育现状

德宏州委、州政府牢记习近平总书记"三个"定位的嘱托,完整、准确、全面把握习近平总书记关于加强和改进民族工作的重要思想,多举措推进铸牢中华民族共同体意识教育。一是深入挖掘历史文化、红色文化和各民族优秀文化资源,借助高校育人的资源优势,建成"铸牢中华民族共同体意识教育馆",成立德宏州铸牢中华民族共同体意识研究中心;二是建设中华民族共同体意识教育基地环线,将中华民族共同体意识与滇西抗战为代表的爱国主义教育、中缅胞波情谊的命运共同体故事、生态文明建设创新实践等特色教育资源深度融合,以德宏州铸牢中华民族共同体意识教育馆、中缅边民联欢大会纪念馆、勐巴娜西珍奇园周恩来总理纪念亭、畹町南洋华侨机工回国抗日纪念公园、盈江县刀安仁故居纪念馆、中共梁河特委纪念馆等实践教育基地为主体,建设打造了以辐射全州五县(市)40多个教育实践点为支撑的中华民族共同体意识教育基地环线;三是构建中华民族共同体特色培训课程体系,重点开展以爱国主义为核心的中华民族精神教育,铸牢中华民族共同体意识。

（三）"四史"教育与铸牢中华民族共同体意识教育效果

第一，通过党史学习增强了各族群众的凝聚力和向心力。疫情之下，全州各级党组织、广大党员、闻令而动、迅速响应，以"镇守边关、视死如归"的决心意志，不怕牺牲、冲锋在前，形成了"千名党员守边境、万名干部入网格、百万群众齐抗疫"的强大合力。

第二，铸牢中华民族共同体意识教育效果显著。各族群众在情感上，对中华民族共同体有强烈的认同感，坚决拥护党的领导，坚定维护国家统一、民族团结；在认识上，对铸牢中华民族共同体意识与维护国家统一、促进民族团结的必要条件、实现中华民族伟大复兴的关系认识深刻，对中华民族共同体意识和各民族意识的关系把握准确，对民族团结进步教育、铸牢中华民族共同体意识的重要性和必要性有正确认识，对中华民族历史、中华民族多元一体格局的形成、对中国共产党民族工作探索的成就认知度较高；在民族交往交流交融上，各族群众不仅在经济社会生活方面交往频繁、融合度高，而且在语言文化、风俗习惯等方面也有深度交融，民族关系融洽，社会和谐稳定。

第三，"四史"教育与铸牢中华民族共同体意识教育相融合的成功探索。一些部门和学校在"四史"教育中均不同程度地融入了中华民族共同体意识教育元素。典型如《中国共产党德宏历史青少年读本（试行）》是德宏州将"四史"教育与铸牢中华民族共同体意识教育相融合的一个有益尝试；德宏职业学院建设的"红色驱动中国梦——党建文化长廊"与德宏州委、德宏州人民政府在校内建设的"铸牢中华民族共同体意识教育馆"形成一个整体参观区域，参观者可同时接受"四史"教育和铸牢中华民族共同体意识教育，该区域也是一个集参观学习、现场教学、专题讲座为一体的高效学习场所。

第四，通过"四史"教育活动，各族群众加深了对党的民族理论和民族政策的理解，更加深刻认识到中华民族是一个命运共同体，一荣俱荣、一损俱损；民族团结是我国各族人民的生命线，各民族共同团结进步、共同繁荣发展是中华民族的生命所在、力量所在、希望所在。同时，各族群众也增强了对伟大祖国的认同、对中华民族的认同、对中华文化的认同、对中国共产党的认同、对中国特色社会主义的认同。

总之，通过"四史"教育和中华民族共同体意识教育，德宏州的各族干部群众、青少年学生对党的领导认同大幅提高，对中国特色社会主义、对马克思主义的认识、对中华民族和中华文化的认识也得到进一步加深，提升了用大历史观看待社会现实和历史事实的能力。

二、德宏州"四史"教育与铸牢中华民族共同体意识教育的主要问题

（一）存在各吹各打现象，合力不足

部分部门、行业、社区、村寨、学校的"四史"教育计划方案中没有铸牢中华民族共同体意识教育的内容和环节。"四史"教育与铸牢中华民族共同体意识教育没有得到有机融合，难以形成合力。

（二）存在形式化、单一化、枯燥化的问题

一是青少年学生更喜欢参与和接受内容翔实、形式多样、实践性强的学习活动，但目前的教育形式还不能完全满足青少年学生的需求；二是不同群体的知识结构、认知水平、生活环境不同，但教育方式和内容存在"一刀切"现象，各族群众希望学习教育的形式更活泼、更接地气，与当地群众的生产生活和娱乐活动结合得更紧密；三是"四史"教育与铸牢中华民族共同体意识教育在部分部门和单位中缺乏系统性规划，出现重复通知，重复学习，或只满足于完成上级交代安排的学习任务的现象。

（三）宣传力度不足，群众知晓率、覆盖面不足、学习频率低

一些基层群众对"四史"教育、铸牢中华民族共同体意识教育活动缺乏了解，或者是只听说过，但不知晓其内容和要求；部分学校"四史"教育与铸牢中华民族共同体意识教育的宣传力度小，宣传的影响力、覆盖面不够，学生对学习内容的知晓率较低；一些学校和社区学习频率比较低，只是偶尔学习1—2次。

三、德宏州"四史"教育与铸牢中华民族共同体意识教育的对策建议

（一）注重机制建设，建立长效教育机制

是否具备完善的长效教育机制直接影响德宏州以"四史"教育铸牢中华民族共同体意识的效果。各级党组织、行政部门、企事业单位和社区村寨要将"四史"教育与铸牢中华民族共同体意识教育紧密结合，形成州委统一领导，宣传统战部门牵头组织、民族工作部门、教育部门、文化部门落实执行，全社会共同参与的长效教育机制，制定综合、全面、科学的教育效果考核评价机制。

（二）推进队伍建设，构建"大思政课"工作队伍

配齐建强德宏州"四史"教育与铸牢中华民族共同体意识教育工作队伍，形成不同层级、不同类型的教育宣传队伍。如培养既有较强表达能力和文化底蕴，又有充足数量的德宏州铸牢中华民族共同体意识教育馆、中缅边民联欢大会纪念馆、勐巴娜西珍奇园周恩来总理纪念亭、畹町南洋华侨机工回国抗日纪念公园、盈江县刀安仁故居纪念馆、中共梁河特委纪念馆等主要教育场馆、教育基地的讲解员队伍；在社会科学领域培养一批高素质的具备调查研究能力的人才，加强对"四史"教育与铸牢中华民族共同体意识教育的研究；引进和培养能够娴熟运用现代传媒技术、具有新媒体传播能力的信息网络人才，引导传播正能量；在大、中、小学中重视对思政课教师队伍建设，鼓励其他课程教师和专业教师开展课程思政建设，加强各级各类学校思政教育力量。形成一支专职为主、专兼结合的"大思政课"工作队伍。

（三）加强资源建设，搭建多元一体的宣传教育平台

加强资源建设，搭建多元一体的宣传教育平台是德宏州"四史"教育与铸牢中华民族共同体意识教育的重要路径。

第一，继续发挥"五用""五化"宣讲平台作用。利用德宏州"五用""五化"宣讲优势，在各族群众中大力开展"四史"教育、宣传党的民族理论和民族政策、习近平总书记关于加强和改进民族工作的重要思想，广泛宣传德宏州脱贫攻坚成果和乡村振兴战略规划，进一步增强德宏各族群众的"五个认同"。

第二,充分挖掘德宏州本土红色文化及民族文化资源。立足德宏区域特点和州情特色,充分挖掘具有地方特色的文化资源,加强现有教育基地建设,完善"四史"教育与铸牢中华民族共同体意识教育基地平台的开发、使用和管理。

第三,结合学校特点和学生特点,搭建学校与政府的合作交流平台。党委政府引导、学校为主体、全社会配合共同推进校内"四史"教育与铸牢中华民族共同体意识教育,坚持课堂主阵地,使学校成为开展"四史"教育与铸牢中华民族共同体意识教育的最重要场所之一。

第四,针对基层群众的特点,搭建文艺宣传平台。组建"四史"教育与铸牢中华民族共同体意识教育文艺宣传团队,创作特色节目,在社区、村寨广泛开展群众喜爱的文艺演出活动,使学习教育的形式更活泼、更接地气,与当地群众的生产生活和娱乐活动结合得更紧密,推动"四史"教育与铸牢中华民族共同体意识教育大众化、本土化、群众化。宣传部门可以在乡镇、学校、企业举办"流量之星"大赛,鼓励基层群众制作、传播以"四史"教育和"民族团结进步"为主题的短视频,利用抖音、快手等网络平台吸引广大基层群众,特别是青少年群体踊跃参与,使铸牢中华民族共同体意识在基层群众中深入人心,生根发芽,打造德宏州铸牢中华民族共同体意识的网络文化品牌。

第六章

历史探秘：回望前尘向未来

　　我国优秀的地域历史文化是中华优秀文化的重要组成部分，对地方高职院校"大思政课"的建设具有思想价值、政治价值、理论价值、道德价值、历史价值和文化价值。以悠远的传统文化、丰富的红色文化、独特的时代文化等为代表的德宏优秀地域文化，能够为德宏职业学院"大思政课"建设提供鲜活的育人资源、多元的人才保障、多维的时空场域，有利于实现"大思政课"建设"大课堂"、建好"大师资"的要求，从而落实立德树人的根本任务。

第一节

杨思敬烈士的革命精神

德宏位于祖国西南边陲,是一个美丽的地方,自古以来各族人民在这里繁衍生息、和谐共处。自近代以来,西方列强向它伸出侵略的魔爪,激起了当地各族人民的反抗,涌现了一批爱国志士和英雄人物。杨思敬烈士就是其中的杰出代表。本课题组拟在归纳梳理杨思敬烈士的英雄事迹的基础上,概括总结出其抗日救亡的革命精神和英雄气概,并进一步阐明其精神和思想的当代价值,以展现边疆各族人民团结一心、保家卫国的壮美历史画卷。

一、杨思敬生活的时代背景

(一)灾难深重的旧中国

中华民族是个有着 5000 年文明史的伟大民族。古代中国曾以世界头号强国独领风骚数百年,但是自 1840 年鸦片战争以后,中国逐步沦为半殖民地半封建社会,国家蒙辱、人民蒙难、文明蒙尘。从 1840 年到 1949 年,英、法、俄、日等西方列强先后对中国发动了一系列侵略战争,疯狂掠夺中国的资源和财富,给中华民族和中国人民带来了深重灾难、造成了无法估量的巨大损失。特别是 14 年的抗日战争,面对穷凶极恶、不可一世的日本侵略者,为争取民族独立、人民解放,海内外中华儿女奋起反抗。杨思敬烈士就是在全面抗战爆发后,在国破家亡的危难时刻,坚定地走上了抗日救亡的道路,成为抗日英雄。

(二)杨思敬的成长之路

杨思敬,字焕南,1917 年 10 月生于潞西县(今芒市)勐戛大新寨一个较为富裕的家庭,其父杨煜芳曾担任遮放土司署师爷,自幼聪慧好学,早年先后就读于龙陵县师范学校和昆明农业中学。毕业后,他被派往墨江县任农科指导员。1937 年全面抗战爆发后,他立志投笔从戎。从边疆民族地区大山中走出的杨思敬,成功考入中央航空学校，后改入重庆警官学校正科第五期就读。杨思敬通过外出求学，拓展了观察时代巨变的眼界，铸就了坚毅的品格和非凡的组织领导才能。特别是毕业后他被分配在畹町警察局担任巡官，兼遮放司署驻畹町办事处主任，接触到施子健等中共地下党人和南洋华侨机工，其思想不断进步觉醒。滇西沦陷后，杨思敬辞去公职，组织带领当地各族群众积极开展抗日斗争，最终以身殉国。

二、杨思敬烈士的英雄事迹

（一）国破家亡危难之际，辞职回乡组建潞西青年抗日救亡团

1. 日军侵占滇西危急时刻

1931 年 9 月，日军发动"九一八"事变，很快侵占了我国东北三省。1937 年 7 月，日军又制造了"卢沟桥事变"，开始全面侵华。1942 年春，日军为了彻底切断滇缅公路这条抗战生命线，大举进犯缅甸。中国政府为保护滇缅公路的畅通，应英国政府的请求，派遣十万远征军，急驰援缅，给日军以有力打击。同年 4 月，缅甸战局开始逆转，远征军作战失利，一部西撤印度，一部辗转回国，损失惨重。日本侵略军长驱直入，以第五十六师团六个联队及第二师团、第十八师团各一部，进犯西南国门。5 月 3 日，侵占畹町，随后芒市失陷。日军占领芒市后，烧杀抢掠，无恶不作，手段极其残忍。屠杀抗日志士和劳工，四处奸淫妇女，设置鼠疫细菌实验村，罪行累累，滇西各族人民处于水深火热之中。

2. 辞去公职，积极抗日

畹町沦陷前，杨思敬接到上级通知，畹町警察局将迁往省城。杨思敬一家本可以和同事们一起迁到昆明，但他认为保家卫国、匹夫有责，日本侵略者侵犯到家门口，不能丢下父老乡亲一走了之，应尽快动员各族民众拿起武器，奋起反抗。他主动辞去公职，回到家乡召集潞西设治局所辖的芒市、遮放、勐板有名望的土司头人及爱国人士李济宽、余应洪、李恩福、杨春清等 50 多人，于三角岩三仙寺石洞内召开会议，商讨抗日大计。杨思敬在会上慷慨陈词："覆巢之下无完卵，决不当日寇的顺民，只有组织起来与敌人作殊死斗争，才是唯一的出路。"他的主张得到了与会人士的一致支持，于是决定成立潞西青年抗日救亡团，众人一致推选杨思敬担任团

长。此后,杨思敬四处宣传救国拯民的道理,呼吁有力的出力、有钱的出钱、有枪的出枪。因他家与遮放土司系世交,其祖父任过该司塾师,其父杨煜芳曾任该司三代土师爷之故,他向当时遮放土司多英培商购得到了枪支十多支,又向家乡有枪的人家私人借用一部分,约定好抗战胜利后论价赔偿,如曾借到芒市土司代办杂色枪十多支,勐板土司蒋家俊捐出杂色枪几支,勐戛镇长黄铸楼德造毛瑟枪两支,户掌杨大昌鸟枪一支,胞兄杨思仁家出拉七枪(当地仿制枪的一种说法)一支、铜炮枪两支、汉阳造步枪两支,以及各村镇原始铜炮枪数十支,这些枪械的筹集极大地增强了抗日救亡团的实力。

3. 散尽家财,毁家纾难

起初杨思敬虽然筹得了一些武器装备和作战物资,但是依然不能满足队伍发展的需要。为了解决队伍供给问题,他回家劝说母亲积极支持抗日斗争。杨思敬的母亲深明大义,变卖了一些家产,筹集资金为抗日队伍购买粮食、枪支弹药等物资,还用自家骡马帮助抗日救亡团运输物资。随着抗日队伍的不断壮大,经费严重匮乏,全家又变卖了几处田产继续支持抗日,还向冷水沟德昂族头人购得十余箱子弹,杨思敬毁家纾难的义举,激发了当地民众团结抗日的信心和决心。

4. 抗日救亡团快速发展壮大

在杨思敬的领导下,潞西青年抗日救亡团得到了快速发展,从1942年5月最初组建时的200多人,仅三个月的时间就增加到了400多人,下辖3个中队,有步枪100多支,队伍不断发展壮大,给敌人以沉重的打击。

(二)接受改编加入龙潞抗日游击支队,沉重打击日军嚣张气焰

1. 接受改编,壮大力量

1942年8月,国民党军事委员会昆明行营主任、云南省主席龙云委派龙潞抗日游击支队司令朱嘉锡,率部渡过怒江以西进入日军占领区,配合抗日远征军第十一集团军开展游击战。朱嘉锡深受朱家璧、张子斋等中共地下党员的影响,中共地下党组织通过这一关系,将从缅甸迁至昆明的侨党工委人员范仲平、钟明、赖风、蔡时敏、许曼夫、冯中生和谢惠敏7名同志安排到龙潞游击支队。为壮大抗日力量,杨思敬与龙潞抗日游击支队取得了联系,接受了朱嘉锡等人的领导,并同意

将潞西青年抗日救亡团改编为龙潞游击支队第四大队，杨思敬被任命为大队长，下辖4个中队，中共地下党员谢惠敏（又称谢飞敏）任大队政治指导员。实际上，无论是朱嘉锡率领的龙潞抗日游击支队，还是杨思敬领导的龙潞游击支队第四大队，在思想和纪律上都深受中国共产党的影响。在龙潞抗日游击支队从昆明奔赴滇西抗日战场时，朱家璧就对队员说："希望大家不要把旧军队的恶习带到游击区里去，要吃要穿，要枪要炮向敌人要去，不要骚扰百姓，不要乱来。"朱家璧、张子斋等中共地下党员在队伍向滇西战场出发时还前来为朱家锡送行。这支游击队武器装备虽落后，但纪律严格，官兵不损害群众利益，大家在生活上同甘共苦；龙潞抗日游击支队第四大队的军纪严明，尤其是大队长杨思敬更是严于律己，在言行上处处做表率，获得了当地百姓的高度赞誉和有力支持。

2. 英勇战斗，痛击日军

杨思敬领导的龙潞抗日游击支队第四大队，是一支以本地农民为主的抗日队伍。他们活跃在芒市与龙陵方圆百里的崇山峻岭中，脚穿草鞋、身着破衣、风餐露宿，但骨子里却有着坚强不屈、英勇战斗的民族精神。他们积极宣传和发动群众抗日，破坏芒市、勐戛、芒牛坝一带敌人的电话通信设施和交通道路，想方设法埋地雷、刺探情报、偷袭日军、搜集敌人军事情报、清除汉奸，有力打击了敌人的入侵，使敌人惊慌不堪，同时也有力地配合了友军的作战。第四大队与日寇在勐板、八家寨、勐堆、木城坡、背阴山等地作战大小数十次，先后在三台山、马台坡、茅草寨等地伏击重创日军；他们夜袭驻象达日寇，毙敌10余名、伤敌20余名，缴获步枪10多支、轻机枪2挺、日军联队长滨口幸雄的指挥刀1把、日本军旗1面；他们还曾救护过援华美国空军驾驶员普罗克托，获得飞机上的机枪4挺和一些弹药，受到上级嘉奖，获得奖金10万元。日寇对杨思敬及其领导的游击队恨之入骨，一心想将其剿灭。

3. 刻石表志，抗战到底

1942年秋，杨思敬等人为了唤起各族民众同仇敌忾、齐心抗日、不当亡国奴、誓死收复祖国河山的勇气和决心，在勐戛镇莲台山观音寺旁的岩石上写下了"还我河山"四个大字，并请当地芒翁寨子石匠朱发兴将字刻在了岩壁上。因当时比较匆忙,在书写时一滴红漆掉在了"还"字旁的石面上,而石匠不识字,竟将多出来的这一点也原原本本地刻在了岩石上。这四个铿锵大字,既昭示了杨思敬等人的抗日决心,也鼓舞了当地民众的抗日士气。80年后的今天,"还我河山"四个石刻大字显得更加熠熠生辉,它是德宏各族人民英勇抗日的真实写照,现已成为德宏抗战的珍贵历史文物。整个石刻长约1.2米、宽约0.4米,字体为行草体,苍劲雄厚,2011年被芒市人民政府公布为县级文物保护单位,是迄今为止在云南省发现的唯一抗战石刻遗迹。[①]

4. 举家抗战,视死如归

在杨思敬的带动和感召下,他的家人都非常支持其抗日义举,积极为抗日作贡献。在组建潞西青年抗日救亡团时,弟弟杨思忠经常跑村串寨,召集民众,刺探敌情;妻子甘发玉、妹妹杨思敏,经常为来往队员烧菜做饭、洗补衣服,做布鞋、干粮袋、子弹袋等,且队员食宿都由杨思敬一家承担;其家人还购买了七驮盐巴送给游击队。日寇对杨思敬和游击队恨之入骨,而杨思敬却毫无畏惧,他只担心乡亲们受到连累。亲人们听到日寇悬赏抓杨思敬时,都很担心他的安危,杨思敬却对妻子和家人说:"古来征战几人回,我迟早将为国牺牲,死得其所,不必难过。"而后,他还把随身携带的见血封喉的弩箭药分给家人,并告诉他们,作为抗日家属,日军定会找上门来,届时把弩箭药吞下,绝不能做"怕死鬼",更不能投降。后来,杨思敬被捕后,游击队在遮放宪兵队的内线谢光清来报信,日寇准备血洗大新寨,杀死杨思敬全家。为了躲过敌人的魔掌,杨思敬的家人决定离开敌人的占领区,举家逃往怒江东岸避难。事情被本村汉奸尹家贵得知,他当即跑到遮放向日军报告,敌人迅速尾追而来。日寇窜到大新寨,把杨思敬家的房子烧了,把其堂兄杨思震抓走,在芒牛坝的土牢里关押了三个多月。在逃难途中,杨思敬年仅两岁的儿子也染病夭折,家人悲痛欲绝,他们颠沛流离、几经周折,后逃亡到施甸姚关暂居下来,但因途中家产丧失殆尽,全家人生活非常艰难,仅靠杨思敬的姐姐、妻子做针线活维持生计。直到抗战胜利后,杨思敬的家人才得以重回故里。

---

① 中共芒市委党史研究室、芒市地方志编纂委员会编:《史话芒市(第一辑·2017)》,德宏民族出版社2018年版。

5. 追求进步,心向革命

在并肩战斗过程中,杨思敬与龙潞抗日游击支队的中共地下党有了近距离接触,并深受其思想影响。他有机会阅读到《论持久战》《西行漫记》《大众哲学》《抗日游击战争的战略问题》等进步书籍。杨思敬还给队员们讲解书中内容,让大家接受中国共产党的思想和主张,学习八路军的战略战术,保存实力壮大自己,打击日寇,做好长期抗日的准备。第四大队在杨思敬的带领下,将理论知识应用于实战中,避实就虚,巧妙地与敌人周旋,多次采取出其不意、攻其不备的战术,有力地打击了日寇。在龙潞游击支队及其第四大队中,《游击队之歌》广为传唱。在滇西抗战的艰难岁月中,杨思敬和他的战友们追求进步、心向革命,深信中国必将战胜敌人,迎来光明的未来。

（三）宁死不屈、英勇就义,被誉为德宏的"狼牙山五壮士"

1. 不幸被捕,跳崖自尽

杨思敬带领的抗日游击第四大队对日寇进行了有力打击,他们也成了日军的眼中钉、肉中刺。日军宪兵队长坂口曾宣称要"活捉杨思敬,血洗大新寨"。1943年5月,日军由芒市、遮放及缅甸的棒线等地出动,分进合击龙潞游击队。杨思敬率第四大队转战到平河一带山区,却不慎陷入敌人包围圈,激战3个小时,游击队重伤4人,日军伤亡数人,杨思敬终被叛徒出卖,不幸被俘。日军深知杨思敬的影响力,把他关押在缅甸九谷的B.O.C油库楼房,其间屡次威逼利诱,许以高官厚禄,甚至用美人计诱其投降,然而都失败了。见劝降不成,敌人又使用极其残忍的酷刑想迫使其就范,但杨思敬坚贞不屈,誓要以身报国绝不言降。最后,日寇无计可施,就让他穿上日军大衣,骑上战马,把他带到游击队活动区,企图误导游击队员认为杨思敬已经投降,借以瓦解游击队的战斗意志。杨思敬识破日军的意图,在途经万马河与怒江交汇点时,趁日军不备,他从马背上奋力一跃,纵身跳下悬崖,不料被野藤绊住身受重伤,敌人劝降无效后,将其杀害,年仅26岁。杨思敬牺牲后,被誉为德宏的"狼牙山五壮士"。在他的精神鼓舞下,他的战友们继续坚持战斗,直到滇西抗战最终取得胜利。

2. 英雄事迹,流传千古

杨思敬的故事被家乡父老广为传唱。1987 年 7 月,中华人民共和国民政部颁发《革命烈士证明书》,追认杨思敬为抗日烈士。杨思敬烈士的英雄事迹被编入中华英烈大辞典。芒市人民政府十分重视对杨思敬烈士抗战遗迹的保护工作,2011 年莲台山"还我河山"石刻被公布为县级文物保护单位,2013 年 11 月在大新寨村口竖立了"抗日烈士杨思敬故里"纪念碑,2015 年 7 月又在杨思敬故居竖立了"抗日烈士杨思敬故居"纪念碑,以示永久纪念。2023 年,"抗日烈士杨思敬纪念馆"建成开馆。杨思敬烈士的英雄业绩将永载史册,为国捐躯的英雄壮举将浩气长存。

三、杨思敬烈士革命精神的内涵及当代价值

（一）杨思敬烈士革命精神的内涵

习近平总书记概括指出:"中国人民在抗日战争的壮阔进程中孕育出伟大抗战精神,向世界展示了天下兴亡、匹夫有责的爱国情怀,视死如归、宁死不屈的民族气节,不畏强暴、血战到底的英雄气概,百折不挠、坚忍不拔的必胜信念。伟大抗战精神,是中国人民弥足珍贵的精神财富,将永远激励中国人民克服一切艰难险阻、为实现中华民族伟大复兴而奋斗。"[①] 杨思敬烈士是边疆民族地区涌现出的抗日民族英雄,他的英雄事迹和革命精神就是伟大抗战精神的真实写照;同时,作为英雄个体,他又体现着独特的精神价值和风范。归纳总结杨思敬烈士革命精神,其丰富内涵主要体现在以下六个方面。

1. 追求进步、向往光明的进取精神

翻阅杨思敬短暂而辉煌的一生,首先让人们感到钦佩的是他自幼学习刻苦,少年时期就外出求学的精神。他在学校读书期间就关注时局,曾一度考入中央航空学校,希望通过学习先进的航空技术和知识报效国家,后又以优异的成绩考取中央警官学校。在畹町警察局工作期间,他已经与中共地下党员有了接触,与南洋华侨

---

① 参观:《在纪念中国人民抗日战争暨世界反法西斯战争胜利 75 周年座谈会上的讲话》。

机工有了交往,在思想上开始同情革命,心中坚定了为救国救民不惜牺牲一切的意志。畹町沦陷后,他辞去公职回乡组织民众抗日,劝说母亲变卖家产资助游击队。为了壮大抗日力量,他接受改编,积极接触中共地下党员,拥护中国共产党的抗日民族统一战线。这充分体现了杨思敬追求进步、向往光明的理想和不断进取奋斗的精神。

2. 国家兴亡、匹夫有责的爱国情怀

在学生时代他就产生了强烈的忧国忧民之心,他痛恨日军侵略者,立志报效国家,投笔从戎,还曾一度怀揣航空报国的理想。在国家、民族危难之际,他以国家、民族利益为重,不计个人得失。如在墨江担任农科指导员时,他本可以远离战火,但他却迎难而上,深入前线。滇西沦陷前,他有机会举家迁往昆明躲避战乱,但他却决然辞去公职,毁家纾难,高举抗日大旗。

3. 视死如归、宁死不屈的民族气节

在敌我力量极其悬殊的情况下,杨思敬面对凶残的敌人和恶劣的条件,不畏强暴,顽强抗敌。面对敌人的追捕,他毫无畏惧,英勇斗争。在陷入敌人的包围圈时,他置生死于不顾,只身与敌人周旋,毫不退却。被俘后,他面对各种诱惑不为所动,面对各类酷刑坚强不屈,最后跳崖自尽,以死抗争。杨思敬生前常说"生死寻常事,奋斗与君同",他用自己的生命践行了这一铮铮誓言。

4. 凝聚人心、共御外敌的团结意识

与敌斗争中,杨思敬十分注重团结民众、凝聚人心。在家乡沦陷之际,他积极主动地向当地各族人民宣传抗日主张,动员汉族、傣族、景颇族、德昂族、傈僳族等各族青壮年加入游击队,短短三个月,抗日救亡团人数就从200多人发展到400多人。他还注重争取本地统治阶层的支持,在组建抗日救亡团时得到了土司和一些乡绅的援助。通过杨思敬的努力,无论是当地民众,还是上层统治者,都积极支持抗日斗争,共同反抗外敌入侵,给敌人以沉痛打击。

5. 毁家纾难、为国分忧的牺牲精神

自从走上抗日道路之后,杨思敬一切从国家和人民的利益出发,舍小家为大家,舍自己顾全局,把自己的一切贡献给了伟大的抗战事业。他为国分忧,捐献全部资财以支持抗日,原本富裕的家庭变得一贫如洗,妻离子散,流离失所。日军对杨思敬及其领导的游击队恨之入骨,对杨思敬的家乡进行了洗劫和扫荡,烧毁了杨思敬的家,杨思敬的家人为了躲避敌人的追捕,颠沛流离到外地避难,期间杨思敬唯一的儿子也因病夭折。杨思敬最终未能幸免,被敌人残忍杀害。杨思敬全家为抗战作出了巨大的牺牲。

6. 百折不挠、坚忍不拔的必胜信念

杨思敬在抗日道路上克服了重重困难。在组建抗日队伍时,为了解决人员问题,他耐心地做群众和家人的思想工作;为了解决枪支弹药难题,他积极地做土司、乡绅的思想工作,即使遇挫,也绝不放弃。在带领游击队与敌斗争过程中,虽敌强我弱,但他敢于亮剑,痛击敌人;面对敌人的封锁绞杀,他从容不迫,与敌周旋,有时他们被迫钻入深山密林,过"烟火冲空起,蚊吮血透衫""火烤胸前暖,风吹背后寒"以及食不饱腹的艰苦生活。但杨思敬总是信念坚定,不畏艰难困苦,坚持抗日。即使在抗日斗争最艰难的时期,他让人在莲台山石岩上刻下了"还我河山"四个大字,以鼓舞人心,坚信胜利终将到来。

(二)杨思敬烈士革命精神的当代价值

习近平总书记强调:"'天地英雄气,千秋尚凛然。'一个有希望的民族不能没有英雄,一个有前途的国家不能没有先锋。包括抗战英雄在内的一切民族英雄,都是中华民族的脊梁,他们的事迹和精神都是激励我们前行的强大力量。"[①] 杨思敬烈士的英雄事迹和革命精神是德宏各族人民群众在新征程上继续前行的强大动力,具有重要的现实意义和历史价值。

1. 有助于人们增强爱国主义情怀

杨思敬烈士革命精神的核心内涵是爱国主义。他短暂的一生是爱国的一生,是忧国忧民、为国奉献牺牲的一生。他的抗日故事让人热泪盈眶、义愤填膺,他的革命精神纯正高尚。对其革命精神的学习和宣传,有助于教育、引导德宏各族人民尤其是青少年增强爱国主义情怀,牢固树立天下兴亡、匹夫有责的爱国思想,不断

---

① 参见《习近平在"中国人民抗日战争胜利70周年"纪念章仪式上的讲话》。

提高强边固防意识，为中华民族伟大复兴团结奋斗。

2. 有助于教育党员干部提高公而忘私、无私奉献的精神品质

在国家民族危难之际，杨思敬总是以国家和人民利益为重，从不计较个人得失。为了抗击日本侵略者，他毁家纾难，不惜妻离子散、家破人亡；被敌人俘获后，不愿出卖战友，宁死不屈。杨思敬高尚的个人品质和崇高的爱国情怀，值得党员干部学习和弘扬。新时代的党员干部必须以杨思敬为榜样，在思想和行动上始终坚持以国家和人民利益为重，不断提高公而忘私、无私奉献的精神品质，更好地为中国人民谋幸福、为中华民族谋复兴。

3. 有助于密切党群、干群关系，坚持党的群众路线

杨思敬之所以能够在较短时间内组建起一支几百人的抗日武装，在敌强我弱的环境中长期生存发展、坚持战斗，有力地打击敌人，就是因为他始终依靠群众、团结群众、心系群众，获得了群众的大力支持。群众路线是党的生命线。学习和弘扬杨思敬发动群众积极开展抗日斗争的革命精神，有助于鼓舞党员干部坚持党的群众路线，密切党群、干群关系，更好地坚持从群众中来、到群众中去，全心全意为人民服务的宗旨，走好新的赶考之路。

4. 有助于党员干部增强斗争意识、提高斗争本领

在抗日斗争中，杨思敬面对穷凶极恶的日本侵略者，坚持斗争，一不怕苦、二不怕死，百折不挠、宁死不屈，展现出了无比强大的革命斗争精神和意志。当前，国内国际"两个大局"同步交织、相互激荡，各种矛盾错综复杂，新的征程注定不会一帆风顺，必将面临巨大的困难和挑战。这就需要我们继承和弘扬杨思敬烈士的革命斗争精神，不断提高党员干部的历史责任感和使命感，切实增强斗争意识、提高斗争本领，攻坚克难、开拓进取，高举中国特色社会主义伟大旗帜，为全面建设社会主义现代化国家而不懈奋斗。

习近平总书记强调："中华民族历来崇尚英雄，是英雄辈出的民族。英雄是推动中华民族前行的力量，英雄的事迹和精神是中华民族前行路上的灯塔。崇尚英

雄,才能英雄辈出,民族才有希望。"[①] 杨思敬是边疆民族地区涌现出的抗日英雄,他是我们的楷模,他的抗日壮举,在中华民族发展史上谱写下了光辉的一页,为后人留下了一笔宝贵的精神财富。因此,今天我们更需要学习、弘扬杨思敬烈士的革命精神,将其融入党员干部队伍的建设中,融入青少年的思想中,融入全州各族人民的精神中,融入我们的本职工作中,融入德宏经济社会的建设中,让杨思敬烈士革命精神在美丽的德宏大地代代相传、发扬光大,为全面建设社会主义现代化国家、全面推进中华民族伟大复兴作出更大的德宏贡献。

---

① 马一凡:《习近平总书记强调的"脊梁"》,《学习时报》2021 年 11 月 22 日第 2 版。

第二节

滇西抗战中德宏人民的抗争历史

1942年5月，中国远征军第一次入缅作战失利，气焰嚣张的日本侵略者为了切断中国抗战物资运输的生命线——滇缅公路，以第56师团、第18师团为主力进犯中国西南国门。1942年5月3日，日军占领畹町后沿滇缅公路长驱直入，1942年5月4日进犯芒市、龙陵，同年5月10日占领腾冲，中国守军将惠通桥炸断后才将日军阻止于怒江边。至此，怒江西岸包括德宏全境、龙陵、腾冲在内的3万多平方公里的国土沦陷在日寇的铁蹄之下。

日寇侵占滇西后，建立了腊戍、腊勐、滚弄、龙陵、腾冲5个守备点，在芒市设立指挥部，意图长期驻扎，伺机侵略。为了巩固对滇西地区的统治，日军一方面采取威逼利诱的手段胁迫芒市、梁河、陇川、盈江、瑞丽等地的土司与其合作，成立"维持会"，为日军供应粮食等军用物资；另一方面不断开展"清剿"活动，所到之处烧杀掳掠，无恶不作，妄图用残暴的屠杀使德宏人民屈服。然而，有着光荣爱国主义传统的德宏各族人民绝不会在侵略者的屠刀面前屈服，无论是上层统治者还是普通民众，都纷纷挺身而出，响应国家号召，拿起武器与入侵的敌人进行坚决斗争，形成了人人参与、全民抗战的态势。

为了研究滇西抗战中德宏人民全民抗战的历史，本文在前人研究的基础上，通过调查文史资料和实地走访，收集了大量资料，对1942年5月至1945年1月期间德宏地区的抗日武装和主要战役进行研究，以期与本领域的专家学者展开更多探讨。

一、滇西抗战中活跃在德宏地区的抗日武装

1942年5月，滇西全境沦陷后，著名爱国人士、云贵监察使李根源先生，带病前往保山、大理，协助第11集团军总司令部组织、发动滇西民众抗战。1942年5

月初,李根源发布《告滇西父老书》,号召土司上层及滇西各族人民要"抱定更大牺牲的决心,保住滇西过去历史上的光荣""在云南抗战史中占最光辉的一页"。1942年8月1日,昆明行营电令敌占区各土司要"捍卫疆土、勿忘国耻";同月7日,第11集团军总司令宋希濂转蒋介石致电滇西各土司,号召各土司"协助国军,努力抗战","深盼各司官共体斯意,愈加奋发,统率边民,偕行杀敌,保世守之封疆,驱压境之强寇",并派外交部专员尹明德作为代表至土司地宣抚慰问,组织武装,一致抗日,从而拉开了德宏全民抗战的序幕。[①] 从1942年5月滇西沦陷到1945年1月中国军队将日本侵略者逐出国门,在两年零八个月的艰苦斗争中,德宏各民族的英雄儿女不畏牺牲,顽强奋战,涌现出了以杨思敬、刀京版、尚自贵等为代表的一批抗日英雄人物,开展敌后游击战,给予日本侵略者沉重打击。在这一时期德宏地区曾活跃着大量由少数民族土司组织或民众自发组织的抗日武装,其中规模较大的有以下几支:

(一)刀京版领导的"滇西边区自卫军"

刀京版(1899—1966年),系干崖(盈江)宣抚司第25代土司,傣族,是云南著名民主革命先驱刀安仁先生之子。1942年日军入侵缅甸,他便自发组织"中缅义勇军",准备出国抗战。缅甸沦陷后,他收留远征军流散官兵组建"滇西边区自卫军",并写信给各土司,号召大家团结起来反抗侵略,保卫家园。1942年8月他接受第11集团军总司令部委任,担任自卫军一路司令后,调整编制,在原自卫军500多人的基础上,联合其他抗日游击队,号召边民开展敌后游击战,打击日本侵略者。滇西边区自卫军曾配合预备二师和其他游击队进行围攻、伏击日军的浑水沟之战、西山杨家寨、盈江昔马等战斗。日军占领盈江后,刀京版率部转移到五台山、杨家寨开辟抗日根据地,坚持与日军战斗了两年多。在此期间,滇西边区自卫军捉拿惩治敌特汉奸,建立情报网,为中国军队提供军事情报,并与各土司互相配合,统一行动,打击日军。1944年6月,刀京版返回新城干崖司署,配合中国远征军开展反攻。战后刀京版自述:"自沦陷后,抗战三载,集边胞之力,竭一家之力,茹苦

---

① 德宏州志编委办公室编:《德宏史志资料》第二集,1985年版。

含辛，奋斗到底，迄战事结束，本家一贫如洗。"以刀京版为代表的少数民族土司在国难当头之际，坚守民族大义，坚决抗击侵略者，他们的功绩也被载入历史，在解放后获得了人民政府的肯定。

（二）朱家锡领导的龙潞游击队

朱家锡（1909—1949年），又名陈刚，龙陵县象达人，前国民革命军第10路军第38军第99师中将师长朱晓东之子。1942年6月1日，龙陵、潞西旅昆青年推选朱家锡为代表，向云南省政府主席龙云请命，组织旅昆的滇西青年学子返乡抗战。经国民政府昆明行营批准，在昆明成立龙（陵）潞（西）游击队，委任朱家锡为龙潞区游击司令，兼龙陵县县长。至此，龙潞游击支队正式成立。游击队明确提出了工作大纲之要旨："为歼灭窜入滇西之敌，组织民众协助正规军作战，破坏道路桥梁，妨碍敌人行动，袭击其侧背，使正规军达到歼敌之任务"。朱家锡获得批准委任后，当即卖掉家产购买枪支弹药，招募龙陵、潞西、腾冲志愿回乡者为骨干，于1942年7月率60多人的队伍从昆明赴滇西，沿途又吸收许多志愿抗日的青年，队伍到达施甸天王庙时已有300多人。经短期的培训和整编，游击队于同年7月下旬从打黑渡渡过怒江，进入平达、象达一带。同年7月15日抵龙陵象达，到龙陵后，龙潞游击队得到了父老乡亲的鼎力支持，还有热血青年纷纷加入，队伍迅速扩大到1700多人。

到1943年7月，队伍已发展到两千余人，分五个游击队，总部设在平达，建立了巩固的根据地，投入战斗30余次，到过龙陵、潞西、瑞丽、陇川、盈江、梁河等县的200个村寨，开展敌后抗日宣传和战斗。游击队利用群众支持、熟悉地形等优势，采取偷袭、伏击、埋地雷、阻击等灵活机动的战术，有效地歼灭敌人。到中国远征军大反攻前，龙潞游击队历经战斗31次，打死打伤日伪军800余人，有力地打击了日本侵略军的嚣张气焰，牵制了侵略军的力量，使侵略军龟缩于据点之内，不敢随意妄动。

在芒市傈僳族聚居区的木城坡，至今还流传着余有福率领的傈僳中队神出鬼没打击日本侵略者的事迹。这个中队隶属龙潞游击队，主要由傈僳族的青壮年男子组成，也有汉族兄弟的加入。中队长余有福，自幼在当地教会学校读书，后又到勐戛、腾冲求学,据说他还曾到昆明宪兵学校学习。这支傈僳游击队,和龙(陵)潞(西)游击队其他武装相比,虽然武器装备落后,只有几支步枪和火铳,子弹也不多,但是英勇善战的傈僳队员,凭借自幼练就的箭无虚发的本领,利用自然环境的掩护,用弓弩击杀了大量过往来犯的日军。他们身手敏捷,打着光脚,爬山钻箐,使敌人防不胜防,特别是这支队伍所用的见血封喉的弩箭,令日军心惊胆战,闻风丧胆。

木城坡位处遮放到平达的必经之地,平达据点的日军经常从此路过,傈僳中队队员不时巧设地弩、毒箭、陷阱、野蜂窝奇袭敌人,使日军吃尽苦头。中队先后与日军作战数十次,曾配合龙潞游击支队在平达一带打过三次硬战,其中一次配合作战,一股日军被友邻游击队围困在平达的一个山洞中,余有福奉命率部在平河阻击救援之敌,全中队在敌人的猛烈进攻下,始终坚守阵地,迫使敌援军绕道而行,无法及时增援。但由于武器装备落后,傈僳中队在战斗中牺牲了 10 多名队员。而日军因为傈僳中队的勇猛善战而恼羞成怒,将傈僳人居住的小平河、木城坡一带的房屋全部烧光,但队员们丝毫不退却,同仇敌忾,与日军一直周旋到滇西大反攻为止,为取得反攻的胜利作出了重要贡献。

(三)杨思敬组织的"潞西抗日救亡团"

杨思敬(1917—1943 年),潞西县勐戛镇大新寨人,潞西青年抗日救亡团的组织者和领导者。1942 年 5 月初,畹町沦陷,怒江以西被日军侵占,时任畹町警察局巡官的杨思敬,看到在国破家亡的危难关头,人民群众无不义愤填膺,同仇敌忾,便决心毁家纾难,拿起武器与侵略者战斗。他说服母亲变卖田产,购买枪支和弹药,并发动群众捐枪捐款,开展抗日游击斗争。1942 年 6 月左右,杨思敬邀请家乡及潞西东山、勐戛、三角岩、木城坡等地的青壮年和归国难侨及军队流散人员等 53 人,成立"潞西青年抗日救亡团",号召群众保家卫国。潞西抗日救亡团后来改编为龙潞游击支队第四大队,下辖四个中队,发展到 400 人,有 100 多支步枪,其中由余正洪率领的中队,大部分为傈僳族青壮年,作战十分勇猛。该团先后组织了三台山、马台坡、芳草地的伏击战,并配合其他大队夜袭驻象达日军,缴获了步枪 10 多支、轻机枪 2 挺、日联队长滨口幸雄的指挥刀 1 把,及日本军旗 1 面。1943 年 5 月,日军聚重兵围剿龙潞游击队,杨思敬不幸陷入敌包围圈,被日军俘房。日军知道杨思敬在潞西一带颇有声望,妄图劝降,于是把他送到遮放司署关押,并由土司出面"保释"。然而杨思敬宁死不屈,严词拒绝,后被敌人枪杀。[1]1987 年 12 月,云南省人民政府追授杨思敬为革命烈士。

（四）尚自贵带领的景颇族游击大队

尚自贵（1894—1974 年）,陇川王子树罗朗寨人,邦角景颇族山官,拥有 100 多人的景颇族武装。尚自贵是个充满爱国热血的景颇汉子,滇西沦陷后,面对日军的烧杀掳掠,他奋起带领景颇族武装与日军开展游击战争。1942 年 5 月,腾冲刚沦陷不久,他应赵宝忠之约组织数 10 名景颇族壮丁集中九保,准备打击来犯之日军。1942 年 8 月 6 日至 27 日远征军预备二师在梁河三区芒东一带的战斗中,尚自贵带领的景颇族民兵武装与梁河设治局组织的民兵相互策应,防守住襄宋河南岸来敌。预备二师在傣、景颇、汉等各族民兵配合下,粉碎了敌人对抗战根据地芒东进行扫荡的企图。9 月中旬,尚自贵的景颇族武装被正式编入滇西边区第二路军,其中共有 100 多名汉族、景颇族的精干力量,主要活动在邦角山区。尚自贵返回邦角前曾托尹明德转告预备二师副师长,今后附近如有战事,他们将随调随到,竭力助战,歼灭敌人,保卫乡土。

1944 年末,一队日军自萝卜坝赴王子树,邦歪四寨景颇抗日武装百余人在途中设伏,日军进入伏击圈后,景颇族健儿敲铓出击,用火枪击毙日军多人,日军仓皇西逃,窜至二台坡、邦掌,将两寨房屋全部烧毁,犯下滔天罪行。面对日军的野蛮暴行,尚自贵领导的景颇族游击大队毫不退缩,怀着对侵略者的仇恨,在后来的战斗中勇猛出击,配合其他抗日武装狠狠地打击了敌人的嚣张气焰。

二、滇西抗战中发生在德宏地区的敌后游击战斗

1931 年当时的云南省政府成立了潞西、梁河、盈江、莲山、陇川、瑞丽 6 个准县级设治局,本文中的德宏地区即指以上 6 个准设置局辖区。[2]

---

[1] 德宏州史资料委员会编:《德宏州文史资料选辑》第八辑,德宏民族出版社 1991 年版。

[2] 德宏州史志办编:《德宏简史》,德宏民族出版社 2016 年版。

（一）浑水沟伏击战

1942年9月，入侵日军十八师团700余人自干崖（今盈江）欲经梁河至腾冲展开扫荡。中国远征军预备二师及边区自卫军刀京版、赵宝忠部决定在盈江、梁河交界地带的浑水沟、葫芦口一带伏击日军，打击敌人的嚣张气焰。日军挟持了陇川土司多永安同行，沿途滥杀无辜百姓，烧毁民房数十间，到达盈江旧城后大肆掠夺，百姓纷纷躲避。

从盈江旧城到南甸遮岛司署，浑水沟是必经之地。浑水沟地势险峻，东西两山夹峙，道路狭窄，仅容一人通行。9月18日，日军返回南甸，来到浑水沟、葫芦口，进入我军的伏击圈。早已埋伏好的抗日游击队枪炮齐发，愤怒的子弹从四面八方向敌人射去，日军惊慌失措，躲入沟壑中藏身。战斗自午时延至夜晚，敌人进退两难，被围困了三个昼夜，第四天凌晨不得不攀崖逃窜。这次伏击战，虽未能全歼日军，但也给侵略者以沉重打击，此后日军再也不敢以少数部队通过这一地区。[①]浑水沟伏击战，极大地鼓舞了德宏军民的士气，坚定了开展游击战的信心，锻炼了游击队员的战斗技能，是德宏各族人民奋起反抗侵略的光辉例证。

（二）芒允保卫战

盈江县芒允镇，是距离国界40多公里的边境小镇，历史上就是祖国边陲的西南大门，生活在这里的各族人民有着爱国主义的光荣传统，敢于同一切侵略者奋战到底。在近代历史上，这里曾发生过著名的"马嘉里事件"，在滇西抗战时期这里又经历了严酷的战火考验，发生了著名的芒允保卫战。

1943年3月，为了打通八莫至腾冲的交通线，日军500多人从八莫进犯芒允，对南甸、干崖地区的抗日武装进行扫荡。由当地青壮年组成的芒允自卫队虽然装备简陋，也没有经过正规训练，但是面对穷凶极恶的侵略者，战士们表示守卫家园义不容辞，誓死不当亡国奴，要坚决消灭来犯之敌，决不后退半步。

3月12日清晨，战斗打响，在日军的优势兵力进攻和炮火的狂轰滥炸下，芒允自卫队的战士们英勇战斗，打退了敌人的多次进攻，击毙了大量日寇。战斗从清晨

---

① 北京市政协文史资料委员会、云南省德宏州文史资料委员会编：《滇缅抗战纪实》，中国文史出版社2008年版。

一直持续到傍晚，前后激战长达 15 小时，给侵略者以沉重打击，显示了滇西人民敢于牺牲、绝不屈服的反抗精神。由于寡不敌众，最终日军突破防线，占领芒允镇。穷凶极恶的日军疯狂地实行了"三光"政策，将镇上的居民房屋全部烧毁，把来不及撤离的无辜百姓枪杀，这是侵略者对德宏人民犯下的又一起残暴罪行。

抗日联军在战斗中也付出了巨大牺牲，芒允自卫队 15 名烈士为国捐躯，他们分别是：杜开和、赵克礼、李大美、李自勇、李荣春、赵体贤、郑海章、左相如、尹应昌、许文宗、尹培文、宋八金、江春杨、徐老四。为了纪念这些为国捐躯的英烈，1990 年盈江县人民政府在战斗遗址建立了纪念碑，它是芒允各族同胞为保家卫国而奋勇抵抗，流血牺牲的历史见证，至今人们仍然铭记着这些英烈们。

（三）洋人街歼灭战

1944 年初，在中国军民的不断打击下，陇川境内的日军无法立足，不得不逐步撤退到缅甸雷基（洋人街）。8 月 31 日，驻岗垒日军 40 余人移驻雷基，准备从缅甸秘密撤走。9 月 2 日夜，陇川土司多永安的胞弟多永清率滇西自卫军陇川第二支队 600 余人，秘密潜入雷基附近，在我方一侧的顺满、户闷等寨集结，准备寻机消灭这支日军。9 月 19 日，雷基方面传来情报："驻雷基日军有 215 人，其中百余人开赴拱峦，其余日军分散驻守三处，防备松懈，正是进攻时机。"多永清及时部署兵力，于 9 月 19 日中午向驻守雷基发起进攻，把敌人团团包围。日军凭借工事死守，久攻不下，形成对峙局面。就在双方在洋人街鏖战之时，赴拱峦日军返回，被自卫军二大队阻击，经过两个小时激战，日军遗弃 18 具尸体，向南宛河方向逃窜。

被包围在洋人街内的日军已无处可逃，却还在做困兽犹斗，负隅顽抗。我方自卫队战士士气高涨，奋勇向前，经过激烈战斗，9 月 20 日攻破敌人壁垒，大部分日军被消灭，剩下的残敌渡过南宛河逃走。此次战斗击毙日军 62 名，其中有大队长 1 名、尉官 2 人，活捉了日军机枪手玉普三郎，缴获了枪械 50 余支以及马匹等战利品。在战斗中，游击自卫队有 6 人壮烈牺牲，俘获的日军由多永清亲自押往腾冲二十集团军司令霍揆彰处。洋人街歼灭战是德宏抗日武装在抗战时期取得的一次重大胜利，极大地鼓舞了德宏人民反抗侵略的战斗士气，有力地配合了中国军队在正面战场的反攻。

（四）户瓦保卫战

1944 年底，一股日军前往瑞丽勐秀户瓦寨展开扫荡。户瓦山的景颇人民早已目睹过侵略者的野蛮烧杀，他们满怀怒火，决心消灭这股日寇，决不让侵略者踏入家园半步。在景颇族青年岩里的指挥下，游击队事先挖好了战壕，削了竹签埋在日军必经路口，自卫队员则利用地形分散隐蔽。当日军进入伏击圈后，随着一声令下，景颇汉子的铜炮枪、火药枪、弓弩齐发，首先击毙了一名骑马的日军指挥官，再将愤怒的子弹射向其他敌人，打得日军惊慌失措，头破血流。装备简陋的游击队员没有正面强攻，而是灵活机动地打一枪就换一个地方，使敌人找不到目标，只好盲目地用各种武器向我山头轰击。混乱中，日军枪弹击中了自卫队挂在阵地树梢上的野蜂窝，野蜂成群结队地向有烟雾、有枪声的敌群疯狂地扑去乱蛰，日军阵势大乱，东躲西藏，钻入尽是刺麻、竹签的陷阱，被刺得乱跑乱叫，出尽了洋相，最终不得不灰溜溜地带着尸体和伤兵撤退，从此再也不敢进入景颇山寨。[①]

户瓦保卫战是英勇的德宏人民自发起来反抗侵略的典型战例，和地雷战、地道战一样，显示了人民战争的无穷威力，也向侵略者宣示了中国人民不可欺辱，绝不屈服的斗争精神，只要侵略者敢踏入家园半步，就要让他们葬身于此。

自近代以来，德宏人民就具有反抗外来侵略，保卫国家领土完整的光荣传统。在滇西抗战时期，为了保家卫国，德宏各族人民在爱国主义的感召下，与日本侵略者进行了殊死搏斗，作出了巨大牺牲。在反抗侵略的斗争中，德宏各民族结下了深厚的战斗友谊，对国家的认同感也逐步加深。例如，南甸土司龚绶在给国民政府的电文中说："职司世受国恩，同仇敌忾，当仰体德意，誓死抗战，与疆土共存亡。"[②] 从1942 年至 1945 年，德宏人民不分民族、男女、老幼，都积极支援或参与到抗战的队伍当中，为滇西抗战乃至中华民族抗日战争的最终胜利作出了突出的贡献。

滇西抗战中德宏地区全民抗战的历史，不但应被铭刻在纪念碑上，更应被铭刻

---

① 德宏州文史资料委员会编：《德宏州文史资料选辑　第十一辑　滇西抗战论文集》，德宏民族出版社 1999 年版。

② 沈桂萍：《试论抗日战争时期我国各少数民族的反侵略斗争》，《中央社会主义学院学报》1995 年第 5 期。

在我们的头脑当中。德宏各族人民热爱祖国、敢于牺牲的精神将永远流传下去,激励一代又一代人为保卫边疆、建设祖国而奋斗。各级各类教育工作者、宣传工作者在开展面向青少年的思想教育的过程中,应讲好滇西抗战中德宏人民反抗侵略、英勇斗争的历史,把它作为爱国主义教育的生动案例进行大力宣传与弘扬;把滇西抗战中德宏各族人民紧密团结协作,共同保卫家园的这段历史讲好,作为民族团结进步教育的生动素材,大力宣传弘扬,让爱国主义和民族团结的光荣传统一代又一代地继承下去。

第三节

傣族将军刀京版的抗战事迹

刀京版又名刀保图（1899—1966），字京版，傣族名为帕克法，男，傣族。他是傣族民主革命先驱刀安仁的长子，少年时代就受父亲爱国爱乡、誓死捍卫祖国疆土思想的影响，牢记父亲率边疆各族人民 8 年抗英的英勇事迹。1909 年，10 岁的他骑着战马随父参与腾越起义，因父英年早逝，1909 年，他接替父亲的宣抚世职，成为云南干崖（今盈江县新城）第 23 代第 25 任宣抚使。"边疆民族只文化落后，爱国并不后人。"这是著名的傣族抗日将军帕克法的名言，而"爱国并不后人"也正是他坚持抗战的真实写照。

一、滇西抗战背景

1927 年上台的日本首相田中义一，赤裸裸地密奏天皇："惟欲征服支那，必先征服满蒙，如欲征服世界，必先征服支那。"1929 年秋，资本主义世界爆发了空前的经济危机，持续 4 年，日本也遭到了这场危机的沉重打击。英美等国忙于应付国内经济危机，蒋介石忙于"围剿"红军，此时日本认为，这时应放手侵略中国，摆脱经济危机。于是把矛头指向亚洲各国，制造了九一八事变。蒋介石严令东北军不抵抗，三个月后东北三省沦陷，从此三千万东北同胞过着亡国奴的生活。1932 年3 月，日本在东北策划成立了"伪满洲国"，作为它霸占东三省的傀儡政权，接着又把魔爪伸向华北。1933 年日军占领了山海关、秦皇岛等地，三面包围北平、天津。蒋严禁守军抵抗，5 月 31 日签订丧权辱国的《塘沽协定》，又制定了"华北事变"，激起全国抗日运动，爆发了"一二·九"运动。1936 年 12 月张学良、杨虎成为停止内战、一致抗日，发动了"西安事变"，逼蒋抗日。1937 年 7 月 7 日，日军又发动了震惊中外的七七卢沟桥事变，并发动了全面侵华战争，由此我国各族同胞奋起抗战。

二、刀京版督修滇缅公路（南天门至畹町 90 公里）

为缓解不利的战争局势，争取国际援华抗战物资，国民政府急需开辟一条新的国际通道。修筑滇缅公路成为必要之举，这是我国大西南对外联系的唯一一条重要国际交通线。为打通这条国际交通线，1937 年 11 月，国民政府决定征调沿线各族民工赶修滇缅公路，下关至畹町 547.8 公里，边境畹町至缅甸木姐 18 公里，其中德宏负责修筑南天门至畹町段 90 多公里，我滇西各族儿女积极响应。

刀京版负责督修滇缅公路德宏段，土司龚绶、方克光、多英培等民族上层人士也纷纷走出衙门，发动民众，一切要政，暂缓办理。以刀京版为首的土司上层对滇缅公路的修筑倾注了大量心血，当时德宏只有十万多人口，却先后投入了五万余名民工，组成筑路大军，积极响应抗日救亡的号召。当时他们的生活条件极其艰苦，衣不遮体，食不果腹，冒严寒、顶酷暑、迎风雨，晚上睡在用树枝搭起的窝棚，忍受蚊虫叮咬、疟疾等病痛。在纵山峻岭中，他们节衣缩食，发扬爱国主义精神，由刀京版等参与指挥，用简陋的工具，锄挖锹铲，肩挑人背，攀岩凿壁，开山炸石，在荒郊野岭中奋战不息。为加快抢通这条生命运输线，刀京版同其他土司一道亲临工地督修，上下配合，想办法，出主意，尽力为民工排忧解难，在司署库银空虚时，他毫不吝啬地拿出 3000 银元及时补助衣食困难和生病无法就医的民工，为修路敞开了绿灯。

这些纯朴的各族民工哪里知道，他们参与创造了"中国第二个万里长城一样的奇迹"。当英国报刊纷纷以头版头条报道滇缅公路全线通车的消息，美国总统罗斯福竟不敢相信这是真的，美驻华大使詹森奉命视察滇缅公路后汇报："总统阁下，请相信这一震惊世界的消息。""世界许多专家断言滇缅公路最起码要 3 年才能修通，中国人民只用了 9 个月，在没有任何机械的情况下，全凭人力……全赖沿途人民艰苦耐劳精神，这种精神是全世界任何民族所不及的！"

1938 年 7 月，仅用 9 个月，滇西边陲各族儿女不负众望，终于以血肉之躯（整条滇缅线上的牺牲者和病死者每天不低于 30 余人）筑起了极其艰险的滇缅公路，保证了公路提前 5 个月按质完工，得以竣工通车。抗日有望，这是激励人心之壮举。这条运输线打通了抗战时期的第二条国际通道,其工程之巨大和速度之快令人震惊,修筑这条公路既无机械设备,又无外援人力,全靠本省各族人民的双手挖山凿石,肩挑人扛,这条公路是用血汗和生命修筑起来的,是公路史上的奇迹,其声誉闻名于全世界,这不能不算是一大壮举。连美国驻华大使詹森都不得不称赞"惊为世界之奇迹",赞扬筑路各族群众"是世界上任何民族所不能及的"。

滇缅公路成为当时中国唯一的国际交通线,为中国的抗日战争和世界反法西斯战争作出了重大贡献。它的成果之大,实在令人难以估量。据不完全统计,仅在1939年的1个月中,通过滇缅公路运入我国抗战前线的武器物资共计27980吨;1941年全年运入军用和其他物资共计132193吨。如此之大的硕果,极大地鼓舞了边陲儿女乃至全国人民的抗战信心。

三、刀京版积极参加抗战

1941年刀京版卸任勐卯代办职务,当时正值日本对美国珍珠港进行偷袭,美国政府迫于国内民众的愤怒,经美国议会批准,由罗斯福总统发表对日战争的宣言,太平洋战争爆发。美、英、中、苏等26国纷纷呼应,结成世界反法西斯联盟阵线。日军参谋本部制定了"南进战略",猖狂地向美英法荷在东南亚各国的殖民地进犯,不到百日,日军先后占领了中国香港、越南、菲律宾、爪哇、马来西亚、新加坡、苏门答腊等英美属地,这不但截断了我国的海上交通,而且全面封锁了中国的陆路。紧接着,日本侵略军以四个师团约10万人,在250架作战飞机支援下,分三路进攻缅甸,其战略企图是占领缅甸后,切断当时盟国支援中国物资的唯一陆上交通——滇缅公路。继而占领云南大后方,迫使国民政府屈服。

10万中国远征军沿着滇缅公路,经过畹町桥赶赴缅甸战场。3月16日,以戴安澜师长率领的中国远征军200师为这次入缅作战的先锋部队,戴安澜率领200师官兵血战同古,死守孤城5天之久,歼敌5000多人,取得了中国远征军入缅参战的第一个重大胜利,后称"同古大捷"。200师官兵完成阻击任务后激战突围,4月4日奉命退守平满纳。远征军第66军新编38师于4月17日在缅甸仁安羌向围困英军的日军发起猛烈攻击,经过三天苦战,击溃日军主力,歼敌1200多人,终于把被日军围困 5 天之久、弹尽粮绝的英军司令亚历山大及其指挥的英军第一师及战车营 7000 多人解救出来，取得了中国远征军入缅参战的第二个重大胜利，后称"仁安羌大捷"。

（一）组织建立抗日义勇军

此时的刀京版虽然不再担任土司代办职务，但他深忧国家危亡之虑，积极投身抗日救亡活动，当中国远征军副总司令杜聿明将军率部进入德宏地区后，刀京版应杜聿明之邀随同入缅参加远征军作战。入缅后，刀京版凭借他多年与缅甸土司维持良好关系的有利条件，带领远征军官兵深入敌后，联系缅甸当地土司、头人，了解掌握日军情报，由于刀京版在边境一带的影响力，这次作战得到了缅甸土司、头人的支持，当地群众积极提供敌情，协助远征军打了几次胜仗，刀京版的作为深得杜聿明的赏识。杜聿明本想把刀京版长期留在身边，但考虑到刀京版回到德宏地方组织民众抗战将更能发挥其重要作用，就委任刀京版为少将参议，令他返回中国边境地方，组织招募各族人民抗日武装队伍，以便更好地配合远征军消灭日军。

刀京版没有辜负杜副司令的厚望，从缅甸回国后，他马不停蹄地回到瑞丽一带，四处筹措经费，以土司署土司兵为基础，在中国和缅甸边境地区的各族民众中组织招募了一批武装人员，接着又把这支队伍带回干崖司署。为继续扩大抗日武装队伍，刀京版又联络召集了干崖、南甸各地的土司共同商议，在干崖组织招募了一支"滇西边区义勇军"，至此，"滇西边区义勇军"总人数已达 500 多人。在讨论谁来担任"滇西边区义勇军"指挥官时，各土司纷纷以刀京版在各司和民众中的威望，公推刀京版为滇西边区义勇军司令。[①]

（二）浑水沟伏击战役

浑水沟伏击战役，作为刀京版指挥的滇西沦陷区抗日游击作战中的一次重要战役，虽没有达到全歼入侵之敌的目的，但对临时组织、没有严格训练、武器装备差、军事素质低的边区游击部队而言，面对武器精良、训练有素、战斗力强、山地作战经验丰富的日军，刀京版率领的抗日游击队伍凭着爱国激情鼓舞的士气和敢

---

① 线世海：《共赴国难的滇西土司——滇西土司在抗战中的贡献》，云南傣族土司文化研究论文集，云南民族出版社 2008 年版。

于拼搏的牺牲精神,不仅成功给敌人以沉重打击,消灭了敌人嚣张的气焰,挫败了日军不可一世的锐气,也有力地增强了义勇军和远征军克敌制胜的勇气和力量。这次战斗也是游击队组织与正规军初次协同作战,在协同配合方面经验不足的情况下,能够围困日军达三天三夜,不仅使被围困的日军一筹莫展,而且还迫使驻腾冲的日军派兵、派飞机救援,这是刀京版和洪行战前周密决策取得的胜利,从战斗开始打响直到结束,刀京版始终身先士卒,在战斗前沿指挥若定,果敢刚毅,为取得这场战斗的胜利作出了卓越的贡献。

中华人民共和国成立后,为纪念德宏人民在抗日战争中的英勇事迹,政府在浑水沟伏击战遗址建立了纪念碑,碑文如下:

> "1942年9月25日,入侵日军300余人,自干崖(今盈江)欲经梁河至腾冲,我远征军预备二师及边区自卫军刀京版、赵宝忠部于此设伏,战斗自午时至夜晚,毙敌多人,我方阵亡将士20余人。日军多次突围不成,遁入深菁。次日凌晨攀崖逃窜。我预备二师又与突围日军在桥头激战半日,毙敌8人。此役系我正规部队与民众自卫之联合战斗,重挫日军气焰。"[①]

纪念碑记录了刀京版在滇西抗日游击战中的历史贡献。

(三)西山游击,昔马抗战

刀京版在日军还未进驻新城司署之际,立即率队离开司署,渡过槟榔江,退守在一个名叫三金的地方,将自卫队第一路军司令部移驻到距干崖司署十五公里的西山杨家寨,并派一个连长带领部分游击队员到五台山进行警戒,另外派国民党电台台长王巍利用电台沟通部署各游击点,他则严密监视敌人的动向,随时做好迎击敌人的准备。

此时日军以高官金钱诱降他,然而诱降不成,松本准备血洗西山,决心要用武力把刀京版消灭掉。消息传到西山刀京版游击队的驻地,因武装力量悬殊太大,游

---

① 德宏州志编委会办公室编:《德宏史志资料》第二集,1985年版。

击队迅速开始大转移，日军进攻扑了个空。

1943 年 10 月，昔马正值金秋时节，接到从西山杨家寨远道而来的游击队员。游击队员在刀京版的带领下，安营扎寨，布防就绪，时刻准备着痛歼来犯之敌。

在还击日寇的游击行动中，刀京版派游击队员在盈江太平与铜壁关之间的要隘路口，利用有利地形挖好暗坑，削了竹签，埋伏在日军必经道路上，游击队员们分散隐蔽，诱敌深入。不多时，日军果然经过，一路因为没有遭到抵抗，气焰极为嚣张，走在前面的先头部队疏忽大意，跌入暗坑被竹签扎死。

乘敌人慌乱之时，游击队员及时组织还击，致使日军死伤无数，落荒而逃。刀京版组织的伏击作战大获全胜，得知日寇因全线溃败撤退的消息后，他便打扫战场收拾行装，与队员们一道凯旋，返回西山杨家寨司令部，继而又返回了新城。

（四）滇西抗战胜利

1945 年 1 月 20 日，中国远征军欢呼、跳跃着向畹町国门冲杀而去。88 师与盘踞于回环阵地的日军进行了殊死血战，最终消灭了残敌，胜利进入畹町。沦陷了两年零八个月的滇西大地至此全部收复。

这一天的 12 时 40 分，中国滇西远征军和驻印度远征军在畹町举行了欢庆的会师典礼和庄严、隆重的升旗仪式。升旗仪式十分隆重，刀京版也从缅甸境内带领部分队员风尘仆仆地赶来参加。

滇西抗日反攻作战从 1944 年 5 月 11 日持续至 1945 年 1 月 27 日，历时 8 个月 16 天，沦陷两年有余的滇西锦绣河山始告收复。

《续云南通志长编》称："在吾国战争史上，其消耗数量不可谓不巨。"抗战期间，不足二十万人的德宏，依靠人民节衣缩食和多年的积蓄，保障了境内抗日大军数十万人的供给军需及部分物资的支援。

刀京版自滇西沦陷之时到滇西抗战取得全面胜利之终，始终肩负着领导民众开展抗日游击战的重任，他忠于职守，于危难时刻终未变节。虽贵为土司官职，但受命委任为抗日游击队自卫军的司令后，始终斗志昂扬，百折不挠，充满抗日救国的热情，他身先士卒带领自卫军游击战士深入敌后，勇敢地向日本侵略者进攻，搅乱了敌阵，使日本侵略者在占领区不得安宁，在指挥各支队、各大队配合正规军开展游击作战中,他有力打击了敌人,取得了辉煌的战绩,并得到了第 11 集团军总司令宋希濂的褒奖。主持滇西抗战的云贵监察使李根源在滇西抗战初期在呈报蒋介石的报告书中特别指出:"其中干崖刀保图尤为难得,曾首先组织义军,拒绝敌寇。"刀京版不遗余力地投身和领导抗日游击战斗,其事迹深深地感动了李监察使,他欣然挥笔作诗对刀京版进行表彰:

> 印章匿萝卜,京版遁西山。
> 用心已良苦,志节见一般。[①]

此诗是对刀京版在国家危亡之际,深明大义,精忠报国,忠贞不屈,英勇杀敌,与侵略者展开殊死斗争的客观评价,也是对刀京版抗战经历的真实写照。

---

① 张明耕:《从封建土司到人民公仆》,德新出准印证第 NO.0000231 号。

第四节

滇西抗战与怒江生态

滇西抗战是中国抗日战争中的一场重要战役，它不仅在军事上具有重大意义，而且对当地生态环境产生了深远影响。怒江作为滇西地区的重要河流，其流域内的生态环境在战争期间遭受了不同程度的破坏。本文将从历史背景、战争对生态的影响、战后生态恢复与保护三个方面进行论述。

一、滇西抗战的历史背景

（一）战争起因

1942 年初，日军侵占缅甸，并迅速向滇西推进，企图切断滇缅公路这一国际援华大通道，进而占领中国大西南。中国政府为保护滇缅公路畅通，派遣远征军入缅作战，并在滇西地区展开了一场艰苦卓绝的保卫战。

（二）战争进程

滇西抗战历时三年多，期间发生了多次重要战役，如松山战役、腾冲战役、片马战役、龙陵战役、遮芒战役等。中国军队依托怒江天险，与日军展开了殊死搏斗，最终取得了胜利。这场战争不仅保卫了滇西国土，也极大地削弱了日军的战斗力。

二、滇西抗战对怒江生态的影响

1942 年 5 月 3 日，日军从畹町入侵，很快占领芒市，并于 5 月 4 日占领龙陵。为阻止日军的进攻，中国军队炸断滇缅公路的咽喉惠通桥。从此，中国军队占据怒江天险防守，因此怒江东岸成为中国军队的正面防线。在滇西沦陷的 2 年多时间里，中国军队在怒江东岸坚壁清野和驻军的炊饮消耗，对怒江东岸的生态造成了一定影响。怒江中段东岸与西岸的植被形成了鲜明的对比，西繁东枯。

（一）影响范围和影响程度

怒江西岸是高黎贡山山脉，怒江东岸是怒山山脉，高黎贡山山脉和怒山山脉夹着怒江，形成怒江大峡谷，怒江大峡谷之狭窄和险峻，有景颇族群众形容为划开一个口子的肾脏（"真龙比品"，意为：如肾脏剖开状的横断山脉。此地当在北纬25.44°—30°，东经93°—100°之间，今缅甸江心坡北端"斋枯目拽"和中国滇西北大理以西地带）[①]。怒山，由大怒山和小怒山两部分组成。大怒山指怒江东岸山脉在云南省境内的总称，即怒山山脉，包括四大段：近西藏的山段为梅里雪山，滇藏交界的山段地势最高段为太子雪山，向南约至北纬27°附近的山段称碧罗雪山，保山市一带称怒山，即小怒山。本文所谈的就是抗日战争时期小怒山的森林覆盖变化。小怒山相对于江面的坡度并无太大的变化，只是无论是怒山山顶还是怒江河床，都进入了相对平缓的地段，特别是相对的怒江西岸，出现了较为平缓而开阔的潞江坝（包括芒宽坝）。小怒山因为堵住了日本军队，被当地群众称为"堵头梁子"。

抗日战争时期，主要受战争影响的是怒江中游的瓦马、汶上、瓦房、杨柳、蒲缥、施甸县的太平镇，有栗柴坝渡口、勐古、水井、踏空、芒荫洼、康朗、勐赖渡，有双虹桥、惠人桥、惠通桥。惠通桥因为可以通过汽车甚至坦克，而在战时被炸毁，惠人桥和双虹桥则被拆除木板，以便在东岸修筑工事阻击日军。

（二）对生态环境的破坏

一是植被遭到破坏，水土流失严重。滇西抗战期间，战争活动对怒江流域的生态环境造成了严重破坏。一方面，大量军事设施的建设和战争行动导致了植被破坏、水土流失等问题；另一方面，日军在占领区内的烧杀抢掠行为也加剧了生态环境的恶化。

位于汶上乡的楞马山，战争发生前植被茂盛，从前常有野兽出没，后来由于作战需要坚壁清野，还有大量的部队驻扎挖坑做灶、砍伐树木作为炊饮燃料，大量的植物被损毁，大量的树木被砍伐，导致楞马山的植被破坏严重。如今的楞马山已经与过去截然不同，只剩下一片光秃秃的景象。如果坐车沿沪瑞线经过蒲缥山，人们

---

① 朵示拥汤:《景颇族源流史话》，德宏民族出版社2013年版第82页。

很难看到较为高大的树木，更谈不上成片的原始森林。楞马山植被的破坏，也给当地百姓生活带来极大不良影响。因为失去了森林，楞马山的储水功能也基本丧失，当地由原先的水草丰沛之地变成缺水干旱地区，农业发展受到拖累。

二是生物多样性受损。怒江流域是生物多样性保护的关键地区，拥有丰富的野生动植物资源。然而，战争期间的破坏活动导致了许多物种的栖息地丧失，生物多样性受到严重威胁。此外，战争还可能导致一些珍稀物种的灭绝或数量锐减。

三是水资源污染。战争期间，大量的弹药、油料等物资在运输和使用过程中可能泄漏到河流中，造成水资源的污染。

三、战争对怒江生态的损害方式

《汶上彝族苗族乡志》第三编"经济"的第四节"森林砍伐及控制"中，把军队和战争的影响列为其生态环境变化的原因之一："民国 31 年（1942 年）滇西抗战部队进驻汶上，驻军人数最多达数万人，驻扎时间达三年之久。驻军解决燃料问题和修筑工事，汶上中下片森林被大面积砍伐，特别是怒江沿岸更是几乎被砍伐殆尽。"[①]

（一）我方主动破坏

因为当时怒江西岸处于日军控制下，日军以松山高地为主阵地，针对怒江东岸构筑了坚固的工事，设置炮台，对东岸的我方军队和民众进行炮击，并伺机偷渡过江，以进占怒江东岸。而驻守东岸的我方军队为及时发现偷渡日军，拓宽侦查视野，不得不把岸边的部分灌木和树砍掉，甚至放火烧山。因此怒江东岸大片山坡变成光秃秃一片，树林、灌木、草地几近无存。

（二）驻军修建军事工事

在各渡口修有工事。施甸县太平镇有滇西抗战江防遗址—惠通桥；保山市隆阳区杨柳白族彝族乡有联合抗战江防战线遗址；保山市隆阳区汶上乡干塘行政村大坪子社南约 1.5 公里处的菜地洼子上有一座山岗，一百多个坑道在战壕的连接下遍布整个山头，该山岗的工事是远征军三十九师三营在此堵截、进攻康朗和勐

[①] 中共汶上彝族苗族乡委员会、汶上彝族苗族乡人民政府《汶上彝族苗族乡志》，香港天马出版社 2002 年版第 181 页。

赖渡口之敌。远征军撤走后,当地人形象地把这个山岗取名为"堵头梁子"。在该自然村西约 6 公里的洗马塘（地名,距康朗渡口约 1.5 公里）,还有两座炮楼残垣。在新民行政村水井渡口上的山梁里,仍存有炮楼残垣四座,战壕数百米,该山梁也因有此炮楼而被取名为"炮楼岭岗",一直沿用至今。①

（三）驻军的营房和炊饮活动

为阻击日军于怒江以西,1942 年 5 月之后,中国远征军陆续调集大批军队进驻保山。防守怒江东岸前线的部队先后有十一集团军三十六师和七十一军、八十七师、预备二师、三十九师、一八九师、第二十集团军等。防守怒江东岸的部队除了侦察敌情、阻止敌军偷渡外,还要频繁地进行军事训练,准备反攻滇西。数万军队在此的炊饮、营房活动给当地的生态环境也造成了一定程度的破坏。

（四）中国远征军反攻滇西制作渡江工具时砍伐树木

据时任中国远征军工兵集训处教育组副组长的周鑫回忆:"怒江是一道天然屏障,河面不太宽,平时宽约两百米。但两岸陡峻,水深流急,除原有少数渡口外,其他地段无法渡河。加之怒江对岸的高黎贡山为日军盘踞,火力可以控制我军的行动。要实行反攻,首先必须强渡怒江。因此,在反攻之前,渡河器材的准备,就成了当务之急。以独立工兵第三十五营为基干,并雇佣民工,专门负责制造渡河器材。到 1944 年 5 月反攻前,制造好载一排人用的大木船和载一班人用的竹筏数百只。"②1944 年滇西反攻的部队以第二十集团军为右集团攻击腾冲,以第十一集团军为左集团攻击龙陵、芒市。渡江作战的部队 2 万多人在渡江攻击开始时,均由工兵和民工砍伐树木、竹子制造的木船和竹筏运输,因此怒江东岸的树木、竹子被大量砍伐。

（五）其他损害方式

因地理因素的作用,兵家必争之地会反复遭遇战火。同样是怒江东岸的蒲缥

① 北京市政协文史资料委员会,云南德宏州政协文史委员会《滇缅抗战纪实》,中国文史出版社 2008 年版。

② 杜聿明,宋希濂:《远征印缅抗战——原国民党将领抗日战争亲历记》中国文史出版社 2010 年版。

盘蛇谷，在蒲缥打板箐，两山壁立，只容一人一骑。相传这里是诸葛亮南征时火烧藤甲兵的地方。如今此地仍然草木不生，沿山赤色。小怒山是历代兵家必争之地，历朝历代反复遭遇战火，其生态环境也被严重破坏。

20世纪50年代至60年代的人为毁灭性砍伐。据汶上乡志记载，1952年至1965年之间，国家劳改系统进驻汶上开采水银，整个矿区人数多达5000多人。这段时期是汶上森林遭到毁灭性砍伐的年代。巴夏、油房、保和、瓦河一带的森林被砍伐用作矿洞箱木和燃料，同时为满足当时土法冶炼水银的需要，水源、秧草、安帮、喜坪一带的森林也被大面积砍伐，用来烧炭作为冶炼水银的燃料。到水银矿停止开采时，汶上中片的森林已所剩无几，上片森林也遭到严重破坏。此时汶上中片、上片森林的覆盖率已从民国31年（1942年）的60%左右下降到不足30%。[①]

经过历史上多次战争的影响，及后来水银矿开采、1958年"大跃进"砍伐树木大炼钢铁、毁林开荒等活动带来的破坏，怒江东岸生态状况持续恶化，山上光秃秃基本没有树木灌木。但小怒山的生态恶化实际肇始于抗战时期，最大的影响因素是战争，当时为及时发现偷渡抢渡的日本人而不得不砍掉部分树木，甚至放火烧山。可见战争带来的不仅是人员伤亡，百姓流离失所，同时还有对人们赖以生存的环境的破坏。

四、战后怒江生态的恢复与保护

（一）生态恢复措施

战后，中国政府高度重视怒江流域的生态恢复工作。通过大面积人工造林、封山育林、退耕还林，发展林果产业，森林覆盖率得到了极大的提高，逐步恢复了受损的植被和生态系统。同时，加强了对珍稀物种的保护和繁育工作，努力恢复生物多样性。进入新时代，在中国特色社会主义生态文明建设的普惠下，小怒山正在成为金山银山。特别是施甸县内的杨善洲林场，杨善洲同志以优秀共产党员的高贵品格，为我们树立了中国共产党人建设生态文明的标杆。

---

① 中共汶上彝族苗族乡委员会、汶上彝族苗族乡人民政府：《汶上彝族苗族乡志》，香港天马出版社2002年版第181页。

（二）生态保护政策

为了加强怒江流域的生态保护工作，中国政府制定了一系列相关政策。例如，在三江（金沙江、澜沧江和怒江）并流区域建立了高黎贡山国家级自然保护区、实施了生态补偿机制等。这些政策的实施为怒江流域的生态保护提供了有力保障。

（三）社会参与与公众意识提升

随着生态保护意识的提升，越来越多的社会组织和公众参与到怒江流域的生态保护工作中来。他们通过宣传教育、志愿服务等方式，为生态保护贡献自己的力量。同时，公众对怒江流域生态保护的认识和关注度也不断提高。

（四）未来生态保护的策略

第一，加强科学规划与管理。未来应进一步加强怒江流域的科学规划与管理工作。通过制定科学合理的生态保护规划和管理制度，确保生态保护工作的有序开展。同时，加强监测和评估工作，及时发现和解决生态问题。

第二，推动绿色发展。在怒江流域的经济发展过程中，应坚持绿色发展理念。通过推广生态农业、生态旅游等绿色产业模式，实现经济发展与生态保护的良性循环。同时，加强科技创新和人才培养工作，为绿色发展提供有力支撑。

第三，加强国际合作与交流。怒江流域的生态保护工作需要加强国际合作与交流。通过与国际组织、周边国家等开展合作与交流活动，共同应对生态挑战、分享生态治理经验和技术成果。同时，加强跨国界生态保护的协调与合作机制建设，确保生态保护的国际合作取得实效。

滇西抗战对怒江流域的生态环境产生了深远影响。战争期间的破坏活动导致了生态环境恶化、生物多样性受损等问题。然而，在战后中国政府和社会各界的共同努力下，怒江流域的生态恢复与保护工作取得了显著成效。未来应贯彻新发展理念，以绿色发展方式推动怒江流域的生态文明建设，继续加强科学规划与管理、推动绿色发展和加强国际合作与交流等工作，确保怒江流域的生态环境得到长期有效保护。

第七章

案例探路：探索开拓新路径

　　党的二十大报告提出用社会主义核心价值观铸魂育人，完善思想政治工作体系，推进大中小学思想政治教育一体化建设。从思政课到"大思政课"，一字之别，体现了办好思政课的理念再更新、视野再开阔、格局再拓展。这就要求各高校聚焦时政解读，坚持开门办思政课，充分调动全社会力量和资源，建设"大课堂"、搭建"大平台"、建好"大师资"，推动思政小课堂与社会大课堂相结合，推动各类课程与思政课同向同行。近年来，西部各高校通过悉心探索，深挖潜力、开拓创新，走出了一条各具特色的思政课实践教学路径。

第一节

大理大学"学生骨干宣讲法"思政课实践教学改革

一、"学生骨干宣讲法"的内涵

"学生骨干宣讲法"是大理大学探索出的思政课实践教学的有效方法,是为满足教学需要,由教师根据课程教学目标提出实践教学内容、目的和要求,选择部分学生骨干进行全员培训之后,组织他们到实践基地进行现场教学,并聘请当地专家进行现场点评,或请基地讲解员讲解回答有关问题,以增强学生的感悟和体验,加深学生对有关知识和问题的理解,学生回校后通过精心准备和教师指导,面向班级全体学生进行感悟宣讲。该方法实现了把思政小课堂同社会大课堂结合起来,在理论和实践的结合中,教育引导学生把人生抱负落实到脚踏实地的实际行动中来,有助于提高思政课教学的实效性。

二、"学生骨干宣讲法"的成果

"'学生骨干宣讲法'在高校思想政治理论课实践教学中的运用和推广"是教育部高校示范马克思主义学院和优秀教学科研团队建设项目——教学方法改革择优推广计划,该项目于 2022 年顺利结项。依托此项目开展的教学改革,带动产生了相关课题立项 12 个,出版著作 1 部,发表论文 9 篇,获得云南省高校思政工作优秀成果三等奖、大理大学教学成果二等奖。2020 年 12 月"行走的课堂——'学生骨干宣讲法'为主的思政课实践教学"获云南省首批一流本科课程。

三、"学生骨干宣讲法"的创新

（一）教学方法的创新。学生骨干宣讲用于思政课的实践教学,在全国高校思政课程实践教学中属于首创。

（二）实现了一项实践教学方法对学生的全覆盖。

（三）充分体现了学生的主体性。在整个过程中，骨干学生既是受教育者，同时还是教育者。他们通过培训、指导、参观考察、查阅资料、宣讲准备等接受教育，同时面向班级学生进行宣讲，使班级学生通过他们的宣讲接受教育。

（四）实现了思政课实践教学从教学方法改革到课程改革的转变。

四、"学生骨干宣讲法"的特色

（一）涉及师生覆盖面广。学生——全体本科生；教师——全体思政课专兼职教师，以及乡村干部、实践基地干部、讲解员。

（二）涉及的课程多。包括"形势与政策"以外的4门思政课。

（三）有浓郁的地方性。充分利用地方资源，且有可复制和借鉴作用。

（四）实现教学相长，师生相互促进。骨干学生通过培训、教师通过听学生宣讲等，双方对相关问题的认识和看法都会有不同程度的提高。骨干学生的收获不仅表现在相关课程方面，对他们的锻炼也是全方位的。

五、"学生骨干宣讲法"的实际作用

（一）实现了理论与实践的有机统一。习近平总书记提出思政课教学要做到"八个相统一"，其中之一就是"理论性和实践性相统一"，"学生骨干宣讲法"的探索运用，把理论与实践有机地统一起来。

（二）解决了传统思政课实践教学的老大难问题。如全覆盖难、经费有限、学生组织、管理和安全难等难题和瓶颈，通过实施"学生骨干宣讲法"，上述问题得到了很好的解决。

六、"学生骨干宣讲法"的辐射影响

（一）"学生骨干宣讲法"在校内、大理州的交流和推广。2012年，"学生骨干宣讲法"开始在"纲要"课实施。2016年9月，运用到4门本科生思政课并作为实践教学最主要的形式。《大理大学报》、大理大学校园网、《大理时讯》等做过专门报道。通过实践教学,扩大了实践基地建设范围,加强了与基地和地方的联系,扩大了学校在社会的影响。学生通过实践宣讲,加深了对社会的了解,对大理有了更进一步的认识。

(二)"学生骨干宣讲法"在全国高校的交流推广。主要途径:一是在全国高校高层次的学术研讨会上推广。沈阳、上海、北京、大理相关会议,如2019年6月中国人民大学主办的首届全国高校思政课建设高端论坛"新中国70年与高校思政课建设"全国学术研讨会,作了《高校思政课实践教学"学生骨干宣讲法"的探索成效与教改反思》的交流发言。二是在云南省高校思政课教学研究会年会等相关会议上推广。如2014年至2016年连续3年在云南省高校思政课教学研究会年会作交流。三是与兄弟院校的往来交流上推广。2015年以来,分别向来访的同济大学、西南大学、贵州师范大学、云南财经大学、西南财经大学、井冈山大学、广西师范大学、南京晓庄学院、西安交通大学、楚雄师范学院、四川轻化工大学的马克思主义学院,以及楚雄医药高等专科学校思政部等院校思政课教师作过介绍推广,2018年在吉首大学马克思主义学院交流作重点介绍。通过交流介绍,"学生骨干宣讲法"的开展运用,得到了同行专家的认可和称赞。

(三)"学生骨干宣讲法"的实施受到师生和社会的欢迎与好评。云南大学教授陈国新老师认为项目成果具有学术价值:一是新方法提出及其在思政课实践教学中的运用,不仅体现了方法的创新而且体现了学生骨干的"双主体"作用。"专题—实践—讨论"模式也属于教学方法的改革创新。这从教学改革的操作层面看,可以直接参考借鉴;二是理论上所提出的新的观点对教学改革、教学管理都有一定的理论指导作用。具有应用价值:一是可以实现思政课实践教学对全体学生的覆盖,有效解决思政课实践教学组织、经费、安全等方面的难题或顾虑;二是可以丰富深化教学内容,充分利用乡土资源,突出教学内容的乡土性,实现教材理论和乡土资源的有机结合;三是学生骨干在整个实践过程中得到的锻炼是综合性的,多方面的,有利于这部分学生更好地全面发展。四是一些观点和做法,对于学校的管理、教师的教学或改革,都具有直接的借鉴参考作用。具有社会影响:在云南省思政课教学研究会、省内兄弟院校、云南高校思政课"手拉手"活动中进行交流,以及获得云南省高校思想政治工作优秀成果奖等，在省内高校同行中产生了积极的影响；参加国内较高层次的研讨会，以及在兄弟院校往来中的交流，在国内高校同行中也产生了一定的影响。华中师范大学马克思主义学院副院长李芳认为，大理大学思政课实践教学采用"学生骨干宣讲法"选派学生代表走进实践基地，通过培训深入到每个课堂，由学生骨干宣讲谈感受体会，达到了全员参与的目的，取得了良好的效果。我们也可以进一步挖掘湖北省、武汉市周边的革命红色历史文化资源、改革开放以来的中国特色社会主义现代化建设取得成效的农村、企业，建立实践教学基地，进一步充实学校的思政课实践教学。洱源县凤羽镇镇长李伟说："这种教学方式非常好，从实践中来，到实践中去，最后又回归理论教学。"巍山县东莲花村小学原校长张会君说："我们在讲解村落情况的时候，他们（参加实践的骨干学生）非常注意听，而且及时地提出问题与我们探讨。"上述评价，是对教学方法及学生学习态度的肯定。2018 级临床医学 12 班学生施浩淞认为，这种教学学习方式，"咱们的教室不再局限于校园以内，而是把课堂搬到生动的社会实践活动中去"。大理大学马克思主义基本原理概论严卿老师认为实践教学"把原理跟经验材料对接起来，这样的话才能真正实现理论跟实践的结合。也就说让学生切身地感受到马克思主义基本原理概论这门课，不光是一个书斋里的学问，它确实可以解释活生生的社会事实。"课堂宣讲得还是比较成功，虽然大部分同学只是间接地参与了这次实践教学活动，但是由于我们直接参与实践教学的骨干非常投入，而且在课件制作、宣讲的过程中讲得很到位，所以从宣讲的效果来看也是很成功的。"

（四）"学生骨干宣讲法"实施的辐射示范作用。"学生骨干宣讲法"实施以来，直接或间接带动了一批项目和成果的产生，促成了一流课程的申报和立项，辐射了大理州其他高校，在此基础上，大理州其他高校和高职高专院校，如滇西应用技术大学、大理农林职业学院、大理州护理职业技术学院，引入"学生骨干宣讲法"，不断结合本校实际改进创新，成为思政课实践育人的成功案例。

第二节

德宏职业学院"大学生志愿宣讲法"创新思政课实践教学方法

一、"大学生志愿宣讲法"的概况

"创新理论我来讲,青春绽放新时代——大学生志愿宣讲法"是德宏职业学院探索出的思政课实践教学的有效方法,是为满足思政课教学需要,由马克思主义学院教师宣讲团派出指导教师,根据思政课教学目标和当前宣讲任务提出实践教学内容、目的和要求,每年新生入学开始选择部分学生宣讲骨干进行培训,组织学生到实践基地进行现场教学,参与现场宣讲,聘请礼仪专家、演讲专家、理论专家进行现场点评和指导,在增强学生感悟和体验的同时,加深学生对有关知识和问题的理解,提高学生宣讲能力和临场表现能力。学生在教师指导下,通过精心准备,面对小组、小班级学生进行宣讲,在此基础上选拔出表现优秀的学生参与全校性宣讲、社区宣讲。该方法实现了把思政小课堂同社会大课堂结合起来,把理论和实践相结合,把知识学习和能力提升相结合,参加志愿宣讲的学生可以获得增值性评价,有利于调动学生积极性,提升思政课教学实效性。

二、"大学生志愿宣讲法"的成果

"铸牢中华民族共同体意识志愿讲解员队伍"自 2019 年成立以来,每年保持40 人左右的规模,参加位于校内的"德宏州铸牢中华民族共同体意识教育馆"为主体的"德宏州铸牢中华民族共同体意识宣教基地"的讲解活动,累计接待含省内外高校和党政部门、德宏州党政机关、企事业单位、社区、中小学等在内参观人数5 万余人,发挥了高校社会服务和文化传承的功能。2024 年,志愿讲解员队伍所依托的"德宏州铸牢中华民族共同体意识宣教基地"被命名为云南省社会科学普及示范基地。

2022 年，"'核'你一起共创强国"志愿宣讲团入选"强国有我'核'你一起"千支大学生志愿宣讲团，先后已开展了 10 余次校内宣讲活动、5 次校外宣讲活动和 4 次云南高校"云上"联合宣讲，在校内外产生积极影响。

2023 年学校成功申报"云南省新时代文明实践志愿服务队"，开展"南侨机工·爱国主义"志愿服务活动，在校内外开展以"南侨机工·爱国主义"为主题的剪纸作品展出、音像影视作品展播、主题演讲宣讲 10 余场，宣教对象覆盖德宏州内各大中小学生、机关事业单位干部、企业职工、社区群众 8000 余人。

2024 年，学校组织 2 支团队："讲国门故事 传延安精神"志愿宣讲团和"遇'践'青春"志愿宣讲团，参选团中央青年志愿者行动指导中心、国家电力投资集团有限公司、全国青少年井冈山革命传统教育基地管理中心、中国核工业集团有限公司等联合开展的 2024 年全国大学延安精神、井冈山精神和"两弹一星"精神三项志愿宣讲团活动，2 支团队分别成功入选 2024 年全国大学生延安精神、井冈山精神志愿宣讲团。

依托大学生志愿宣讲团开展的教学改革和大学生创新创业、三下乡、中华经典诵读等活动取得丰硕成果。2019 年以来，获得云南省大学生创新创业大赛银奖以上 20 余项，2022 年获得"中华经典诵读"省级一等奖和全国优秀奖各 1 项，2022 年获得"云岭师生说——党的创新理论我来讲"云南省教育系统一等奖 1 项；2023 年获得云南省大中专志愿者暑期文化科技卫生"三下乡"社会实践活动优秀团队奖励，同年在全省高校大学生艺术展演活动获得 26 项奖励，其中一等奖 10 项、二等奖 5 项、三等奖 9 项、个人优秀奖 2 项，涉及舞蹈、绘画、设计、摄影、书法篆刻、微电影、艺术工作坊、高校美育改革创新优秀案例等多个类别，其中 2 个一等奖获得推荐参加全国展演，学校因此荣获"优秀组织奖"。带动产生了相关课题立项 3 个，出版教材和论文集 3 部，发表相关论文 10 余篇，获得云南省教学成果二等奖、德宏职业学院教学成果特等奖、云南省高校思政工作民族团结教育示范基地二等奖、云南省高校思政课"六个一"工程二等奖、云南省高校社会主义核心价值观优秀案例三等奖、云南省"云岭百姓宣讲"示范点。"思想道德与法治课、形势与政策课、民族团结进步教育——中华民族共同体概论课获得 2022 年云南省职业教育在线精品课程认定。

三、"大学生志愿宣讲法"的创新

（一）实践教学方法创新助推课程改革。宣讲团成员将思政课中的理论结合不同的场景、对象开展讲解和宣讲，创新了实践教学方法。这种实践教学方法使宣讲者主动研究理论，探索讲好理论的方法与途径，主动向教师请教、与教师积极互动，丰富了思政课实践教学的方法。在此基础上教师大胆改革创新思政课教学方法，探索线上线下混合式教学模式，建立"过程性评价＋终结性评价＋增值性评价"的思政课教学评价体系，推动了精品课程建设并取得显著成效。

（二）发挥了大思政课功能和作用。宣讲团成员不仅对校内师生宣教和讲解，还要面对社会参观者宣教和讲解，实现了宣讲对全校学生的全覆盖，也发挥了对外服务的社会功能。从宣讲角度推动构建起大思政课格局。

（三）发挥了实践教学的育人功能。宣讲者既是受教育者，又是教育者，在接受培训、参观考察、查阅资料、准备宣讲过程中，发现自己的兴趣点，找到素材参加"中华经典诵读"、"云岭师生说·党的创新理论我来讲"、大学生创新创业大赛等活动，增强了理论素养、锤炼了心理素质、提高了表达能力和应变能力、提升了创新创造能力，实现了师生共同成长。

四、"大学生志愿宣讲法"的特色

（一）活动性强、宣讲对象层次多样。宣讲不限于课堂，既可在课堂上、课堂外宣讲，也可在校内、校外宣讲。宣讲对象层次多样，具有很强的影响力和渗透性。

（二）思政课程与课程思政同向同行。在思政课理论指导下，把党的创新理论与民族文化、专业特色相结合，挖掘其他公共课程和专业课程中的德育因素，实现了思政课程与课程思政同向同行，助力学校大思政格局构建。

（三）充分挖掘地方育人资源，校地合作效益明显。依托当地党委政府支持在校内建立的场馆，充分利用地方资源，讲好德宏故事、讲好国门故事。师生走出校园,走向社会,在各地党团组织支持下开展宣讲活动。

（四）教学相长,师生共同成长。教师指导学生,带领学生参加社会实践,打磨宣讲稿,制订宣讲计划,开展宣讲活动。学生参与教师的教学科研活动,为教师的教学科研提供素材,实现师生共同成长。

五、"大学生志愿宣讲法"的实际作用

解决了传统思政课实践教学仅限于参观考察的单一形式问题。传统思政课实践教学往往局限于参观考察的单一形式,存在全覆盖难、经费有限、学生的组织管理和安全保障难度大等难题和瓶颈,通过实施"大学生志愿宣讲法",丰富了思政课实践教学的形式,创新了实践教学的方法,上述问题得到了一定程度的解决。

六、"大学生志愿宣讲法"的辐射影响

（一）"大学生志愿宣讲法"在校内、省内的交流和推广。2019年,"大学生志愿宣讲法"开始在各门思政课实施,并作为实践教学主要形式之一。德宏职业学院官网和公众号、德宏融媒、云报等媒体做过专门报道。通过实践教学,德宏职业学院进一步丰富宣讲队伍的类型,加强与基地和地方的联系,扩大学校在社会的影响。

（二）"大学生志愿宣讲法"在全国高校产生了一定影响。主要途径：一是参加云南省高校思政课教学研究会年会等相关会议进行交流。如2020年、2023年分别两次在云南省高校思政课教学研究会年会作交流。二是与兄弟院校的往来交流。2019年以来,分别与来访的国家行政学院、大理大学、成都工业职业技术学院、楚雄师院、楚雄医专、西双版纳职业技术学院等50余所院校作过交流,通过交流介绍,"大学生志愿宣讲法"的开展运用,得到了同行专家的认可和称赞。三是"'核'你一起共创强国"志愿宣讲团队参加4次云南高校"云上"联合宣讲,在校外产生了积极影响。

（三）"大学生志愿宣讲法"实施的辐射示范作用。"大学生志愿宣讲法"实施以来,直接和间接带动了一批项目和成果的产生,促成了省级教学成果奖的成

功申报,省级在线精品课程的认定,一批大学生三下乡项目获奖,一批大学生创新创业大赛项目获奖,云南特殊教育职业学院、西双版纳职业技术学院等多所院校前来交流取经。"大学生志愿宣讲法"是德宏职业学院探索思政课实践育人模式的成功案例。

第三节

武威职业学院"六位一体"思政课实践教学品牌创新

一、"六位一体"思政课实践教学品牌的内涵

"六位一体"思政课实践教学品牌是武威职业学院探索创新的"大思政课"实践教学模式，是全面贯彻落实习近平新时代中国特色社会主义思想和党的二十大精神的重要举措，也是推动"思政小课堂"与"社会大课堂"有效结合的重要举措。主要内容是充分利用甘肃武威丰富的红色文化资源，将思政育人与新时代愚公精神教育、先进事迹教育、爱国主义教育、红色教育、中华传统美德教育、劳动教育等六个方面相结合，搭建好思政教育与红色基因传承深度融合的实践育人平台，通过广泛开展实践教学和思政课程教研活动，深化"大思政课"实践教学育人作用，不断加强学校大学生思想政治教育工作，激发大学生的爱国情、强国志、报国行。

二、"六位一体"思政课实践教学品牌的成果

（一）推动建成教学研一体化红色育人实践教学基地。在古浪战役纪念馆成立了思想政治教育基地，依托古浪县八步沙林场建成"绿水青山就是金山银山"实践教育基地，依托古浪县黄花滩绿洲小镇建成"集中力量办大事·社会主义制度优越性教育基地"教育基地，依托校办企业建成双碳绿色生态实践基地，常态化组织师生到上述基地开展思政课实践教学和相关教研活动，与古浪县八步沙林场联合申报并成功被命名为首批甘肃省职业教育红色文化研学旅行示范基地。

（二）推动建成甘肃省第一批思想政治理论课名师工作室。获批建成甘肃省第一批思想政治理论课名师工作室——翟存祥名师工作室，打造了"112358-20"思政品牌，搭建"校内＋校外"基地育人新平台。

（三）推动提升学校思想政治教育工作成效。在甘肃省学校思想政治教育工作成果征集活动中喜获佳绩，《匠心领航 劳动筑梦——武威职业学院劳动教育"三全育人"创新案例》获思想政治典型案例三等奖，《基于"诊改"的思政教育质量评价体系构建研究》获思想政治论文三等奖。"武威职业学院新时代大学生理论宣讲实践团队"成为全省范围内确定的50支国家重点团队。学生主讲的《从一个村庄看中国共产党的初心和使命》获第二届全省高校大学生讲思政课公开课展示活动二等奖。在甘肃省高校理论宣讲优秀作品暨大中小学思政课一体化实践教学成果展示活动获一等奖2项，二等奖4项，学校荣获"优秀组织奖"。

三、"六位一体"思政课实践教学品牌的创新

（一）重视发挥红色文化在思政课实践育人中的作用。重视思政课的实践性，充分发挥红色文化的引领作用和教育功能，把思政小课堂同社会大课堂结合起来，通过参观展馆、聆听红色故事、实地调研、走访访谈等形式，组织大学生在实践中学党史、感党恩、跟党走，激励学生追寻红色足迹，传承红色基因，汲取奋进力量。

（二）有效整合校内外优势实践教学资源。通过推进校地合作的深度与广度，充分发挥校内外思政教学力量和育人资源的积极作用，注重发挥本地红色资源优势，将西路军战役纪念馆、八步沙六老汉实践基地、黄花滩兴盛种羊繁育基地、泗水镇高标准基本农田、武威市凉州区战役纪念馆、古浪战役纪念馆、古浪县富民新村、武威市博物馆、雷台汉墓等地建设成为学校思政课实践教学基地（点），着力建设思政教育"大课堂"、构建思政教育"大平台"、整合思政育人"大师资"，真正做到优势互补，资源共享，提升思政课实践教学的广度和深度，共同探索"大思政课"建设新模式。

（三）教学研一体化实现师生共同成长进步。高度重视师生共同参与，有利于在教学相长、师生融合的良好环境中进一步提高教师的教学积极性和学生的学习获得感。除观摩外，要求教师针对活动，围绕实践教学主题，就教学思路、内容安排、实践活动、"如何更好的打造行走的思政课"等方面展开教学研讨交流，形成教研成果。

四、"六位一体"思政课实践教学品牌的特色

（一）赓续血脉，打造红色实践教育示范区。建设红色研学旅行示范基地、开发红色课程、开辟红色旅游路线，打造融红色资源开发、红色研学、红色文创为一体的红色教育示范区。构建以思政实践教学、德育、红色研学、暑期社会实践等为一体的红色育人体系，为提升育人质量擦亮一抹"红色"。

（二）创新载体，建成红色文化深层体验区。建成武威职业学院红色文化艺术馆、武威市非物质文化遗产数字化保护协同创新中心、传统文化体验中心和非遗体验中心，组建凉州攻鼓大学生艺术团，成立民间艺人郑霞剪纸工作室，聘请全国道德模范、全国劳动模范郭万刚，攻鼓子国家级非遗传承人杨门元、甘肃民间艺人郑霞等为研学导师，共同开展国家级非物质文化遗产传承、体验活动，为思政课实践教学搭建内容丰富、形式多样的研学体验平台。

（三）融入培养，构建红色文化育人共同体。学校教师以课程思政改革为契机，结合地域文化挖掘育人元素，开设红色"微课程"、红色"大讲堂"和"行走的红色课堂"，形成红色文化育人的有效途径，讲好红色故事。同时，学校成立思想政治理论课名师工作室，组建"红色社团"，开展丰富多彩的"红色故事分享会""中国精神我来讲"等系列活动，开展红色文化创意体验、美丽乡村墙绘等社会实践活动，追寻红色足迹，用小声音传递大能量。

（四）强化践行，开辟红色育人新赛道。邀请古浪战役纪念馆在学校举办《西路军魂》流动展，讲解红军西路军英勇事迹和革命精神。由大学生艺术团编排演出的红色舞蹈《西路军》和舞台情景剧《追梦八步沙》也陆续搬上舞台，红色育人焕发新活力。开展红歌大合唱、爱国诗文诵读、红色故事分享会等红色校园文化活动；利用暑期和寒假，开展进农村小学、进社区、进乡村、进藏区、进企业、进景区等红色实践活动；以学生社团为依托，开展红色文化为主题的社团活动等等，成为学校传承红色基因的新方式、新路径。

五、"六位一体"思政课实践教学品牌的实际作用

"六位一体"思政课实践教学品牌建设，一定程度上解决了思政课实践教学形式和内容单一，与地方优势资源结合不紧密的问题。不仅让青年学生切身感悟思政课的力量，也让"大思政课"走进学生心里，实现了"走近"更"走进"的教育效果，切实推进"大思政课"教育走深走实。同时，通过教学研的结合，不仅丰富了教研活动内容，拓展了教学资源，也让教师的心灵受到洗礼，学术视野更加开阔，团队融合得到深化。

六、"六位一体"思政课实践教学品牌的辐射影响

（一）校内外影响力持续提升。"六位一体"思政课实践教学品牌的建设和实施受到省内外高校和教育主管部门、媒体的积极关注，多家高校到学校就相关工作进行交流学习。与此同时，实践育人成效也得到地方党委政府部门的高度认可，推动校地合作进一步加深，学校社会影响持续向好。

（二）教学研成果的转化应用良好。"六位一体"思政课实践教学品牌的建设直接间接带动了一批项目和成果的产生。例如，"武威职业学院新时代大学生理论宣讲实践团队"深入武威市县区多个乡镇一线，为农户村民面对面开展小规模、互动式、有特色、接地气的宣讲活动。在理论宣讲实践过程中，团队成员们不断总结经验，在理论宣讲与政策解读中有机融合党史故事讲述、红色歌曲演唱、红色舞蹈表演等形式多样的内容，为传统理论宣讲下乡注入了新的活力，对推动乡村精神文化建设起到了积极作用。此外，学校思政课教师积极推进实践成果与课堂教学的深度融合，不断助力学校教、科、研工作实现新提升。

第四节

西藏职业技术学院的"红色教育实践"

"红色教育实践"通常指在中国共产党领导下的红色教育活动和实践。它涉及传承和弘扬中国共产党的历史、理论和精神，以及培养新一代中国共产党党员和社会主义事业的接班人。在红色教育实践中，通常会组织各种形式的教育活动，例如学习党史、参观革命纪念地、听取革命老区的先进事迹等。这些活动旨在通过亲身体验和学习，加深人们对中国共产党和社会主义的认识和理解，增强他们的党性觉悟和责任感，培养忠诚于党、热爱祖国的优良品质。红色教育实践对中国共产党的执政地位和意识形态的巩固具有重要意义，也是中国青少年思想道德建设和社会主义核心价值观传承的重要途径之一。

西藏职业技术学院位于西藏自治区拉萨市，于 2005 年 7 月经西藏自治区人民政府批准，在原西藏自治区农牧学校和西藏自治区综合中专学校的基础上合并组建而成。2006 年 9 月正式挂牌，隶属西藏自治区教育厅。2008 年，学院被教育部、财政部确定为国家示范性高等职业院校。2009 年 10 月，顺利通过高职高专院校人才培养工作水平评估。2011 年 6 月，学院通过了示范校建设项目国家级验收。

一、西藏职业技术学院红色教育实践内涵

西藏职业技术学院的"红色教育实践"是用中国共产党在长期的革命斗争中形成的优良传统、建立的丰功伟绩和以改革创新为核心的时代精神，挖掘具有西藏特色的老西藏精神、"两路"精神和新旧西藏巨大对比等具有西藏特色的鲜活"红色"题材，结合当地实际对大学生进行思想教育，广泛深入开展讲党恩爱核心、讲团结爱祖国、讲贡献爱家园、讲文明爱生活"四讲四爱"活动，引导师生知党恩、感党恩，不断坚定理想信念，增强"四个意识"，强化"五个认同"，牢固树立祖国观念、党的观念和社会主义观念，提升政治敏锐性和政治鉴别力，用"红色"主旋律牢

牢占领思想政治阵地,使之具有自觉继承和发扬无产阶级革命精神、优良作风和爱国主义精神的强烈意识,具有艰苦奋斗、顽强拼搏,爱国兴藏的强烈愿望,成为实现中华民族伟大复兴的中国梦、建设社会主义新西藏的合格建设者和可靠接班人。

二、红色教育实践成果

为传承红色基因、培育爱国情怀,西藏职业技术学院开展了丰富的红色教育实践,涌现了一批具有可推广价值的红色教育实践成果。

(一)梳理全区红色资源,科学制定规划,建立校外实践教学基地

学校建立江孜抗英遗址、波密县扎木镇县委红楼、易贡乡将军楼、拉萨烈士陵园、青(川)藏公路纪念碑、西藏和平解放五十周年纪念碑、拉萨火车站等系列校外实践教学基地,为思政课实践教学提供丰富多样的实践教学平台。在此基础上不断创新形式,改变形式单一、内容简单、体验性差的说教形式,借助 VR 虚拟现实和4D 体验技术等,通过情景再现、体验式参观游览等方式,不断增强师生的体验感,让全区的红色资源活起来,使红色教育功能在学生的参与、感悟中得到实现。运用绘画、歌舞、影视、网络、讲座等形式,深度挖掘红色资源的教育意义和价值。

(二)建立"谭冠三纪念园"校内实践教学基地

谭冠三纪念园,是纪念谭冠三将军的专属园区,坐落于西藏自治区拉萨市城关区罗堆西路西藏职业技术学院西校区东北角,占地面积 5426.69 平方米,由谭冠三将军陵墓、陈列室、将军亭等重要建筑组成,是老西藏精神的重要宣传基地,是西藏最具代表性和标志性的红色文化宣传场所。

谭冠三纪念园是西藏革命历史的重要实物例证,有着重要的保存和研究价值,是西藏自治区爱国主义教育基地。西藏职业技术学院对谭冠三纪念园的维护、开发、利用,是将革命遗址转化为实践教学资源的有效尝试。

(三)研究、转化红色教育素材,构建红色教育体系

一是加强"红色职院"校本教材建设。学校组织人员编写《西藏红色记忆》《西藏革命故事集》《西藏红色颂歌》《西藏红色诗词集》等校本教材,不断丰富"红色职院"建设载体,红色教育有载体、有内容、有规范。

二是成立"老西藏精神研究会"，学校定期开展"老西藏精神研讨会"，不断深挖"老西藏精神"的价值意蕴。

三是成立"老西藏精神学习与传承社团"，学校不断深化和拓展社团工作内涵，把社团建设成为"红色职院"宣传示范的窗口、素质锻炼的基地。

四是建立"红色职院""五个一"制度：做到师生每月熟读一篇革命故事、每月观看一部红色电影、每月学唱一首红歌、每月熟读一篇革命诗词、每月撰写一篇红色感言等，落实红色教育。

五是建成"老西藏精神"精品课程，学校通过线上线下全面开展"老西藏精神"的讲解和授课。

三、红色教育实践创新

学校通过挖掘红色资源、打造红色社团、开拓红色研学、开设红色课堂、建设红色阵地、搭建红色平台，践行"老西藏精神"，建设红色职院。

（一）挖掘"红色资源"

从2017年开始，学校将每年9月设立为"西藏职业技术学院红色校园月"，筹备开展好各种"红色"教育活动。深入挖掘在西藏发展史上抗击侵略者、筑路、和平解放、平叛、改革等重大历史事件中及长期和平建设中，所凝聚展现出的爱国主义精神、"两路"精神、老西藏精神、改革创新的时代精神和英雄人物与普通百姓的感人事迹，对其加以搜集整理，并编写成册，作为红色教育内容依据。制作"红色歌曲"曲目，精心挑选百首革命歌曲、爱国主义歌曲和民族团结歌曲，录制成光盘，让师生传唱，并作为"红色旋律讲坛"开始前和结束时的伴奏曲目和学生"红歌会"的参赛曲目。

（二）建立"红色社团"

由马列教研室指定思想政治理论课教师负责，组织学生成立"老西藏精神学习与传承社团"，开展谭冠三生平事迹、老西藏精神学习与研究，在此社团基础上，培养培训谭冠三讲解员，成立大学生志愿服务队，为谭冠三纪念园参观学习提供引导、讲解服务，为"老西藏精神研究会"提供会务服务。

（三）打造"红色课堂"

利用班会、团会等,开展党的历史、革命精神、时代精神、民族团结进步教育等教育活动,不断提高学生红色文化素质。开设"红色旋律讲坛",安排思政课教师、校外辅导员,根据各自研究侧重,围绕"红色职院"建设内涵和要求,开设各类讲坛。把红色教育作为学校业余党校、团校教育的主要内容,明确党课团课要求,不断创新党课、团课方式方法,体现党课的知识性、思想性、艺术性、时代性、实效性。

（四）开展"红色研学"

学校每年利用寒暑假选派思想政治理论课教师以及优秀学生到西柏坡、延安、井冈山、韶山等革命圣地、革命根据地进行考察,增加对中国革命胜利的艰巨性的感性认识。

（五）建设"红色阵地"

学校加强环境育人的作用,利用橱窗、走廊、墙壁、校园板报、电子显示屏、微信公众号等载体阵地潜移默化地传播红色文化,扩大宣传面,让学生在无处不在的红色文化中潜移默化受到熏陶。

（六）搭建"红色平台"

学校抓好"红色"主题教育,结合西藏百万农奴解放纪念日、五四青年节、国庆节、七一建党节、八一建军节、公祭日、伟人诞辰日等节日契机,以及"四讲四爱"等主题教育实践活动,筹划开展好丰富多样的红色教育。建好校内外红色教育基地,校外如建立江孜抗英遗址、波密县扎木镇县委红楼、易贡乡将军楼、拉萨烈士陵园、青（川）藏公路纪念碑、西藏和平解放五十周年纪念碑、拉萨火车站等,校内主要为"谭冠三纪念园"。

四、红色教育实践特色

学校通过这些红色教育实践,加强学生的思想政治教育,提高他们的党性觉悟和社会责任感,培养德、智、体、美全面发展的社会主义建设者和接班人,形成了独具特色的文化品牌。

（一）根植西藏大地，深挖红色资源

红色文化是中华民族宝贵的文化遗产，是爱国主义教育的重要组成部分。科学梳理和深入挖掘红色文化资源，不断根植红色文化沃土，传承红色精神，是西藏职业技术学院红色教育的底色。深入挖掘在西藏发展史上抗击侵略者、筑路、和平解放、平叛、改革等重大历史事件中及长期和平建设中，所凝聚展现出的爱国主义精神、"两路"精神、老西藏精神、改革创新的时代精神和英雄人物与普通百姓的感人事迹，对其加以搜集整理，在师生中广泛传播，用这些先进的精神鼓舞教育师生，引导和感染师生，是西藏职业技术学院红色教育的主要内容。

（二）打造"红色职院"，实现四个育人

红色环境育人。校园内建立红色文化宣传阵地，在教学楼外墙、学生宿舍和教室张贴具有革命色彩的名言格言警句，悬挂毛泽东、周恩来、朱德等老一辈无产阶级革命家、军事家的肖像，并介绍他们的生平事迹，介绍藏族革命英雄人物的优秀事迹，激励学生学习革命精神，争做"四有"新人。学生置身校园，就能感受到浓浓的革命传统文化气息，营造西藏职业技术学院红色教育的环境。

红色科研育人。"老西藏精神研究会"召集全国"老西藏精神"研究领域的专家学者定期举办学术研讨，师生积极参与研讨会，在研究中获得成长。"老西藏精神研究会"定期举办研讨活动，为西藏职业技术学院红色教育提供学术支持。

红色实践育人。"老西藏精神学习与传承社团"成员为主的大学生志愿服务队为校内外参观者进行谭冠三生平事迹、老西藏精神、新旧西藏对比等主题的参观学习提供引导、讲解服务，为"老西藏精神研究会"提供会务服务，志愿服务队成员在这一过程中受到教育、得到锻炼，一些优秀成员面对国家各部委领导时不怯场，能够侃侃而谈，镇定自如。

红色制度育人。师生每月熟读一篇革命故事、每月观看一部红色电影、每月学唱一首红歌、每月熟读一篇革命诗词、每月撰写一篇红色感言的"红色职院"五个一制度，是西藏职业技术学院红色教育的有力抓手。

五、红色教育实践的实际运用

"红色教育实践"成为西藏职业技术学院思政课实践教学的重要举措和途径,在西藏发展史上抗击侵略者、筑路、和平解放、平叛、改革等重大历史事件中及长期和平建设中,所凝聚展现出的爱国主义精神、"两路"精神、老西藏精神、改革创新的时代精神和英雄人物与普通百姓的感人事迹作为红色教育资源,内容丰富、形式多样、体验感强,让青年学生切身感悟中国革命的厚重历史,用"红色"主旋律牢牢占领意识形态阵地,使青年学生在浓厚的红色教育环境中自觉继承和发扬无产阶级革命精神、优良作风,激发爱国主义和中华民族共同体的强烈意识,在"大思政课"的构建中,使红色教育走进学生心里,实现思想政治理论课的教学目的。同时,通过"老西藏精神"讲解队的实践活动,使师生在教育中升华思想、提升能力、提高素质。

六、红色教育实践辐射影响

西藏职业技术学院丰富的红色教育实践不仅对学生、教师和社会产生积极的影响,还为地区的发展和进步作出重要贡献,具有深远的辐射影响。

(一)红色研学活动影响辐射全国

老西藏精神实践夏令营吸引来自全国的高校学生。自 2023 年起,开始举办老西藏精神实践夏令营,2023 年 8 月全国 7 所高校 30 名学生代表赴西藏参加老西藏精神实践夏令营。

学校组织 16 名优秀师生代表于 12 月 1 日至 9 日赴广州番禺职业技术学院开展"心连心 手拉手"铸牢中华民族共同体意识主题研学活动。学校 5 名"老西藏精神"讲解员分别结合谭冠三纪念园、西藏自治区"老西藏精神"研究会、藏职院"老西藏精神"社团、"老西藏精神"研学项目、红色抵边研学等对"老西藏精神"内涵做了精辟讲解和研学心得分享,展示了西藏职业技术学院充分挖掘以"老西藏精神"为代表的西藏红色资源,创新丰富多彩、形式多样思政课实践育人的新模式和新成效。

(二)老西藏精神研究会成为全国性学术交流平台

老西藏精神研究会每年定期开展研讨活动,为全国老西藏精神研究的专家学者提供交流平台。2023年由全国高职高专院校思想政治理论课建设联盟主办，西藏自治区老西藏精神研究会、西藏教育系统思想政治教育实践基地、西藏职业技术学院马列教研室承办，教育部高校思想政治工作创新发展中心、北京经济管理职业学院协办，全国各高职高专院校思政工作者参加的弘扬"老西藏精神"铸牢中华民族共同体意识"大思政课"建设论坛，于2024年8月11日至16日在拉萨圆满举办，此次论坛规格高、影响大、辐射广。

（三）谭冠三纪念园成为西藏最具代表性和标志性的红色文化宣传场所

谭冠三纪念园内可以开展谭冠三生平事迹、老西藏精神、新旧西藏对比等主题的参观学习、实践调研、现场教学和会务活动。谭冠三纪念园每天对全社会开放。由西藏职业技术学院组建的大学生志愿服务队伍，提供免费的讲解、导引、会务等服务。西藏职业技术学院于2016年9月成立老西藏精神学习与传承社团，作为谭冠三纪念园专门的维护和宣传队伍，由学校思想政治理论课教师指导，从学生中选拔义务讲解员和工作人员，为校内师生和全社会提供参观、讲解、党员教育、会务活动等相关的服务，义务宣传队成立至今，每年参观3万人次以上。2024年清明节期间，选拔了22名讲解员，组成老西藏精神讲解队，同时承担谭冠三纪念园和拉萨市烈士陵园纪念馆的讲解工作，共接待社会各界1.2万人次参观，讲解312场。讲解员工作得到了社会各界的高度认可，不少单位热情邀请讲解员队伍到参观单位去开展交流学习活动，并留下联系方式。讲解活动让讲解员自身得到了极大的提升，好几位讲解员均表示："当我看到听众因为我讲的革命先辈的故事而感动得流泪时，我突然明白了我们讲解工作的意义，我们要把革命前辈的故事讲给更多人听。"

总之，作为西藏地区的学校，西藏职业技术学院丰富的红色教育实践也能够为地方经济社会发展提供有力支撑。红色教育实践有助于学院传承和弘扬中国共产党的光荣传统和优良作风。师生通过深入学习党史、缅怀革命先烈、感悟革命精神，深刻领会中国共产党的光辉历程和伟大精神，增强对党的认同和信仰。学院通过培养更多具有社会责任感和创新精神的优秀人才，为西藏地区的现代化建设和长期稳定作出贡献。

培养思政教育"大先生",构建思政教育"大路径"

高校思想政治理论课是"重点引导学生系统掌握马克思主义基本原理和马克思主义中国化理论成果,了解党史、新中国史、改革开放史、社会主义发展史,认识世情、国情、党情,深刻领会习近平新时代中国特色社会主义思想,培养运用马克思主义立场观点方法分析和解决问题的能力;自觉践行社会主义核心价值观,尊重和维护宪法法律权威,识大局、尊法治、修美德;矢志不渝听党话跟党走,争做社会主义合格建设者和可靠接班人"① 的课程,是教导青年大学生立小德、严公德、明大德的成人课和成才课,是教会青年大学生分析社会、洞察时代、治国理政的智慧课。思想政治理论课是看起来无用之用的"思想课",而庄子曰"无用之用方为大用",优秀的思想政治理论课能影响青年大学生的一生,能为民族、为国家铸造可靠人才。

习近平总书记指出:"'大思政课'我们要善用之,一定要跟现实结合起来"。"大思政课"是增强新时代学生国家情怀的理论大课。课程思政一般针对非思政课而言,目的是使非思政课与思政课同向同行,形成全员、全方位、全过程育人格局。

---

① 中共中央宣传部 教育部:新时代学校思想政治理论课改革创新实施方案 [Z]. 中华人民共和国中央人民政府公告 .2020（12）.

课程思政不仅要挖掘课程中的育人元素为育人服务，而且要创新方式方法在教育教学过程中隐性实施思政教育。

高职院校肩负为党育人、为国育才重任，应当深刻领会"大思政课"的"大内涵"，培养思政教育"大先生"，构建思政教育"大路径"。思政课的本质是讲道理，思政课教学要紧紧围绕这一根本认识，把思政小课堂同社会大课堂结合起来，把思政课讲深、讲透、讲活，让处于人生"拔节孕穗期"青年学子启智润心，真正做到"大思政课"要"善用之"。然而，当前还有部分高职院校存在对"大思政课"建设重视不够、教育主体联动不强、思政课与专业课"两张皮"等现象，这是编纂本书的缘由和目的。

德宏职业学院位于云南边疆地区，有着独特的地理位置，自建院以来，聚焦立德树人根本任务，坚持把思政课作为重点课程加强建设，构建大思政课品牌，促进教学资源"大融合"、育人力量"大协同"、教学科研"大提升"、区域优势"大联合"，有效提升时代新人培育质量。本书汇集了德宏职业学院在大思政课建设方面的优秀成果，凝聚了教师们的心血，以期为教育界提供思政育人的新思路。

行文至此，特别感谢为本书提供研究成果的各位老师们，他们是罗俊峰、高新华（大理农林职业技术学院教授）、王婕、杨立丽、王瑞花、康豪、张云（德宏州图书馆副研究员）、贾玉超（云南民族大学副教授）、张国平（中共德宏州委党校副教授）、桑正杨（德宏师范高等专科学校副教授）、杨锦娇、孙道层、陈围亦、王晓芸、李星楠、董殷江、李楚宏（排序不分先后）。

总之，德宏职业学院落实立德树人根本任务，坚持用理想信念凝聚人，用社会主义核心价值观培育人，用中华民族伟大复兴历史使命激励人，进一步丰富"大思政课"育人格局的内涵，形成了学校努力办好思政课、教师认真讲好思政课、学生积极学好思政课的良好氛围。未来，德宏职业学院将继续深入探索提升思政课建设和实施的有效途径，创新思路、优化策略，进一步推进"大思政课"提质增效，努力培养德智体美劳全面发展的社会主义事业建设者和接班人。